数学的创新"模"力

跨学科素养视域下
初中数学建模活动设计与实施

缪琳 著

上海教育出版社
SHANGHAI EDUCATIONAL
PUBLISHING HOUSE

本书是上海市教育科学研究项目"STEM 视角下初中数学建模教学实践研究"(项目编号 C2025278)、上海市虹口区教育科学研究重点项目"基于拔尖创新人才早期培养的初中数学建模教学实践研究"(项目编号 A23034)的研究成果之一。

"虹口·海派教育名师"
丛书编委会

前　　言

《教育强国建设规划纲要(2024—2035 年)》提出,要办强办优基础教育,夯实全面提升国民素质战略基点。数学教育作为基础教育的核心领域,其重要性不言而喻。本书正是顺应这一教育发展潮流,为初中数学教育注入新活力、开辟新路径的探索。它以跨学科视角聚焦初中数学建模活动,为培养适应未来社会发展的创新型人才提供了实践路径。

数学建模作为数学与现实世界紧密相连的桥梁,不仅能让学生将抽象的数学知识应用于实际问题的解决,而且能有效培养学生的创新思维、实践能力和跨学科素养。在科技创新日新月异的今天,社会对人才的要求愈发多元,具备跨学科综合素养的创新人才成为时代的迫切需求。本书正是基于这一背景,深入探讨如何在初中阶段开展数学建模活动,以提升学生的综合素养,使其更好地适应未来社会的挑战。

本书系统梳理了数学建模的理论基础,涵盖数学建模的认知与发展历程、方法与步骤及其与数学核心素养的紧密关联。通过对国内外数学建模发展概况的阐述,读者能清晰了解数学建模在不同教育体系中的发展脉络和实践经验,为我国初中数学建模教学提供了广阔的国际视野和丰富的借鉴资源。同时,书中对数学建模与数学核心素养在不同学习阶段的表征、要求进行了细致剖析,明确了初中阶段数学建模教学在学生素养培养中的定位和目标,为教师的教学实践提供了坚实的理论依据。

在课程体系构建上,本书基于学习进阶理论和布迪厄场域理论,构建了进阶式初中数学建模课程体系,具有一定的创新性和实用性。这一体系以学生为中心,秉持跨学科融合与应用、实践导向与问题解决、合作与互动的课程理念,设计出初阶、中阶、高阶分层课程。各层次课程目标明确、内容循序渐进,既能满足全体学生的基础学习需求,又能为学有余力和有创新潜质的学生提供更具挑战性的学习内容,促进学生数学建模能力逐步提升,实现数学核心素养与跨学科素养的协同培育。

书中的单元教学设计案例丰富多样且具有代表性。这些案例从实际生活中的问题出发,详细阐述了教学目标、内容解析、学情分析、教法选择、课时划分以及教学评价等环节,为教师提供了操作性强的教学范例。通过这些案例,教师能够直观地了解如何将数学建模教学融入日常课堂,引导学生在解决实际问题的过程中掌握数学知识和方法,培养学生的综合能力和创新精神。

数学建模论文写作指导与学生成果展示部分,对学生和教师而言都具有较高的参考价值。它详细介绍了数学建模论文的撰写要求和规范,从论文题目、摘要、关键词到正文各部分,都提供了具体的指导路径和示例分析。同时,书中展示了初中生优秀数学建模论文案例,让学生能够更直观地学习如何撰写高质量的论文,也为教师的教学评价提供参考。

在数学建模教学中,教师的专业素养和指导能力至关重要。书中对教师建模能力的培养进行了探讨,分析了教师建模能力的现状、特征和培养趋向,构建了切实可行的培养模式,为教师的数学建模水平提升提供了明确的方向和路径。

本书将理论与实践紧密结合,为初中数学教师提供了全面的教学指导,为教育研究者提供了丰富的研究素材,也为广大教育工作者深入理解数学建模教育、推动初中数学教学改革提供了有益的参考。希望本书的研究成果,能够吸引更多的学者参与相关研究,推动初中数学建模教学的改革与发展,进一步丰富创新人才早期培养的理论成果与实践经验。

目　录

引　言

一、时代背景与政策导向

习近平总书记指出"人才是创新的第一资源"，在党的二十大报告中要求"着力造就拔尖创新人才"。二十大报告首次将教育、科技、人才作为一个整体统筹部署，指出教育、科技、人才是全面建设社会主义现代化国家的基础性、战略性支撑，是国家和地区综合实力、核心竞争力的重要支撑。

数学作为自然科学体系的基石，是引领重大技术创新的重要驱动力。2018 年，《国务院关于全面加强基础科学研究的若干意见》提出"数学先行"战略定位，明确要求对数学、物理等重点基础学科给予更多倾斜。2019 年，四部委联合印发的《关于加强数学科学研究工作方案》提出"双轮驱动"发展范式——理论突破与应用转化并重，首次将"数学实力"提升至国家核心竞争力维度，并进行战略部署。在此战略布局下，数学建模作为学科演进的关键支点，其教育价值在课程改革中持续彰显。《普通高中数学课程标准（2017 年版2020 年修订）》开创性地将数学建模纳入六大核心素养体系，《义务教育数学课程标准（2022 年版）》进一步构建"模型意识（小学）—模型观念（初中）—建模素养（高中）"的进阶培养框架。这不仅是教学范式的结构性变革，更是实现认知维度、能力维度、育人维度三种教育价值的战略选择，即培养创新思维、强化学科实践、促进核心素养融合发展。

二、研究的核心问题

在知识泛在化与学科交叉融合范式转型的双重驱动下,跨学科素养已演化为 21 世纪核心竞争力的关键维度。其本质是构建"认知迁移—实践转化"的双循环能力模型,使学习者能在多元学科场域中实现知识图谱的动态重组。《义务教育课程方案(2022 年版)》通过制度性创新——设立跨学科主题学习模块,实质推动了三种范式转型:从学科割裂走向知识融合、从理论独尊转向知行合一、从单一认知升级为复杂问题解决。这一改革与数学建模的实践哲学形成深度共振。初中阶段各学科核心素养体系中,"建模"类关键词呈现出"三纵三横"的分布特征:纵向贯穿"模型建构—模型分析—模型优化"认知链条,横向渗透"数学抽象—科学推理—技术实现"能力维度。数学建模实质上发挥着"元方法"功能,既是 STEM 教育的通用语言,又是解构复杂问题的认知脚手架。

因此,本研究的核心问题为:

(一)学科育人目标与教学实践的适配性问题

在应试教育范式主导下,当前中学数学教学呈现显著的"三重三轻"异化倾向。① 认知维度:偏重程序性知识的掌握,忽视概念性理解与元认知发展。② 过程维度:强调解题结果的正误判定,弱化数学建模过程性能力(如假设检验、误差分析)的培养。③ 价值维度:囿于考试效能导向,缺乏对创新思维、批判性反思等核心素养的系统培养。这种目标偏移导致育人成效与《中国教育现代化 2035》提出的"发展中国特色、世界先进水平的优质教育"要求产生矛盾,亟待建构知识习得(Knowing)、实践转化(Doing)、价值塑造(Being)三位一体的新型育人框架(KDB 育人框架)。

(二)传统教学范式的时代适切性危机

现行数学课堂仍延续"传递—接受"式教学范式,存在三种实践困境。① 知识观局限:将数学简化为静态知识体系,忽视其作为建模工具的动态属性(Lesh & Doerr, 2003)。② 方法论单一:过度依赖讲授法与变式训练,缺乏真实问题情境下的协作探究。③ 评价窄化：以纸笔测试成绩作为单一评价指标，难以捕捉建模过程中的高阶思维表现。这种范式与 STEM 教育倡导的"4C 能力"（批判性思维、沟通、协作和创造力培养）要求存在显著差异（Bybee，2013），亟须向"素养为本"的教学范式转型。

（三）"模型观念"素养的实践转化瓶颈

《义务教育数学课程标准（2022 年版）》虽将"模型观念"纳入核心素养体系，但实施层面存在显著落差。① 认知错位：将教材中的应用题等同于数学建模，混淆局部技能训练与完整建模过程之间的本质差异。② 实践脱节：现有建模任务多停留在"去情境化"的简化问题层面，缺乏真实情境的复杂性特征。③ 支持缺位：教师普遍缺乏跨学科建模教学能力，难以有效进行"问题界定—变量控制—模型验证"的全过程指导。

三、研究的意义与价值

本研究作为一项探索性研究，融合了跨学科素养理论和数学建模活动的实践，具有重要的学术价值与应用价值。

（一）研究意义

1. 推动数学学科育人范式革新

本研究通过数学建模教学促进课程标准的实践转向，构建"问题驱动—多学科融合—实践生成"的教学机制。该模式突破传统知识传授范式，通过真实情境的建模任务设计，系统整合 STEM 教育要素，使学生经历数学抽象、模型建构与跨学科迁移的完整认知过程。其价值有以下三点。① 构建学科核心素养培育的实践路径，实现数学思维发展与创新潜质激发的双重目标。② 形成理论与实践互嵌的教学范式，有效对接课程标准中模型思想与综合实践要求。③ 创建学科育人新样态，通过建模过程促进深度学习，推动数学教育从知识本位向素养本位的范式转型。

2. 构建课程协同育人新机制

研究表明，数学建模教学具有显著的学科联动效应。① 在知识整合层面,建立"数学+X"学科交叉机制,通过建模任务链设计实现多学科知识的结构化重组。② 在思维发展层面,形成跨学科思维培养的三维模型(模型观念、创新意识、应用意识),提升学生复杂问题解决能力。③ 在课程协同层面,创新"基础课程—社团课程—拓展课程"三位一体的课程架构,强化课程体系的整体育人功能。这种协同机制能有效破解学科割裂的困境,为新时代课程综合化改革提供了实践参考。

3. 创新基础教育阶段人才培养路径

研究致力于构建初中数学建模教学与创新人才早期培育的衔接机制。① 建立"全员普育—分层培育—精准发展"的人才孵化体系,实现创新素养培育的普惠性与差异性的统一。② 开发创新能力发展的三维评价指标(过程—结果—素养),完善创新人才识别标准。③ 形成"学科基础—项目研究—创新实践"的贯通式培养路径,为基础教育与高等教育中的创新人才培养建立衔接通道。

(二) 研究价值

1. 学术价值

(1)推动数学教育理论范式转型。传统数学教育理论聚焦于学科知识体系的建构与技能训练,但存在学科壁垒固化与整合维度缺失的局限性。本研究基于跨学科素养理论框架,创新性地构建数学建模教育范式,通过开发多学科渗透的课程模块,推动数学教育从单一学科能力培养向复合型能力培育的范式转型,形成了具有可操作性的跨学科整合实施策略,为学科教育改革提供了参照。

(2)完善数学建模教学理论体系。本研究突破传统数学建模教学侧重应用能力培养的局限,构建初中阶段跨学科建模教学理论模型。通过设计"情境—问题—建模—迁移"四阶教学路径,研究系统整合 STEM 教育理念,形成具有学段适切性的建模教学模式。该理论实现了数学建模教育从高中向初中学段下移的突破,构建了包含认知发展规律、教学评价标准在内的完整框架,提升了建模教学理论的多维解释力,为构建学生跨学科多维认知结构提供学理支撑。

（3）创新跨学科素养理论实践向度。通过建立数学建模与跨学科素养的耦合机制，本研究从实践维度拓展了跨学科教育理论的应用边界，提出"三维整合"理论模型（学科知识整合、认知方式整合和实践能力整合），将传统跨学科素养理论从平面整合推向立体建构层面。这一范式创新不仅验证了跨学科素养的可操作性转化路径，更构建了量化评估指标体系，为学科核心素养的跨学科转化研究提供了方法论。

（4）建构创新人才早期培养新范式。针对传统拔尖创新人才选拔机制存在的筛选前置偏差，本研究提出"全纳性培养-差异化发展"的双轨机制，通过普适性建模课程提升群体创新素养，结合分层培养模式实现人才精准识别，形成"全员浸润-个性发展"的培养路径。该机制将创新人才培养重心从结果选拔转向过程培育，构建了基于教育公平的创新素养发展模型，为义务教育阶段创新人才早期识别与培养提供了可复制的路径。

2. 应用价值

（1）跨学科素养的教育范式转型。在学科边界消融与知识生产模式迭代的双重驱动下，跨学科素养已从边缘概念演进为现代教育体系的核心元能力。其本质是构建"认知迁移-实践转化"的复合型思维架构，使学习者能突破学科藩篱，在复杂问题场域中实现知识要素的动态重组。这种素养培育与数学建模活动在深层结构上实现耦合：建模思维天然具备跨学科特性，既可作为知识整合的认知脚手架，又能成为创新能力孵化的基石。

（2）数学建模的跨学科教学机理。初中数学建模活动本质上构建了"三维育人界面"：在认知维度上通过真实问题抽象来培育 STEM 思维整合能力，在实践维度上在模型建构过程中训练多学科工具协同应用，在素养维度上形成可迁移的复杂问题解决策略库。数学建模过程中存在跨学科映射关系，特别是在物理运动模型、经济预测模型等典型情境中，形成"数学原理＋学科知识＋技术工具"的三元知识结构。

（3）教育改革的双重诉求响应。面对人才转型诉求，智能时代要求劳动者具备"T型能力结构"(垂直专业深度＋水平跨界能力)(OECD，2019)，传统单一学科能力已无法满足职场需求，建模能力正成为衡量人才的关键指标。面对课程改革诉求，深化响应《关于全面深化课程改革落实立德树人根本任务的意见》的要求，应通过建模活动实现三重突破：从知识传授到素养培育的价值转向，由学科割裂向融合实施的结构变革，从应试导向到实践创新的评价转型。

(4) 研究的创新意义与实践路径。本研究还为教育实践提供了新的视角和方法。通过实证研究，跨学科素养视域下初中数学建模活动的设计与实施可以为未来类似教育活动的开展提供经验和借鉴。同时，通过"知识—实践—价值"三维育人框架与"真实情境驱动—跨学科知识整合—建模过程显性化—表现性评价嵌入"四维实施路径对初中数学建模活动进行实践与评估，可以为教师提供有效的实践路径。

跨学科素养视域下的初中数学建模活动设计与实施，实质上构建了学科育人方式变革的实践性中介工具。《义务教育数学课程标准(2022 年版)》系统性纳入数学建模核心素养，标志着其从学科拓展内容升格为基础教育的培养目标。这一转型与 OECD《教育 2030 框架》提出的"变革能力"要求相似，旨在培育包含认知弹性、复杂问题解决与协作创新的三维公民素养(OECD，2018)。从个体发展的视角出发，数学建模能力的培育不仅促进数学思维的进阶发展，更重要的是通过"认知具身化—实践情境化"的双重机制，促进学习者形成可迁移的实践经验。模型观念作为数学建模素养的操作化表征，与跨学科应用意识、创新意识共同构成拔尖创新人才早期发现培育的核心要素，其培育过程本质上是知识生产模式从学科范式向应用语境范式的结构性转换。这一实践框架的实施具有三种教育价值。① 课程论价值：促进学科知识的结构性整合，响应《关于全面深化课程改革落实立德树人根本任务的意见》提出的"加强课程综合化实施"要求。② 教学论价值：为学科实践活动的设计提供核心操作框架，破解传统教学中"知行分离"的困境。③ 战略价值：服务国家创新驱动发展战略，通过基础教育阶段建模思维的培育,储备科技创新后备人才。

四、研究目的与实践成果

(一) 研究目的

本研究旨在建构跨学科素养导向的初中数学建模教学实施体系,重点解决以下三个核心问题。

- 初中数学建模课程如何实现学科核心素养与跨学科能力的协同培养?
- 建模教学活动设计应遵循何种原则以适应初中生认知发展特征?
- 如何建立科学的评价支持系统以提升建模教学实施效能?

(二) 研究路线

第一阶段:理论阐释与现状分析

1. 系统文献综述

运用系统文献综述法,梳理数学建模的内涵演进,解析建模能力与核心素养的关联机制。

2. 政策文本分析

基于《义务教育数学课程标准(2022年版)》,解构建模能力培养的学段要求,提取初中各学科课标中的建模要素,绘制跨学科关联图谱。

第二阶段:课程体系开发

① 课程框架建构

设计"初阶—中阶—高阶"三级课程模块。初阶课程是面向全体学生的数学实验活动,中阶课程是初高中衔接的建模专题,高阶课程是指向创新人才培养的数学建模小课题研究。

② 教学实施策略

提炼建模认知过程的五阶段教学策略(问题识别—假设建立—模型求解—验证优化—迁移应用),编制典型课例库,覆盖社会调查、工程设计等六类情境。

第三阶段：实践验证与成果转化

① 混合方法验证

量化研究：采用准实验设计，通过建模能力量表评估教学效果；质性研究：运用课堂观察与教师访谈分析实施障碍。

② 成果转化机制

开发"三维一体"的评价体系（过程表现、成果质量、素养发展），设计教师能力发展路径（理论研修—案例研习—实践反思），形成成果转化机制，编制《建模论文写作指南》（含选题规范与评价标准），建设优秀课例资源库（含教学设计方案与课堂实录）。

（三）研究实践过程

根据上述研究目的和研究路线，本研究的实践过程分为三个阶段：萌芽阶段、发展阶段和形成阶段。

萌芽阶段（2019.07—2020.08）：数学实验教学探索与建模意识启蒙

1. 研究基点

课题牵引：以教育部重点课题"基于创新人才培养的高中数学建模教学实践研究"（2019 年 7 月）为理论支点，同步启动区级课题"高阶思维视域下初中数学实验教学实践研究"（2019 年 10 月），形成"高中建模—初中实验"的纵向研究架构。

问题聚焦：在初中阶段建模教育路径缺失的背景下，提出核心命题：如何面向全体学生开展适配性建模教学，同步实现模型观念培育与创新能力发展？

2. 实践路径

通过数学实验教学启蒙建模意识的三种实施路径。① 认知启蒙：确立"做数学"的科学认知，通过实验操作促进数学符号化思维向建模思维的转化。② 情境建构：设计生活化实验任务（如包装优化、交通流量模拟），在具身体验中培育创新思维的雏形。③ 方法迭代：创新实验方法体系（实物操作—软件模拟—项目探究），渐进地提升数学应用意识。

3. 阶段成果

理论突破：提出初中建模教育"实验-建模"能力发展连续体理论雏形，主张通过数学实验活动渗透建模意识，通过学科融合渗透建模思维，通过项目实践渗透建模能力，衔接建模思维发展。

实践奠基：开发典型数学实验案例，初步形成"情境驱动-实验探究-反思迁移"的教学范式，为后续建模教学提供情境支架与方法范式。

策略创新：凝练数学实验教学三策略：认知渗透策略，通过实验操作促进数学符号化思维向建模思维的转化；情境适配策略，设计生活化实验任务培育创新思维雏形；方法迭代策略，构建"实物操作—软件模拟—项目探究"的递进式实验体系。

发展阶段（2020.09—2021.08）：建模课程建构与跨学科融合探索

1. 研究深化

课题延伸：基于教育部重点课题成果，申报区校合作项目"基于高阶思维培养的初中数学建模教学实践研究"（2021 年），形成"实验教学-建模课程-素养培育"的进阶研究路径。

对象聚焦：选取 15 名数学资优生组建首期建模社团，探索数学建模能力培养的可行路径，提出核心命题：如何通过建模活动实现数学核心素养与跨学科能力的协同发展？开展小样本精准干预研究。

2. 实践路径

构建初中数学建模课程三维框架。① 知识拓展层：开发"初中数学拓展"（含方程模型、函数模型、统计模型等模块）。② 技术赋能层：设计 MATLAB 软件实训课程，涵盖基础操作、数据处理、可视化等核心技能。③ 实践应用层：编制《初中跨学科建模案例集》（含环境、经济等领域的现实问题建模任务）。

3. 理论突破

理论共识：明确数学建模作为 STEM 教育落地的关键载体，其本质是"数学语言驱动的跨学科问题解决"。

概念创新：确立模型观念作为数学建模素养的操作化表征，与跨学科应用意识、创新意识共同构成拔尖创新人才早期培养的核心要素。

路径创新：初步提出"双循环培养机制"：内循环，即数学建模过程促进跨学科知识整合；外循环，即跨学科实践反哺建模能力提升。

4. 阶段成果

课程成果：初步形成《初中数学建模课程纲要》（界定课程目标、内容标准、实施建议）。

策略成果：① 学科融合策略，以数学建模为纽带，建立数学与物理、地理等学科的知识联结；② 分层实施策略，开发"基础认知—综合应用—创新拓展"三级任务序列；③ 过程显性化策略，通过思维导图、建模日志等工具，可视化学生建模思维过程。

形成阶段（2021.09 至今）：三维育人框架的实践深化与四维实施路径的系统建构

1. 研究深化

基于前期研究提出的"知识—实践—价值"三维育人框架与"真实情境驱动—跨学科知识整合—建模过程显性化—表现性评价嵌入"四维实施路径，建构"循环赋能"模型理论体系。以建模活动为载体，用数学建模过程促进跨学科知识整合，通过跨学科实践反哺建模能力，课程迭代与评价反馈，开发"真实情境驱动—跨学科知识整合—建模过程显性化—表现性评价嵌入"的教学认知闭环，驱动"知识习得—实践转化—价值塑造"的素养生成闭环，建立"课程标准—教师发展—资源建设"的支持闭环。该体系深度响应《义务教育课程方案（2022 年版）》"教—学—评"一致性要求，为学科育人方式改革提供理论支撑。

2. 实践路径

（1）课程分层设计。初阶课程面向全体学生，以《义务教育数学课程标准（2022 年版）》为依托，挑选教材内容适合实验化的部分，构成初中数学实验课程（"初中数学建模初阶课程"可作为综合与实践活动开展）。中阶课程是面向学有余力的学生,组建数学建模社团,开设以问题和项目为导向的初高中衔接数学建模社团课程,教师带领学生开展基于现实问题解决的小课题研究。高阶课程是面向有创新潜质的学生,从"数学基础知识拓展""软件应用与数学建模""数学建模案例与方法"三个维度开设的进阶课程。学生开展数学建模课题研究,通过螺旋式进阶任务群,经历"复杂问题拆解—算法工具开发—社会影响评估"的完整链条。

在上述分层课程中,涉及对象及内容由全体(实验活动)至差异(社团项目),最终走向特长(竞赛研究),实施过程中则嵌入"真实情境驱动—跨学科知识整合—建模过程显性化—表现性评价嵌入"四维实施路径,贯穿课程设计。课程分层设计响应"面向全体-关注差异-突出特长"的课改导向。

(2)评价体系建构。过程维度:采用建模日志、思维导图等工具追踪四维路径实施质量。成果维度:制定《建模作品评估量规》(含模型创新性、工具适切性、社会价值等指标)。素养维度:开发"三自三识"发展观察量表(自主性指数、知识整合度等)。

3. 研究实践成果凝练

为解决所提出的问题,本研究通过实践提出"三维协同"实施路径。① 课程整合层:开发以建模为锚点的跨学科知识网络。② 教学实践层("四维进阶"实施路径):嵌入真实情境驱动—跨学科知识整合—建模过程显性化—表现性评价"的教学认知闭环。③ 评价创新层:设计涵盖建模过程性证据的多元评估矩阵。这种系统化改革不仅响应"加强课程综合化实施"要求,更通过建模思维培养实现双重突破,在认知维度培育高阶思维能力,在实践维度培育复杂问题解决能力。以下为具体实践成果。

(1)建构"进阶式建模课程体系"。完善分层课程体系,形成"初中数学建模进阶式课程",开发三级课程资源包(初阶案例集、中阶项目库、高阶专题模块),在此基础上构建"分层—贯通—融合"进阶课程培养模型。分层:分别面向全体、学有余力、创新潜质的学生设计三级课程;贯通:建立"课内实验—社团项目—竞赛研究"的能力发展通道;融合:实现数学核心素养与跨学科素养的协同培育。

（2）建立"三位一体"常态化建模活动实施平台。课程实施平台用来开展常态化建模教学，活动展示平台用来举办年度建模节、跨校联赛、成果展览，竞赛检验平台用来组织学生参与 IMMC 等赛事，形成以赛促学、以评促改的动态优化机制。

（3）构建多元化的初中数学建模素养评价机制。根据《义务教育数学课程标准（2022 年版）》《高中数学课程标准（2017 年版 2020 年修订）》等文件要求，结合 STEM 教育理念和数学建模活动的主要过程，设计"过程—作品—素养"三维评价体系，研制《初中数学建模素养表现性评价标准》。过程性评价包括情境解读、模型建构、模型分析，成果性评价包括文本表达、工具开发、问辩交流，素养性评价包括"三自三识"发展观察指标（自主探究度、知识整合度等）。

（4）构建"三维协同"的数学建模课程活动实施路径。① 课程整合层：开发以建模为锚点的跨学科知识网络。② 教学实践层：嵌入"真实情境驱动—跨学科知识整合—建模过程显性化—表现性评价嵌入"的教学认知闭环。③ 评价创新层：设计涵盖建模过程性证据的多元评估矩阵。

（5）构建个性化初中数学建模教学实施路径。从面向全体学生的初阶课程，到指向拔尖创新人才早期培养的高阶课程，初中数学建模教学的实施均以项目化学习为主要教学活动方式，构建指向拔尖创新人才早期培养的教学路径。在确定项目化学习主题后，教师从"数学知识、软件知识、相关建模案例"三个维度进行系统的理论学习指引，同时借助建模活动平台，以团队合作方式引导学生开展个性化项目主题活动。团队通过精心设计项目作品、规划实施内容，在探究过程中自主进行知识的理解与运用，从而为他们未来的深层次学习和研究奠定坚实基础。

第一章

数学建模的理论基础

第一节 数学建模的认知与发展历程

一、影响数学建模的思想及理论

霍洛恩(Halloun)认为,物理知识的内容核心是模型构建。物理建模需经历五个环节:模型选择—模型建构—模型验证—模型分析—模型部署。建模是一种选择的过程,模型的适用范围、目的、有效性等因素会影响模型的选择。

选择适用模型时,需综合考量模型的适用范围、建模目标的契合度以及有效性验证条件三个核心要素。当既有模型无法满足复杂物理问题的求解需求时,通常需对模型采用组合或重构的方法生成新模型。新模型构建后需检验其内在逻辑自洽性,并通过参数敏感性分析、边界条件验证等方法完成模型检验。如果经迭代优化后的模型满足自洽性与适用性双重标准,则可以对所建立的数学模型进行求解。最终实现的模型需迁移到新的问题中,通过应用确认其在新物理场景中的解释力与预测力。2006 年,霍洛恩在上述建模过程模式的基础上提出了结构化学习环理论。福尔图斯(Fortus)通过理论分析提出,科学建模能力结构由"模型创建和使用能力"(产生)和"模型评价与修正能力"(改变)两部分构成。① 布卢姆(Blum)等人设计了七个步骤来处理数学建模的过程,将数学建模过程进行了细化:理解现实问题情境;简化或结构化现实情境,形成现实模型;将被结构化的现实模型翻译成数学问题,形成数学模型;用数学方法解决所提出的数学问题,获得数学解答;根据具体的现实情境解读并检验数学解答,获得现实结果;检验现实结果的有效性;反馈给现实情境。

二、关于数学本质观认识的研究

学习者数学本质观的形成受建模元认知作为建模理论本体论维度的影响。建模元认知是指学习者对模型本体属性及建模过程的反思性认知,其发展水平直接影响学生对数学本质认知的建构。格罗斯莱特(Grosslight)认为,建模元认知的研究发展维度向主体泛化(从专家建模者拓展至学习者群体)与认知层次深化(从单一建模步骤认知延伸至模型假设反思、模型优化等能力)两个轴向拓展,形成覆盖"模型属性—建模策略—认知监控"的三级认知框架。这种元认知能力的发展,本质上实现数学抽象与建模实践论意义的双向理解。

在认知主体对象方面,继 1991 年格罗斯莱特对七年级和 11 年级学生进行测查之后,特莱格斯特(Treagust)等分五个主题又对 228 名高中生的模型理解情况进行了检测。② 为了促进元认知的教学,对教师的测查成为必然。1995 年,斯米特(Smit)等对职前教师关于建模和模型知识进行了测试。③ 德里尔(Driel)等则针对有经验的物理、化学和生物教师对模型及建模相关知识的了解情况进行了研究。④⑤

① Fortus, D., Rosenfeld, S., & Shwartz, Y. (2010). High School Student's Modeling Knowledge. ISRAEL. http://stwww.weizmann.ac.il/menu/personal/david_fortus/archive/High%20School%20Students%20Modeling%20Knowledge.pdf.

② DF Treagust, G Chittleborough & TL Mamiala. Students' Understanding of the Role of Scientific Models in Learning Science[J]. International Journal of Science Education, 2002, 24(4).

③ JJA, Smit & M Finegold. Models In Physics: Perceptions Held By Final-year Prospective Physical Science Teachers Studying At South African Universities[J]. International Journal of Science Education, 1995, 17(5).

④ JHV Driel & N Verloop. Teachers' Knowledge of Models and Modelling in Science[J]. International Journal of Science Education, 1999, 21(11).

⑤ JH Van Driel & N Verloop Experienced Teachers' Knowledge of Teaching and Learning of Models and Modelling in Science Education[J]. International Journal of Science Education, 2002, 24(12).

学者施瓦茨（Schwarz）发表了《元建模知识：发展学生对科学建模的理解》一文，认为个体在科学建模实践活动中，不仅要具备一定的建模实践能力，还要具备对模型和建模本质清晰的认识和理解。[①] 其中，施瓦茨提出的科学建模能力结构理论框架，突破了传统建模能力研究的局限，首次将模型本体论认知与建模过程进行系统性整合，将模型本质属性及建模元认知要素纳入结构化能力体系，确立了建模能力发展中"知"与"行"统一的理论范式。

三、关于建模素养认识的研究

OECD定义的核心素养框架强调由工具互动能力、自主行动力与社会异质群体交互适应性构成的三维能力结构。在数学教育中，这种素养具体表征为：通过对自然现象及实践活动的抽象与规律建构的认知过程，实现从现实世界到数学模型的范式转换，并在此过程中促进对数学学科的本质认知。生产、生活对数学教育的基本诉求，折射在建模领域，便成为建模素养。建模素养的构成有两个维度：数学建模的本体属性及对建模规律的反思性认知，两者共同构成建模素养研究的本体论与方法论基础，是当前该领域理论建构的主导范式。Chiu等学者提出建模能力三维模型框架：基于本体论[②]、认识论[③]和方法论[④]。该模型作为一个整体素养模型实现了建模素养研究的范式创新：在本体论维度继承学科模型本质认知传统，同时通过认识论与方法论层面的拓展形成能力发展的动态结构。该模型衍生的三维测评工具虽具备理论完备性，却因缺乏真实问题情境而使应用范围受限。

① CV Schwarz, BY White. Metamodeling Knowledge: Developing Students' Understanding of Scientific Modeling[J]. Cognition and Instruction, 2005(6).

② Chou CC. Investigating Senior High Students' Understanding of the Category and Composition of Scientific Models[C]. The 23rd Annual Meeting of Science Education in Taiwan: Dec. 13 - 15, 2007: Kaohsiung/Taiwan.

③ H Wu, JL Ronsky, P Poncet, F Cheriet, et al. Prediction of Scoliosis Progression in Time Series Using a Hybrid Learning Technique[J]. 2005 27th Annual International Conference of the Ieee Engineering in Medicine and Biology Society, 2005(1 - 7).

④ Chiu MH. The Theoretical Framework and the Development of the Instrument Regarding Model and Modeling[C]. The 23rd Annual Meeting of Science Education in Taiwan: Dec., 13 - 15, 2007: Kaohsiung/Taiwan.

　　洛佩斯(Lopes)等学者对建模过程素养的解构呈现三种理论向度：认知取向维度(对待方式)、问题概念化维度(概念化问题)与技术操作维度(操作)。基于此三维框架开发的力学领域纸笔测评工具,虽通过结构化测试实现了建模过程要素的可操作化表征,但其静态评估范式在捕捉动态建模过程的非线性特征及情境适应性方面存在生态效度的局限,反映出该理论框架在过程性素养评估方法学上的待完善性。[①] Hung(2009)研究团队基于霍洛恩理论框架构建了五维能力模型,其创新突破体现在计算机动态模拟技术与模糊数学评估范式的整合应用。该模型在继承经典理论内核的基础上,通过技术工具革新,实现了建模能力动态特征的可视化表征与不确定性量化,标志着建模能力测评从静态维度解构向过程交互分析的范式转型,但同时也面临复杂技术适配性与学科情境特异性之间的平衡挑战。[②]

　　PISA 数学素养测评框架呈现出显著的理论突破：相较于 PISA 2012 的情境问题—数学问题—数学结果—情境结果及其离散化操作环节"表达、应用、阐释、评估",PISA 2022 通过循环模型架构重构实现了结构性革新。核心变革体现在：将阐释与评估环节整合,并嵌入数学推理作为建模过程的核心枢纽。强化过程耦合性,形成"数学推理—建模过程"的耦合机制。从分层静态模型转向环形动态模型,数学内容领域与建模过程形成嵌套式关联。数学推理从原有框架的隐性要素升维为优先维度,贯穿建模全过程的认知监控与策略选择。这种框架重构标志着数学素养测评理论对复杂认知过程非线性特征的适应性演进。

四、关于影响数学建模认知因素的研究

　　从影响数学建模认知因素来看,主要包括情境因素、问题因素、个性特

① Lopes JB, Costa N. The Evaluation of Modelling Competences: Difficulties and potentials for the learning of the sciences[J]. International Journal of Science Education, 2007, 29(7): 811－851. DOI: 10.1080/09500690600855385.

② Hung JF, Lin JC. The Development of the Simulation Modeling System and Modeling Ability Evaluation [J]. International Journal of U- & E-Service, Science & Technology, 2009, 2(4): 1－16. DOI: http://dx.doi.org/.

征、建模解题策略以及元认知等方面的研究。具体来看,莱斯特(Lester)认为主要有四种影响因素,分别是问题自身、解题者的特征、解题行为以及环境特征[①]。袁红认为,学生的数学阅读能力、简化实际问题能力、数学语言能力和元认知能力以及生生、师生之间的合作交流是影响学生数学建模能力的主要因素。[②] 但琦等人认为,影响中学生数学建模能力的主要因素有动机、态度、知识经验、认知过程、元认知。[③]

但琦等在梳理前人研究的基础上,分析数学建模能力的影响因素,主要因素有动机与态度、知识经验、认知过程、元认知。[④] 该研究团队还从本体论、认识论和方法论三方面阐述对模型和建模的理解。在本体论方面,对模型本质的观点有三种类型:对应关系、呈现形式、变化关系;在认识论方面有三种类型:个体表征、过程、情境;在方法论方面,根据因素分析可以发现模型有三种主要功能:问题解决、了解观察的现象、连接和发展想法。

李明振的研究建构了数学建模学业成就影响因素的系统性分析框架,其理论贡献体现在:通过"理论假设模型建构—量化测试—路径效应分析"的实证路径,从认知维度与非认知维度对数学建模的自我监控水平、学生的创造力水平、学生的数理认知结构、数学建模情感、学生的创造力倾向、学生的认知方式和数学建模信念进行因素解构,揭示影响机制的动态交互特征,突破传统单因素分析的局限性。确立创造力水平与建模信念作为核心中介变量,解析认知策略选择与情感驱动间的非线性作用路径。[⑤] 该研究为数学建模教学提供双重理论支撑——既构建多因素作用模型解释学业成就差异,又通过量化路径系数确立关键干预靶点,标志着数学建模影响因素研究从经验描述向实证机制分析的范式转型。

吴玲玉将初中生数学建模影响因素解构为学生自身因素与师生作用。[⑥] 前

---

① 李明振.数学建模的认知机制及其教学策略研究[D].重庆:西南大学,2007.

② 袁红.影响初中学生数学建模的主要因素及其对策研究[D].上海:上海师范大学,2005.

③④ 但琦,朱德全,宋宝和.中学生数学建模能力的影响因素及其培养策略[J].初中数学教与学,2007(8).

⑤ 李明振.数学建模认知研究[M].南京:江苏凤凰教育出版社,2013.

⑥ 吴玲玉.初中数学建模的影响因素及其对策[D].厦门:集美大学,2017.

者聚焦学习者个体的认知策略选择、元建模意识及情感驱动机制,后者强调师生认知共振效应与建模过程协同建构的动态交互特征,两者通过非线性协同作用共同形塑建模能力发展轨迹。

五、国外数学建模发展概况

1975 年,美国在数学科学咨询委员会倡导下发布《关于幼儿园到中学 12 年级学校数学教学的总看法与分析》,首次提出数学建模能力培养与基础教育体系融合,建构教学实施、师资发展、评估认证三位一体的标准体系,推动数学教育核心范式从知识传授向问题解决能力培养转型[①]。美国国家研究委员会(NRC)于 1989 年发布的《未来数学教育的报告》,作为课程改革的纲领性文件,首次在政策层面系统论证了数学建模能力培养与中学数学课程体系深度整合的必要性。[②]

美国数学建模教育体系的建构呈现多维度协同推进特征。《中学数学建模课程导论》通过 22 个情境化教学模块设计,阐述其在中学数学建模实践内容。《数学课程与评估标准》等系列政策文件将建模能力培养确立为数学教育的核心目标体系。作为数学建模教育研究的先驱国家,美国将大学生数学建模竞赛(MCM)延伸至中学阶段(HiMCM),并为中学建模教学资源开发与传播发行专业期刊。这种"课程—标准—竞赛—资源"的四维联动机制,标志着美国数学建模教育从理念倡导到实践落地的系统化发展路径。

俄罗斯数学教育改革呈现系统化课程重构特征。莫尔德科维奇(Mordkovich)领衔编著的七、八年级代数教材(1990)突破传统体系,以人本主义教育理念重构课程框架,将数学建模能力与数学语言表达作为核心素养培养目标。跨学科整合路径将建模课程作为信息科学的认知延伸载体,通过教师主导教学、协作学习与个性化学习路径的分层策略,增强学生的跨领域的技能[③]。依

① 杨慧春.数学建模思想融入高中数学教学的实践研究[D].南充:西华师范大学,2017.
② 叶其孝.数学建模及其教学的期刊及国际会议简介[J].高校应用数学学报:A 辑(中文版),1992(2).
③ Henner E K, Shestakov A P. The 'Mathematical Modelling' course for Russia's schools: its aims, methods and content.[J].[2025 – 06 – 13].

库塔(Ikeda)的建模教学动态角色理论强调教师需依据专业能力动态调适认知脚手架,其研究表明同伴认知差异的协同建构是建模能力发展的关键干预点。莱格(Lege)通过对比实验证实了情境化教学(问题导向与案例导向)能有效提升建模能力。①

英国数学建模教育发展呈现多维度协同推进特征。自 1983 年首次国际建模教学研讨会至 2014 年国家课程改革,历时 31 年完成从理论争鸣到课程标准落地的政策演进,英国确立建模能力作为数学教育核心目标(熟练性—推理—问题解决三维框架)。伯吉斯(Burghes)团队通过数学建模工作坊给各地教师指导数学建模教学②,同时发行《教师数学建模》杂志③,形成"课程资源开发—教师专业发展联动"的实施路径。埃克塞特大学戴维·伯格(David Burghe)教授团队主持数学教学创新中心研发的"240+分层"建模练习系统,实现建模任务与数学知识体系的深度嵌套。

日本数学建模教育的推进从《学习指导要领》的"课题学习"开始,2002 年课标将数学应用确立为核心目标,完成了数学教育从知识本位向素养导向的政策转型,制定"综合学习时间"制度保障跨学科建模的实施。在 1993 年的 6 套初中数学教科书中,设置 255 个跨学科整合课题(应用导向占 13.3%,建模与泛化导向占 18.4%),实现数学知识体系与真实世界问题的认知迁移。数学教育协会通过会刊平台持续输出初中建模教学教案与实例,形成"理论建构—实践反馈"的闭环机制④。其教学创新内核以"学生主体性"为轴心,通过生活化情境嵌入综合性课题序列进行设计。该体系标志着日本数学教育从学科封闭系统向现实问题解决的开放性转型,凸显建模能力作为核心素养的课程实施逻辑。

德国数学教育标准的演进呈现出核心素养锚定与能力分层的双重特征。

① Lege, J. Approaching Minimal Conditions for the Introduction of Mathematical Modeling[J]. Teaching Mathematics and its Applications,2005,24(2-3).
②③ Wallace, B, Book Review:Solving Real Problems with CSE Mathematics[J]. Gifted Education International,1985,3(1).
④ 吴刚平,杨明华.创造思维的助推器:上海市大同中学研究型课程案例研究[M].上海:华东师范大学出版社,2004.

德国文化部长联席会议(KMK)通过 2003 年基础教育标准与 2012 年高中标准的纵向衔接,确立数学建模作为核心能力贯穿 K－12 全学段,形成从基础能力(小学阶段)到复杂系统建模(高中阶段)的素养进阶路径。初等教育阶段将建模能力纳入六大核心能力框架(数学论证、问题解决、数学建模、数学表征应用、数学符号、数学交流)[①],高中阶段明确指出了德国高中生包括数学问题解决、数学建模、数学应用表达在内的多项数学素养维度,并详细划分了三个层次,[②]实现能力发展的可观测性标准。德国标准"数学建模能力融入课程设置"为全球数学课程改革提供范式参照,标志着数学建模能力培养从零散渗透到系统建构的政策转型。

北欧数学教育改革的建模能力培养呈现出区域性特征分化与理论协同特征。瑞典教育部要求教师基于学生认知图式构建建模问题情境,形成情境化教学范式。丹麦数学家尼斯萨(Niss)提出的建模本体论定义(现实情境—数学转化—结果反哺)突破传统认知边界,确立建模作为数学与现实世界的认知转换器。1991 年丹麦的罗斯基勒会议推动数学建模从教学实验向教育战略转型,完成了全球数学教育界对建模价值的认知范式转换。该区域改革凸显数学建模教育的三重功能定位,即学科整合工具、现实问题解决范式与数学本质认知媒介,为后续核心素养导向的课程改革提供了参照。

六、我国数学建模发展概况

(一) 我国数学建模教育发展呈现阶段性演进与本土化创新特征

启蒙奠基期(1960—1980):以华罗庚为代表的数学家发起数学普及运动为起点,通过讲座与竞赛形式隐性渗透建模思维,奠定应用数学建模思想的传播基础。张景中在《中学生数学》发表的《洗衣服的数学》开创科普建模范式,实现建模知识显性化传播。系统发展期(1990—2000):上海"金桥杯"中

① 徐斌艳.关于德国数学教育标准中的数学能力模型[J].课程·教材·教法,2007(9).
② 柯雅梅.德国初等数学教育面临的挑战与变革[J].初中数学教与学,2018(3).

学生数学知识应用竞赛与北京高中数学知识应用竞赛形成南北呼应的建模实践体系,确立竞赛驱动的能力培养路径。叶其孝在国际数学教育大会(ICME-8)的报告中,推动我国经验融入全球建模教育话语体系。第七届数学建模教学会议实现中学教师群体正式进入学术研讨场域。苏州大学率先开设中学建模师资培养课程,破解建模教学专业化瓶颈。深化拓展期(2000至今):形成多层次建模竞赛体系(区域赛—选拔赛—国际赛)。该发展历程揭示了我国数学建模教育从隐性渗透到显性建构的转型逻辑,其竞赛驱动模式与师范培养创新构成本土化发展范式的核心特征。现存挑战是:区域发展失衡,东西部建模教育资源分布呈现梯度差异;评价体系滞后,标准化考试与建模能力评估存在结构性矛盾;教师专业断层,建模教学能力培养尚未全面纳入师范教育体系。

(二)我国数学课程标准的建模能力培养呈现政策演进与内涵深化的双重轨迹

1. 政策定位的阶段性突破

初步建构期:《全日制义务教育·数学课程标准(2001年)》首次将数学模型建构列为数学教育的社会价值实现路径。《高中数学课程标准》确立数学建模为课程核心内容,形成数学"探究—建模—文化"一体的课程结构。内涵深化期:《义务教育数学课程标准(2011年版)》将模型思想纳入八大核心素养体系,明确"抽象—建模—求解—解释"的四步认知路径。《普通高中数学课程标准(2017年版2020年修订)》明确给出数学建模定义并建构"情境感知—模型建构—迭代优化"的完整过程框架。系统整合期:《义务教育数学课程标准(2022年版)》强调建模作为数学与现实世界的认知转换器功能,突出其在跨学科主题学习中的整合价值。

2. 本体论定义的范式转型

在认知维度上,从"技术工具论"转向"素养发展论",建模能力升维为数学核心素养的构成要素。在过程维度上,实现了从线性操作流程(抽象—建模—应用)到动态循环系统(问题识别—模型迭代—跨域迁移)的认知模型升级。在价值维度上,完成了由单一问题解决取向向"知识建构—思维发展—现实介入"三维价值体系的拓展。

3. 实施路径的系统化锚定

构建学段衔接机制,从小学阶段奠基模型意识启蒙,在初中阶段聚焦模型观念建构,在高中阶段淬炼数学建模实践。在认知发展上,构建"具体情境抽象(小学)—符号系统建模(初中)—复杂问题求解(高中)"的进阶路径。在评价导向上,从知识掌握度评估转向建模过程性能力测评。

该政策演进揭示我国数学建模教育从"知识本位"向"素养导向"的深层转型,建模能力培养框架已形成纵向衔接、横向融合的立体化课程实施体系。

(三)我国数学建模研究的学术发展

我国数学建模研究的学术发展呈现出理论建构与教育实践双向互馈的特征,其核心进展体现在以下三个维度。

1. 理论体系的本体论突破

叶其孝从工具论视角将建模作为数学技术工具的应用方法论,史宁中从认知论视角将建模作为现实问题数学化的逻辑抽象过程,王尚志从素养论视角将建模作为知识建构与问题解决的复合认知系统,张思明建构"情境嵌入—模型迭代—教学适配"一体的实践框架,确立建模教学论研究的基本范式[1]。

2. 学科交叉知识产生机制

在课程开发维度上,徐稼红团队完成中学建模课程资源的系统化开发,叶其孝建立竞赛驱动型建模能力培养路径。在教师教育创新上,国家"九五"课题(张景斌等)从高师、中小学数学建模一体化出发,打造师范生建模教学能力培养体系,破解师资专业化瓶颈。在学科融合路径上,史宁中把数学建模界定为化解现实中问题的一种数学办法,并运用数学思想方法以及计算机技术求解[2]。

---

[1] 张思明.中学数学建模教学的实践与探索[M].北京:北京教育出版社,1998.
[2] 史宁中.数学思想概论(第5辑)——自然界中的数学模型[M].长春:东北师范大学出版社,2012.

3. 学术共同体的建制化发展

在知识传播体系上,各学者出版专著在方法论、案例库、竞赛指南三大类集群化,同时核心期刊专栏建设也形成持续学术产出机制。在研究范式上,关于基础理论有模型本体论与认知机制研究(李明振),关于教学实践有课例开发与教学模式实验(张思明),在政策研究层面有课程标准衔接与评价体系建构(王尚志)。该研究谱系揭示了我国数学建模教育从经验总结到理论建构的转型轨迹。

综上,我国数学建模教育研究呈现出全球性共识与学段失衡的双重特征。现有研究成果的局限性与突破空间体现在:① 研究焦点的结构性偏倚,如研究样本过度集中于高中阶段,初中建模教学研究较少,研究结果和样本学段断层,形成 K-12 建模研究倒挂现象。大部分实证研究以参赛学生为样本,存在研究对象偏移,缺少普通学生建模能力发展规律研究。② 初中建模教学研究存在本体论缺失、方法论空白、评估体系缺位等问题。因此构建初中生建模认知发展阶段理论,探寻适配初中生认知特征的建模教学模式,构建符合初中生建模能力发展规律的评价工具,对完善建模教育理论体系的学段衔接性,破解基础教育建模教学实践困境以及为全球建模教育研究提供非竞赛导向的本土化范式均有积极意义和价值。

七、核心概念界定

《普通高中数学课程标准(2017 年版 2020 年修订)》明确指出:"数学建模是对现实问题进行抽象,用数学语言表达问题,用数学方法构建模型解决问题的素养。其主要表现为:发现和提出问题、建立和求解模型、检验和完善模型、分析和解决问题。"《义务教育课程标准(2022 年版)》指出,数学建模是数学学科核心素养的重要组成部分,它的培养具有整体性、一致性和阶段性,在不同阶段具有不同表现。初中阶段则是指对运用数学模型解决实际问题有清晰认识的"模型观念"。"综合与实践"以培养学生综合运用所学知识和方法解决实际问题的能力为目标,其本质上包含"数学建模",是对"模型观念"

的培养。现实世界的问题往往不是单一学科或单一领域的问题,而是跨学科问题。基于上述对数学建模认知过程的梳理,我们认为数学建模是指对现实问题进行数学抽象,用数学语言表达问题,并基于直观经验和科学规律对现实问题进行简化假设后用数学语言和方法构建模型,用数学的思维去解决问题的过程。数学建模是创造性的认知过程,其过程一般分为五个步骤:问题的发现与提出—问题的分析与假设—模型的建立与求解—模型的检验与分析—模型的评价与应用。"初中数学建模"指在跨学科主题学习或项目化学习中,对现实世界能从数学的角度发现和提出问题,并能抽象出数学问题,能基于直观经验和科学规律,综合以数学为工具和通用语言,结合跨学科知识从不同的角度探寻分析和解决问题的方法,在问题解决的过程中能用数学符号构建问题中的数量关系和变化规律,对所得出的结果进行分析、讨论、验证、应用的过程。初中数学建模是通过一定时长的小组合作探究学习的方式,在经历现实世界的跨学科问题解决的过程中,形成基本的科学观念、数学应用意识和合作探究精神,有效培养学生的创新思维和创造力,获得创新实践的真实体验、非良构知识、理性思维、科学思维能力。本研究中的"初中数学建模"包括初中数学建模课程开发和实施、数学建模活动组织与实践、数学建模核心素养的评价与应用等方面的研究。

第二节 数学建模的方法与步骤

一、数学建模的基本方法

基于建模原理和应用场景的差异,数学建模的基本方法可分为以下三类。

(一)机理分析法

机理分析法是基于对研究对象内在机制的认知基础,通过解析系统变量间的因果关联,揭示其内部运行规律的方法论体系。该方法的核心特征:要求研究者具备对研究对象机理的预判性理解,聚焦变量间作用关系的逻辑建构,旨在提炼系统运行的本质性规律。其价值体现在将经验认知转化为可验证的理论模型，为复杂系统研究提供结构化分析框架，是研究中应用相当广泛的方法。

数学建模的机理分析法建立在系统动力学理论的基础上。系统动力学是一种研究动态系统行为的理论框架，它强调系统内部各个组成部分之间的相互作用和反馈机制以及系统的演化过程。在系统动力学理论的指导下，机理分析法将系统视为动态的、复杂的整体，通过建立数学模型来描述系统的内部结构和动态行为，揭示系统的运行机制和演化规律。

机理分析法首先需要建立系统的动态模型，即描述系统内部结构和变量之间相互作用关系的数学模型。其通常包括差分方程、微分方程、积分方程等数学形式，用来描述系统内部各个变量随时间变化的规律。建立系统的动态模型，可以定量地分析系统内部变量之间的相互作用和影响，揭示系统的动态行为和演化趋势。

机理分析法在建立系统动态模型之后，需要进行参数估计和模型验证。参数估计是指根据已有数据或实验结果，估计模型中的参数值，使得模型能够较好地拟合实际数据。模型验证是指对模型输出结果与实际观测数据进行一致性分析，检验模型的有效性、可靠性和适用性。该过程本质上是模型理论假设与经验事实的辩证统一，为模型优化提供实证依据。

在建立和验证了系统的动态模型之后，机理分析法通过对模型进行数值模拟和分析，揭示系统的动态行为和机理，包括对系统的稳定性、周期性、混沌性等动态特征进行分析，对系统内部变量之间的相互作用和反馈机制进行解释。动态行为分析和机理解释，可以深入理解系统的运行机制和行为规律，为系统的优化和控制提供理论依据和方法支持。

机理分析法的最终目的是将所建立的数学模型应用于实际问题的分析和预测。对系统的动态行为和机理的分析，可以预测系统未来的发展趋势和变化规律，为决策提供科学依据和参考建议。机理分析法在许多领域都有广泛的应用，如生态系统建模、经济系统建模、社会系统建模等，为理解复杂系统的运行机理和规律提供了重要的方法和工具。

机理分析法侧重于理论建模,通过对系统内部机制和规律的深入理解,建立数学模型来描述系统的动态行为。这种方法的优势是可以从系统内部的基本原理出发,构建具有物理、化学或生物学依据的数学模型。机理分析法的模型更具解释性和可解释性,能够揭示问题的本质机理和内在规律。

(二)测试分析法

测试分析法是指在研究对象机理未知或难以解析的情况下,将系统抽象为"黑箱"模型,并通过输入输出数据的统计分析构建系统行为模型的方法。其方法特征为黑箱假设、数据驱动和统计推断。该方法为复杂系统研究提供了在机理不可知条件下的建模路径,是数据驱动建模的重要范式。

数学建模的测试分析法是一种用于验证和评估数学模型的方法,旨在检验模型的有效性和可靠性。该方法通过对模型的输入、输出和行为进行测试和分析,评估模型的适用性和准确性,为模型的应用提供科学依据和参考建议。其步骤如下。

1. 输入数据的测试

在数学建模中,输入数据的质量直接影响模型的精度与泛化能力,是模型性能的决定性因素。因此,测试分析法首先要对模型的输入数据进行测试和分析。这包括对输入数据的来源、采集方法、质量和完整性进行评估,确保其能够准确地反映实际问题的特征和变化趋势。输入数据的测试,可以有效地减少数据误差和不确定性,提高模型的可信度和适用性。

2. 输出结果的验证

模型的输出结果是评估模型准确性和可靠性的重要标准。测试分析法通过对模型的输出结果进行验证和比对,评估模型的预测能力和准确度。这包括与实际观测数据进行匹配分析,评估模型预测结果的稳定性与可靠性,通过有效性判定为模型优化与应用提供实证依据。

3. 模型行为的分析

模型的行为特征对模型的性能和稳定性有重要影响。测试分析法通过对模型的行为进行分析和测试,评估模型的稳定性、收敛性和敏感性等特征。

这包括对模型的动态行为、稳态行为和敏感性分析等方面进行测试和分析，以揭示模型的内部机理和规律。通过模型行为的分析，可以发现模型存在的问题和不足之处，指导模型的改进和优化。

4. 模型应用的实际效果评估

最终，测试分析法要评估模型在实际应用中的效果和表现。这包括对模型的应用效果、经济效益和社会效益等方面进行评估，以检验模型的实用性和可操作性。通过对模型应用效果的评估，可以发现模型存在的问题和局限性，指导模型的进一步改进和优化，提高模型的应用价值和实用性。

以上方法的测试分析，可以全面评估数学模型的准确性、可靠性和适用性，为模型的应用提供科学依据和参考建议，促进模型的不断完善和优化，提高模型的应用效果和社会效益。

测试分析法注重实证分析，通过观测、数据收集和实验验证，对模型的参数进行估计和优化，以提高模型的拟合度和预测能力。这种方法的优势是可以利用现有的实际数据或实验结果，对模型的参数进行校准和验证，使得模型更符合实际情况，具有更好的预测性能。

（三）综合分析法

综合分析法是机理分析和测试分析的双向耦合方法。其方法核心为：利用机理分析确定模型框架，通过测试分析优化参数；再用测试分析法整合先验知识与实测数据，实现模型建构的科学性与实用性平衡；在模型验证中动态调整结构与参数。

从上述定义中可以看出，综合分析法并非简单地将不同的建模方法拼接在一起，而是在不同的建模方法之间建立起有效的衔接和互动。其核心思想是在建立数学模型的过程中，充分利用不同建模方法的优势，从而提高模型的逼真度和预测能力。

综合分析法将机理分析法和测试分析法结合起来使用，充分发挥它们的优势。首先，通过机理分析法确定模型的结构和基本框架，即建立数学模型描述系统的内部结构和变量之间的关系。其次，利用测试分析法对模型的参数进行确定和验证,即根据实际数据或实验结果对模型的参数进行估计和优化,使模型能够更好地拟合实际情况,提高模型的准确性和可靠性。

综合分析法在解决实际问题时具有广泛的应用价值。例如,在生态系统建模中,可以利用机理分析法建立生态系统的数学模型,描述物种之间的相互作用和能量流动。然后,通过测试分析法对模型的参数进行估计和验证,使得模型能够更好地反映实际生态系统的运行状态和变化趋势。

综合分析法充分发挥了机理分析法和测试分析法的优势,可以克服单一建模方法的局限性,能够更全面、准确地描述和理解复杂系统的动态行为和机理。通过综合分析法,可以构建真实、可信的数学模型,为问题的解决提供可靠、有效的理论和方法支持。

总的来说,综合分析法是一种灵活多样的建模方法,可以根据具体问题的特点和需求进行调整和应用。通过充分发挥不同建模方法的优势,提高模型的准确性和可靠性,为解决复杂实际问题提供有效的理论和方法支持。

二、对数学建模的理解

我们可以把数学建模看作是用数学知识解决实际问题的认知过程,即数学建模指基于直观经验和科学规律对实际问题简化假设后用数学语言和方法建立数学关系即(数学模型),用数学的思维去解决实际问题的过程。数学建模在实施的过程中需要借助计算机减轻相关工作量,因此不仅联系"现实世界"和"数学世界",同时又联通着"技术世界"。可以说,数学建模是类似但远高于"解应用题"的过程,它和现实问题的关联更为紧密。与"解应用题"相比,它不仅需要我们对现实问题做"简化假设",还需要做"模型结论"的解释、说明,并验证与现实问题的"一致性"。

从考查实际问题开始的建模过程包括以下几个步骤。① 用数学的眼光和语言在发现和提出问题后,收集实际问题的相关数据。② 利用基于经验直观或科学规律对现实问题进行分析并适当简化假设。③ 用数学语言和方法借助计算机软件表示数量关系、内部的联系和规律,即建立模型(暂且可以把它理解为公式)并求解模型得出结论。④ 对所得的结果在理性思维的指导下借助技术进行验证与分析,将分析结果与实际情况进行对比验证。如果与实际情况较为吻合(我们称为一致性),则说明所建立的模型实用性较好,较为符合实际;反之则实用程度差,不符合实际。后面这种情况主要是受到"假设"的影响,此时需要修正假设,重复建模过程,直至和实际情况较为符合,能说明实际问题。⑤ 评价所建立模型的优缺点,并将所建模型应用到实际问题中,用该模型结论预测或解释实际问题,阐明这些结论有助于决策者规划未来,并实事求是地指出所建立模型的应用范围及改进方向。建模过程如图 1-1 所示。

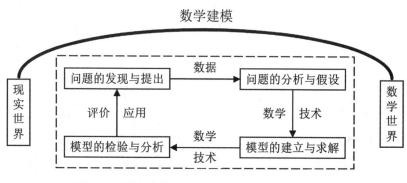

图 1-1　从考查实际问题开始的建模过程(简化版)

三、数学建模的基本方法

数学建模是高度创造性的认知过程,实施者要有敏锐的观察力(对现实问题的敏锐洞察与特征提取)、丰富的想象力(抽象思维与概念迁移能力)和灵感(创新性解决方案的生成与优化)。结合建模过程模式理论、数学建模七步骤、建模元认知的理解以及在初中阶段实施数学建模的实践经验,一般将数学建模过程划分为如下五个步骤:问题的发现与提出—问题的分析与假设—模型的建立与求解—模型的检验与分析—模型的评价与应用。

1. 问题的发现与提出

用数学的眼光去发现并提出身边的问题。这不仅是简单地从现实世界中找到一个问题,而且是将具体问题抽象为数学问题,用数学的语言来表达问题。这反映了学生对现实问题的认识程度,是解决问题的思维雏形,起承上启下的作用。问题的发现需要对领域知识有深刻的理解和洞察,问题的提出则需要能够从复杂的现实情境中提炼出关键信息,并且意识到问题背后的潜在挑战和机遇。这里包括从现实世界中发现问题,收集相关信息和数据,识别出需要解决的问题。在这个阶段要对问题进行准确定义,明确问题的背景、目标和限制条件。

这个阶段对应建模过程的起点,涉及从真实世界中观察到的问题或现象的发现,类似于霍洛思建模过程模式理论中的问题识别阶段,强调从实际问题中获取信息并识别需要解决的问题(即识别出潜在的建模对象)。它也对应布卢姆等人的数学建模七步骤的第一步,即"问题识别和理解",着眼于发现问题并明确问题的背景、目标和限制条件。从元认知角度来说,在这个阶段,建模者需要意识到问题的重要性和实际意义以及问题的定性特征,为后续建模过程提供指导和动力。

具体实施该环节时,学生需要上网查阅资料,梳理相关文献,查找与之相关的各学科知识,综合运用多学科知识对现实问题进行思考。这一思考的过程即现实问题转化为数学问题的过程,也是初步实现各学科知识相互转化、有机融合的过程。

2. 问题的分析与假设

在这个阶段,建模者对问题进行深入分析,理解问题的本质、影响因素和可能的解决路径。建模者需要运用领域知识和分析工具,对问题进行解构和分类,以便更好地理解问题的结构和特征;不仅要对问题进行表面分析,更需要深入挖掘问题的内在结构和逻辑,识别问题的关键因素和变量,并且理解它们之间的复杂关联和影响。在分析问题的同时,建模者需要建立初步的假设,即对问题的某些方面进行假设性的猜测,以便后续建立模型和求解。

从霍洛恩建模过程模式理论来说,这个阶段涉及对问题进行深入分析,理解问题的本质、影响因素和可能的解决方法。建模者需要对问题进行适当的分解和整理。它也对应着布卢姆等人的数学建模七步骤的第二步,"建模前的现实问题分析",强调理解问题的结构和特征,并提出合理的假设和猜想。从元认知的角度来说,在这个阶段,建模者需要运用自己的领域知识和建模经验,对问题进行全面的分析,并提出合理的假设和猜想,以指导后续建模过程的展开。

具体实施时,问题分析中应包括的内容有:利用题目中包含(已知)的信息和条件对题目做整体分析(凸显重难点——模型的抽象转化),打算从哪里入手并计划用什么方法来解决问题,厘清问题解决的方向。在进行模型假设时,需要对纷纭复杂的现象进行问题成因分析并寻找影响因素,对诸多影响因素用数学的理性思维分门别类、判断其主次、进行假设、明确研究的关键变量,进而才能运用数学的知识方法将其"数学化",即理清什么能够研究,什么不能研究,找出关键变量,排除无关变量。

3. 模型的建立与求解

这一阶段是将现实问题抽象为数学表达,基于问题构建适当模型,选取数学工具并运用数学方法对模型进行求解的过程。模型的建立不是简单地选择数学模型来描述问题,还需考虑模型假设时所选择研究的变量,也需要综合考虑问题的特性,选择合适的数学工具和建模方法进行描述和求解。同时还涉及数学工具的适用性和建模的可行性,以及对不同建模选择的优缺点进行权衡和评估。而模型的求解也不是简单地应用数学方法对模型进行求解,需要灵活运用各种数值计算技术、优化算法和仿真方法,以求得最优解或者近似解,并且对求解结果的稳定性和可信度进行评估。

从霍洛恩建模过程模式理论来说,这个阶段涉及将问题转化为数学模型,并使用适当的数学方法进行求解。建模者需要选择合适的建模方法和技术。它也对应着布卢姆等人的数学建模七步骤中的第三步和第四步,"建模"和"求解问题的数学模型"。从元认知的角度来说,在这个阶段,建模者需要选择合适的数学工具和建模方法,将问题抽象为数学形式,并运用适当的数学方法进行求解,需要对不同建模工具和方法的优缺点有清晰的认识。

该环节是数学建模的主体内容,具体实施时学生需要完成以下几个步骤:

(1) 数据的收集与整理。上网搜索与待解决的现实问题相关的数据,用 Excel 或其他软件对数据进行初步处理,为初步处理得到的数据建立图表并进行观察分析。

(2) 模型的建立。根据数据的收集、整理、分析过程中得到的信息,结合实际情况对现实问题做出假设后,我们就可以在论文中引进变量、常量及其符号。根据生活经验、查阅文献或所学知识,探索平衡关系,建立平衡方程或者利用 Excel 制作散点图,通过曲线拟合寻找变量之间的关系,建立数学关系并得到模型。模型建立要注重厘清变量之间的逻辑关联,要让读者明白它们如何建立并得到模型,重视其逻辑推理过程,切忌含糊、跳跃从而影响论文的说服力,应该严谨推导、明确说理,表达清晰。

(3) 模型的求解。模型的求解要注意求解步骤、计算方法的准确性,确保流畅的推导过程及必要的说明。使用软件编程要给出软件名称及具体算法,并对算法思路进行适当解说。算法程序可在正文中适当呈现关键信息,其余可在附录中呈现。模型求解的结论要进行适当的解释说明,帮助读者理解模型对问题解决的作用。

4. 模型的检验与分析

在求解模型之后,需要对模型进行检验和分析,验证模型的有效性和合理性。这可能需要综合考虑模型的复杂性、数据的质量和误差的影响,包括对模型假设的合理性和敏感度进行深入分析和探讨,以及与实际数据或实验结果进行比较和验证,从而对模型的稳定性、灵敏度和可靠性进行评估。模型验证后的处理路径呈现双轨制特征:若一致性验证通过,可以对模型结果进行实际意义诠释与应用价值评估;若未通过,则启动模型迭代优化机制,包括假设修正、结构重组与参数调整,直至模型性能达标。这一过程体现了数学建模的动态修正特性与实践导向原则,确保模型输出的科学性与实用性。

从霍洛恩建模过程模式理论来说,这个阶段涉及对建立的数学模型进行检验和分析,验证模型的有效性与合理性,建模者需要评估模型的稳定性和敏感性。它对应着布卢姆等人的数学建模七步骤的第五步"验证模型",这一步骤着眼于评估模型的准确性和可靠性。从元认知的角度来说,在这个阶段,建模者需要审查模型的假设,评估模型的精度和稳定性,并分析模型的敏感性和适用性,以确保模型与真实世界的一致性。

具体实施时,建模者需借助技术进行验证与分析,将分析结果与实际情况进行对比验证,如果与实际情况较为吻合(即能解释实际问题并与实际情况的符合程度较好),则说明所建立的模型实用性较好,较为符合实际;反之则实用程度差,不符合实际。不符合实际的情况主要受到模型假设的影响,此时需要再根据影响因素的重要性逐步修正模型假设,重复建模过程,反复循环该过程直至和实际情况较为符合,才能说明实际问题。

5. 模型的评价与应用

在检验和分析模型之后,需要对模型进行评价,评估模型的优缺点和适用范围。这可能涉及对模型的精度、可解释性和适用性进行评估以及对模型提出改进和优化建议。评价模型不仅是对模型进行定性评价,还需要综合考虑模型的定量指标、可解释性和可预测性,以及对模型在不同场景下的适用性和稳健性进行全面评估。

模型的应用不是简单地将模型应用于实际问题,需要考虑实际应用场景的复杂性和不确定性,考虑模型的实际应用效果和可操作性以及对模型结果的解释和解释的适当性,之后才可以用于解决实际问题、预测未来趋势或支持决策。

从霍洛恩建模过程模式理论来说,最后阶段涉及对建立的模型进行评价,并将其应用于实际问题的解决或决策支持。建模者需要评估模型的优缺点,并考虑模型的实际应用效果。它也对应着布卢姆等人的数学建模七步骤的最后两步"评价模型"和"应用模型"。这一步骤强调模型的实际效果和可操作性。从元认知的角度,在这个阶段建模者需要评估模型的优缺点,提出改进和优化建议,并考虑模型的实际应用效果和可操作性,以确保模型能够产生有用的结果并对决策产生影响。

具体实施时,建模者需针对一开始所做的假设分析模型的优缺点,并对如何改正缺点进行论述;也可以就不同的情景,探索模型将如何变化,或考虑由于建模方法的不同而引起的变化,并比较所得的结果。我们应实事求是地指出模型的使用范围,并将模型应用到实际问题中。

将数学建模过程划分为五个环节的优势包括以下几点:

(1)清晰的指导路径。这种划分为建模提供了清晰的指导路径,使建模者能够系统性地进行建模。每个阶段都有明确定义的任务和目标,有助于建模者了解何时应该开展什么样的工作。

(2)精准的靶向。这五个环节一方面涵盖了建模过程中的关键步骤,从问题的发现到模型的应用,另一方面涵盖了建模过程的全部链条。这确保了建模者能够全面地考虑和处理建模问题。

(3)有效的问题解决。这种划分有助于建模者将复杂的问题分解为更小的、易于管理的部分,从而更有效地解决问题。建模者可以逐步建立起完整的数学模型,并针对每个阶段进行适当的分析和调整。

(4)高效的团队协作。这种划分有助于促进团队高效合作和交流。每个环节都可以被分配给不同的团队成员或专家来处理,从而充分发挥团队的协作效应,并利用各自的专业知识和技能来完善建模过程。

(5)有利于教学和培训。这种划分对于建模教学和培训具有重要价值。将建模过程分解为这五个环节可以帮助学生和新手建模者更好地理解建模的流程和原理,并逐步掌握建模的技能。

(6)提高建模质量。通过细化建模过程,建模者能够更深入地思考问题、充分考虑各种因素,并对模型进行多方面的检验和评价,从而提高建模的质量和准确性。

总的来说,将数学建模过程划分为问题的发现与提出、问题的分析与假设、模型的建立与求解、模型的检验与分析、模型的评价与应用五个环节,是基于实践经验和建模理论的综合考量,对于建模实践具有一定的指导作用。这种划分具有较强的实用性和普适性,可以适用于各种类型的建模问题,为建模者提供了通用的框架,帮助他们更好地理解和应用建模方法,有助于建模者更加系统和有效地进行建模,提高建模的效率和质量。在实际应用中,建模者可以根据具体情况进行调整和优化,以满足不同建模问题的需求。

第三节　数学建模与核心素养的关联

《义务教育数学课程标准(2022年版)》和《普通高中数学课程标准(2017年版2020年修订)》都是针对学生数学学习的指导性文件,它们对数学建模的要求和理解在不同阶段各有侧重。表1-1是不同阶段数学建模核心素养的内涵表述。

表1-1　数学建模核心素养在不同阶段的内涵

阶段	内　　涵	
小学	模型意识主要是指对数学模型普适性的初步感悟。知道数学模型可以用来解决一类问题,是数学应用的基本途径,能够认识到现实生活中大量的问题都与数学有关,有意识地用数学的概念与方法予以解释。模型意识有助于开展跨学科主题学习,增强对数学的应用意识,是形成模型观念的经验基础。[①]	
初中	模型观念主要是指对运用数学模型解决实际问题有清晰的认识。知道数学建模是数学与现实联系的基本途径;初步感知数学建模的基本过程,从现实生活或具体情境中抽象出数学问题,用数学符号建立方程、不等式、函数等表示数学问题中的数量关系和变化规律,求出结果并讨论结果的意义。模型观念有助于开展跨学科主题学习,感悟数学应用的普遍性。[②]	

[①②]　中华人民共和国教育部.义务教育数学课程标准(2022年版)[M].北京:北京师范大学出版社,2022.

(续表)

阶段	内　　涵	
高中	数学建模是对现实问题进行数学抽象,用数学语言表达问题、用数学方法构建模型解决问题的素养。数学建模过程主要包括:在实际情境中从数学的视角发现问题、提出问题,分析问题、建立模型、确定参数、计算求解,检验结果、改进模型,最终解决实际问题。数学建模主要表现为:发现和提出问题,建立和求解模型,检验和完善模型,分析和解决问题。通过高中数学课程的学习,学生能有意识地用数学语言表达现实世界,发现和提出问题,感悟数学与现实之间的关联;学会用数学模型解决实际问题,积累数学实践的经验;认识数学模型在科学、社会、工程技术诸多领域的作用,提升实践能力,增强创新意识和科学精神。[①]	

梳理并归纳课程标准中对数学建模核心素养的要求,具体体现在以下几个方面。

1. 数学建模在课程标准中的地位

义务教育和普通高中阶段都强调了数学建模的重要性,并将其列为数学教学的重要内容之一。在《义务教育数学课程标准(2022 年版)》中,数学建模被视为数学学科的重要应用领域,旨在培养学生的综合应用能力和创新意识。在《普通高中数学课程标准(2017 年版 2020 年修订)》中,数学建模则被视为高中数学教学的核心内容,强调培养学生的问题解决能力和数学思维能力。

2. 数学建模在课程标准中的具体要求

在《义务教育数学课程标准(2022 年版)》中,数学建模主要体现在课程目标和内容要求部分,强调学生需要掌握的数学建模基本概念、方法和技能,以及在解决实际问题时运用数学知识的能力。在《普通高中数学课程标准(2017 年版 2020 年修订)》中,数学建模的要求更加具体和深入,包括对学生进行数学建模能力评价,要求学生能够独立选择合适的数学方法和工具,对复杂的实际问题进行建模和求解,并能够对模型进行分析和评价。

[①] 中华人民共和国教育部.普通高中数学课程标准(2017 年版 2020 年修订)[M].北京:人民教育出版社,2020.

3. 数学建模在不同学段的特点和侧重

在小学阶段,数学建模(模型意识)的要求主要体现在培养学生的问题解决能力和数学思维能力上,通过简单的实际问题培养学生的观察、归纳和分析能力,启发他们对数学的兴趣和好奇心。

在初中阶段,数学建模(模型观念)的要求逐渐增加,学生需要学习更多的数学概念和方法,并运用这些知识解决复杂的实际问题,培养他们的数学建模能力和创新意识。

在高中阶段,数学建模成为数学教学的核心内容,学生需要掌握更加高深、复杂的数学知识和技能,能够独立进行数学建模,并能够对模型进行深入的分析和评价。

4. 数学建模在课程标准中的知识体系和技能要求

小学数学建模(模型意识):主要侧重于培养学生的基本数学概念和解决问题的能力。强调对基本数学概念的理解和应用,通过简单的情境和场景,引导学生进行初步的建模和求解。学生需要掌握基本的加减乘除、比例关系、简单的几何图形等基础知识,并能够应用这些知识解决日常生活中的简单问题,如购物计算、排队问题等。

初中数学建模(模型观念):在加强基本数学概念的基础上,引入更多的数学工具和方法,如代数、几何、统计等方面的知识,强调学生能够独立思考和解决一些中等难度的实际问题,包括问题的分析、建模、求解和结果的解释与验证。学生需要学会通过建立数学模型来描述和解决实际问题,例如,学生可能需要通过建立方程组来解决一些实际生活中的问题,或者运用统计学方法分析数据、分析某些现象的规律性,从而能够将这些知识运用到更复杂的建模问题中,以解决更复杂的问题。

高中数学建模:在进一步巩固基础知识的基础上,引入更深层次的数学概念和方法,如微积分、线性代数、数理逻辑等。学生需要能够运用这些知识,考虑问题的多个因素,包括时间、空间、人员、资源等,建立多元数学模型,如建立微分方程描述动态系统,或者利用线性代数方法分析网络结构。同时鼓励学生运用计算工具和软件,如数学建模软件、编程语言等,提高问题求解的效率和准确度。更为注重培养学生的抽象思维能力和创新能力,要求学生能够独立完成一定难度的数学建模项目,包括问题的定义、模型的建立、求解、分析和结果的评价与应用。

5. 数学建模在不同阶段的思维方式和解决问题的策略

小学数学建模(模型意识):强调直观、形象的思维方式,培养学生的观察力和逻辑思维能力,让他们通过图形、图表等形式来理解和解决问题。

初中数学建模(模型观念):开始培养学生的抽象和逻辑思维能力,引导学生掌握建模的基本方法和策略,如分析问题的结构、提出假设、建立数学模型等。

高中数学建模:强调深入的数学思维和创新能力,学生需要具备较高的抽象和推理能力,能够从复杂的实际问题中提取关键信息,构建合理的数学模型,并进行深入的分析和求解。

6. 数学建模在不同阶段的实践性和综合性要求

小学数学建模(模型意识):在小学阶段,数学建模注重实践性和主题式学习,侧重于通过生活中的实际情境引导学生学习和探索,强调数学知识的实际应用。引导学生从日常生活中的简单情境出发,从身边的事物中感知数学,如购物、时间管理、图形识别等,培养学生通过数学思维解决实际问题的能力,培养他们的实践能力和探索精神。教师可以选择具体的生活案例,让学生尝试用数学语言描述并解决问题。

初中数学建模(模型观念):在初中阶段,可以更加系统地进行数学建模教学。教师可以设计一些有挑战性和启发性的数学建模项目,让数学建模的实践性和项目化学习特征更加突出。学生需要完成一系列的建模项目,涉及不同的实际问题和情境,强调数学知识与实际问题的结合,要求学生能够将所学的数学知识应用到实际问题中,在实践中逐步掌握建模方法和技巧,建立数学模型进行分析和求解。这样可以提高他们的问题解决能力和创新意识,有助于学生深入理解数学知识的应用价值,培养他们独立思考和解决问题的能力。问题难度应逐渐增加,可以涉及更复杂的情境,如班级的人数分布、校园环境的改进、交通流量的优化等。学生需要逐步学会分析问题的结构,建立数学模型,并提出合理的解决方案。

高中数学建模:在高中阶段,数学建模的实践性和项目化学习特征达到顶峰,数学建模往往以课外活动或竞赛的形式进行,要求学生具有更强的数学建模能力和创新能力。学生需要独立或小组完成一定难度的数学建模项目,可以参与一些国内外的数学建模竞赛或实践项目,通过与同学合作、与专家交流,解决复杂的实际问题,并能够对模型进行全面的分析和评价。案例更加抽象和深入,可以涉及社会、科技、经济等更广泛的领域,如气候变化的影响、物流配送的优化、金融市场的模拟等。学生需要具备较强的抽象思维能力和创新能力,能够从复杂的现实问题中提炼数学模型,并进行深入的分析和求解,在深入研究和解决一些复杂的实际问题过程中,掌握数学建模的方法和技巧,提高他们的创新能力和竞争力。

7. 数学建模在不同阶段的跨学科和综合能力培养

小学数学建模(模型意识):小学阶段的数学建模往往与其他学科的知识密切相关,如与自然科学、社会科学等学科的内容结合,培养学生的跨学科思维和综合能力。在数学课程中引入与其他学科相关的问题,可以激发学生的兴趣,提高他们的跨学科综合素养。

初中数学建模(模型观念):初中阶段的数学建模要求学生能够综合运用不同领域的数学知识,如代数、几何、概率与统计等,解决实际问题。这有助于培养学生的跨学科思维和问题解决能力,使他们能够更好地适应未来的学习和工作需求。

高中数学建模:高中数学建模要求学生能够深入理解和应用数学原理,并将数学知识与现实问题相结合,进行跨学科的综合分析和解决。这有助于培养学生的综合能力和创新思维,提高他们的终身学习能力和适应能力。

通过以上分析,我们可以看到,随着学习阶段的递进,小学、初中和高中数学建模的要求从简单到复杂、从浅显到深入,在知识体系、问题情境、数学技能和解决问题的策略等方面都存在差异,但都致力于培养学生的数学思维、解决问题的能力和创新精神,以应对不同阶段的学习和发展需求。总的来说,学生需要不断扩展和深化数学知识,提高抽象思维能力和解决实际问题的能力。各阶段数学课程标准为学生的数学建模能力提供了指导和要求,旨在培养学生的数学思维、实践能力和综合素养,使他们能够更好地适应未来的学习和生活需求。同时,课程标准也为教师教学提供了依据,有助于培养学生的跨学科素养和创新精神。

第二章

跨学科素养视域下的
初中数学建模课程体系构建

第一节　初中数学建模课程体系
设计的理论基础

一、理论基础

(一) 学习进阶理论

学习进阶是指学生在一定的时间内,学习与探究特定知识的过程中认知能力发展、思维进阶的理论框架。理论借鉴了皮亚杰的认知发展理论,其核心观点为:知识的理解和能力发展是连续的、渐进的过程,这个过程通过教学提供适切的支架支持,使得认知发展不断与环境和任务互动。

学习进阶理论模型由三个部分组成:x 轴代表认知维度,呈现"记忆—理解—应用—分析—综合—创造"认知学习层次上的提升;z 轴代表时间维度,表征学生在特定知识领域学习的时间跨度;y 轴代表路径维度,表征用教学干预阶段教学支架的序列化设计阶梯路径,如图 2-1 所示。

学习进阶理论在"跨学科素养视域下的初中数学建模课程体系构建"中的理论指导作用体现在以下三个方面。

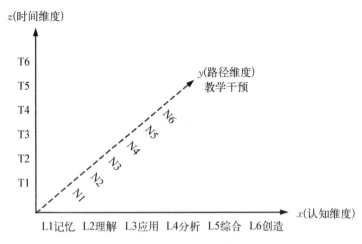

图 2 - 1　学习进阶理论模型图

1. 整合认知结构

学习进阶理论强调建立意义连接,将新知识与已有知识进行整合。在数学建模课程中,学生需要将数学知识与其他学科知识(如科学、技术、工程、艺术等)相结合,以解决实际问题。学习进阶理论的视角有助于教师设计课程,教师可以根据学生的认知发展路径,设计分层课程内容,帮助学生建立跨学科的认知结构,将数学与其他学科有机地融合,提高学生的综合运用能力。

2. 提升元认知能力

学习进阶理论强调提升个体的元认知能力,即对自己的认知过程和认知策略进行监控和调节的能力。在数学建模课程中,学生需要不断地反思和调整自己的学习策略,选择合适的数学工具和方法来解决问题。教师可以根据学生的当前水平选择适当的教学策略,培养学生的元认知能力,让学习者更好地控制学习过程,提高解决实际问题的效率和效果。

3. 培养创造性思维和问题解决能力

学习进阶理论强调学习的最终目的是培养个体的创造性思维和问题解决能力。在数学建模课程中,学生不仅需要掌握数学知识和技能,还需要运用这些知识和技能来创造性地解决实际问题。学习进阶理论为教师提供了指导,教师可以使用形成性评价工具记录学生的建模表现,分析其认知发展轨迹,采取适当教学干预措施,如可以通过启发式的教学方法和开放式的学习环境,激发学生的创造性思维和问题解决能力。

（二）场域理论

场域理论是社会学家皮埃尔·布迪厄提出的社会科学理论框架,用于分析社会生活中的社会场域。该理论主要探讨了人们在特定社会环境中的互动和相互作用,强调了社会行为是由特定的社会场域和场域规则所决定的。在这一理论中,场域被定义为一个特定的社会空间,其中包含一组相互关联的社会行为和实践,以及这些行为和实践所依赖的物质和符号资源,如图 2-2 所示。

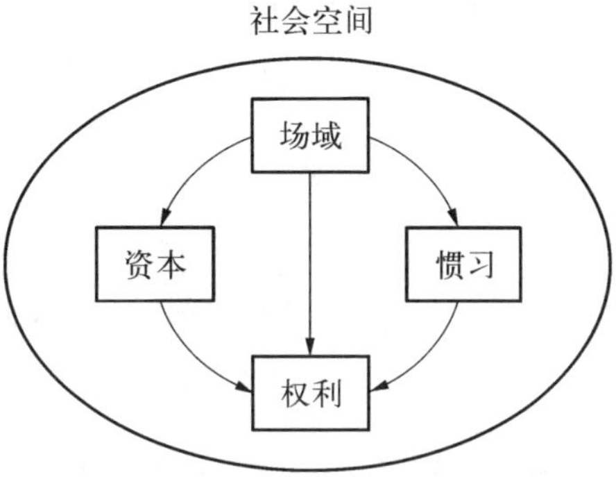

图 2-2　场域理论结构模型图

首先,布迪厄认为社会是由各种不同的场域构成的。一个场域是指一个特定的社会领域或活动领域,如政治、经济、文化、教育等。每个场域中都存在着特定的规则、权力结构和资源分配方式。这些场域相互交织、相互影响,共同构成了社会的复杂结构。

其次,布迪厄强调了在每个场域中的资本不同形式的重要性。他将资本分为经济资本、文化资本和社会资本三种形式。经济资本是指个体拥有的财产、金钱等物质资源;文化资本是指个体的知识、教育水平、文化背景等非物质资源;社会资本是指个体与他人之间的社会关系、社会网络等。在不同的场域中,这些不同形式的资本会产生不同的影响,决定个体在该场域中的地位和权力。

再次,布迪厄强调了惯习在社会行动中的重要性。惯习是指在特定社会背景下形成的、习以为常的行为方式和思维模式。这些惯习可以影响个体的行为选择、社会互动方式以及对权力和资本的追求方式。在特定的社会场域中,惯习会影响个体的定位和行动策略,也会影响权力和资本的分配和再生产。

最后,在布迪厄的理论中,权力是指在特定场域中能够影响他人行为和决策的能力。这种权力并不仅限于政治领域,还包括经济、文化、教育等各个社会领域。在不同的场域中,权力结构不同,有的可能由政治家、商业领袖、文化精英等掌控,而有的可能由群众、社会底层群体等掌握。布迪厄认为,这些权力结构是通过资本的积累和惯习的形成而得以维持和加强的。

总的来说,布迪厄的场域理论强调了社会结构和个体行动之间的相互作用关系,揭示了社会中权力、文化生产和社会行动的复杂性。该理论对理解社会中的不平等、权力结构和社会变革具有重要意义,被广泛运用于社会科学研究的各个领域。

布迪厄的场域理论在"跨学科素养视域下的初中数学建模课程体系构建"中的理论指导作用体现在以下四个方面。

首先,在数学建模课程中,场域影响着教学环境的组织和学生的学习活动。不同的场域可能具有不同的教学目标、规范和期望,对学生的学习行为产生不同的影响。理解数学建模课程所处的场域,包括学校、课堂和社区等环境,我们可以深入分析教学场域中的各种互动和关系,有助于教师更好地组织教学活动,创设有利于学生学习的教育场景,从而更好地设计和组织数学建模课程。

其次,在教育场域中,教师和学生拥有的不同类型的资本会影响他们在教学和学习中的表现和机会。例如,教师的专业知识和技能、学生的学习能力和背景等都属于资本的范畴。认识教师和学生在数学建模领域中所拥有的不同资本,有助于教师根据学生的实际情况采用差异化教学,为学生提供个性化的学习支持,充分发挥他们的潜力。

再次,在数学建模课程中,学生可能受到来自家庭、社区以及学校的惯习的影响。教师需要分析场域中的惯习和文化传统,了解学生的惯习,有助于教师调整教学策略,更贴近学生的学习需求和习惯,激发学生的学习兴趣和动力,从而提高教学效果。

最后,在数学建模课程中,教师作为教学活动的主导者拥有一定的权力。然而,教师也需要与学生建立平等、尊重和合作的关系,尊重学生的个体差异,鼓励他们发挥自己的潜力。同时,教师还需要关注课堂中的权力平衡,确保每个学生都有参与和表达的机会。理解教师与学生之间的权力关系,有助于教师更好地调整教学方式,建立教师与学生之间良好的互动关系,促进学生的积极参与。

(三)总结

学习进阶理论和布迪厄的场域理论相辅相成,共同为数学建模课程体系构建提供了理论指导。学习进阶理论强调个体学习的认知过程和策略,为课程设计提供了纵向的认知发展框架,明确了学生在数学建模能力上的阶段性目标和进阶路径。教师深刻理解学科知识的内在结构和发展路径,有助于设计出更贴近学生认知水平的跨学科课程内容。布迪厄的场域理论则关注社会环境对学习的影响,为课程设计提供了横向的环境支持框架,强调了物理空间、社会关系和心理状态对学生学习行为的影响,促使教师将数学建模与实际社会场景相结合,帮助学生将所学知识应用到实践中,培养跨学科素养。两者结合起来,可以全面考虑学生的认知特点和学习环境,设计出更加符合学生需求和实际情况的数学建模课程体系。综上所述,本研究将学习进阶理论和布迪厄的场域理论有机结合,使得课程设计不仅关注学生的认知发展过程,还注重优化学习环境和支持系统。它们共同为课程构建提供了丰富的理论支持,有助于促进学生跨学科素养的全面发展。

第二节　进阶式初中数学建模课程体系的设计思路

一、课程理念

(一)以学生为中心

本课程以学生为中心,倡导学生主动探索、发现和构建知识的过程。提供丰富多样的学习资源和情境,可以激发学生的学习兴趣和动机,促进其个性化学习和认知发展。

（二）跨学科融合与应用

本课程致力于将数学建模与其他学科知识和实践场景相结合,培养学生的跨学科素养和创新应用能力。通过实际案例和项目实践,拓宽学生的学科视野,促进跨学科思维和创新应用能力的培养。

（三）实践导向与问题解决

本课程注重实践探究和问题解决,强调学生在实际场景中的学习和应用能力。通过结合实际问题和情境,培养学生问题解决的能力和创新思维,使其能够应对现实生活中的各种挑战。

（四）协同与互动

本课程倡导合作交流与共建共享的学习氛围,强调学生之间的协同与互动。小组合作、讨论分享等形式,可以激发学生的学习热情和合作精神,促进彼此之间的知识共享。同时,教师作为学习的引导者和组织者,积极参与学生的讨论和交流,为学生提供指导和支持,共同构建丰富多样的学习社区。

综上所述,本研究课程理念强调学生主体性、跨学科整合、实践导向、合作互动,旨在培养具有创新思维和跨学科素养的创新人才。

二、设计原则

在学习进阶理论和布迪厄场域理论的指导下,本研究的设计应遵循以下原则。

（一）学习设计的个性化

基于学习进阶理论,理解学生的个体差异和认知发展水平,采用差异化的教学策略和方法,满足不同学生的学习需求。同时,结合布迪厄的场域理论,了解学生的社会文化背景和习惯,设计能够激发他们学习兴趣的课程内容和教学活动。

（二）实践导向与问题驱动

基于布迪厄的场域理论,将数学建模课程与实际社会场景相结合,引入真实问题和情境,使学生能够将所学知识应用到实践中。同时,结合学习进阶理论,设计问题驱动的学习活动,让学生在实践中探索、发现和解决问题,促进他们的综合能力和创新思维的发展。

(三) 学科融合与多元教学

融合不同学科的知识和技能,设计跨学科的学习任务和项目。基于学习进阶理论,教师需理解学科知识的内在结构和发展路径,设计出符合学生认知水平的跨学科数学建模课程内容、学习任务或项目。结合布迪厄场域理论,教师可以利用不同的教育场域和资源,融合跨学科的知识和技能,同时,采用多元的教学策略和方法,提供丰富多样的学习体验,如小组合作、项目式学习、实验探究等,激发学生的学习兴趣,提高他们的学习参与度和学习效果。通过跨学科整合,培养学生的跨学科素养和创新能力,促进他们全面发展。

(四) 合作学习与互动交流

根据学习进阶理论,通过与他人合作交流,学生可以分享知识、经验和观点,从而拓宽自己的认知视野,促进个人认知水平的提升。合作交流也符合社会场域中的交往规则。在教育场域中,教师和学生之间的互动交流是教学过程中不可或缺的部分。通过师生、生生的互动交流,学生可以获取不同的观点和反馈,促进自身认知的发展,拓宽学习视野。

三、课程目标

• 学习并掌握用数学语言表达客观世界、用数学工具解决跨学科问题的思想和方法。

• 在项目活动中通过小组合作,体验数学建模活动的全过程,形成基本的科学观念、数学应用意识和合作探究精神,促进跨学科素养、创新思维能力、科学思维能力、科学探究、实践能力和团队合作能力的发展。

• 让学生理解数学,并能运用数学知识解决问题,获得追求美好生活、服务社会的正确价值观、必备品格和关键能力,成长为热爱生活、敬畏自然、尊重科学、勇于创新的新时代人才。

四、课程内容

面向全体不同层次的学生,研究构建了初中数学建模进阶式课程体系。体系主要包含:面向全体学生,以课标为依托,挑选适合实验化的教材内容实验课程("初中数学建模初阶课程"可作为综合与实践活动开展);面向学有余力的学生,组建数学建模社团,开设以问题和项目为导向的数学建模社团课程("初中数学建模中阶课程"),带领学生开展基于现实问题解决的小课题研究;面向有创新潜质的学生,从"数学基础知识拓展""MATLAB/Python 软件应用与数学建模""数学建模案例与方法"三个维度开设进阶课程("初中数学建模高阶课程")。具体课程如表 2-1 所示。

表 2-1 进阶式初中数学建模课程

阶段	课程名称	课程内容	学习对象	学 习 目 标
初阶	初中数学实验	以教材内容为基础,选取部分内容实验化	全体学生	了解数学建模基础知识与方法,体验数学建模活动的全过程
中阶	数学建模案例分析初步	介绍数学建模及相关入门案例	学有余力的学生	能运用数学建模方法解决特定的现实问题或任务,积累数学建模活动经验
高阶	初中数学建模课程	从三个维度开展课程学习	有创新潜质的学生	综合运用跨学科知识和技能解决自主提出的创新性问题,并能有创造性地解决问题

其进阶式课程结构如图 2-3 所示。

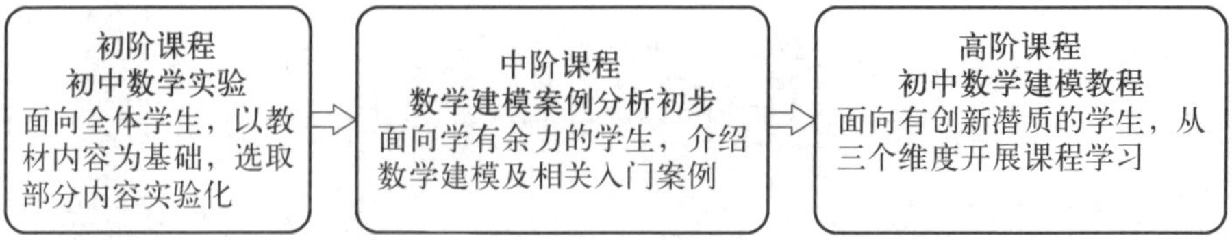

图 2-3 初中数学建模进阶式课程结构

在此基础上构建"分层—贯通—融合"进阶式课程培养模型,如图 2-4 所示。

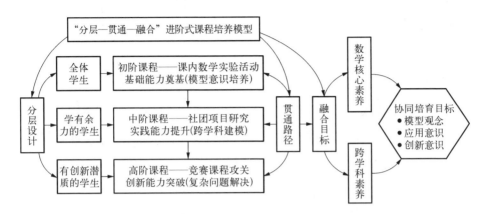

图 2-4 "分层—贯通—融合"进阶式课程培养模型

其中分层是指面向全体、学有余力、创新潜质的三级课程设计;贯通是指建立"课内实验—社团项目—竞赛研究"的能力发展通道;融合是指实现数学核心素养与跨学科素养的协同培育。

五、教学方式

基于学习进阶理论和布迪厄场域理论的指导,本研究采用多样化的教学方式,旨在激发学生的学习兴趣、促进认知发展和培养跨学科能力。以下是该课程采用的教学方式。

(一) 探究式学习

研究设计基于实际情境的问题和案例,让学生通过自主探究和发现,探索解决问题的方法和策略。教师充当引导者的角色,鼓励学生提出问题、提出假设,并帮助他们运用数学知识进行分析和解决问题。

(二) 项目驱动学习

研究设计具有挑战性和实践性的项目任务,让学生以小组形式合作,通过实际项目的开展深入学习和应用数学知识。项目驱动学习强调学生的主动参与和实践探究,培养其问题解决和团队合作的能力。

（三）合作学习

研究安排学生以小组形式进行合作学习，通过共同探讨、讨论和分享，促进知识的共建和共享。合作学习可以激发学生的学习动力，培养团队合作能力。

（四）讨论式教学

研究创设开放性的学习环境，鼓励学生提出问题、发表观点，并进行互动交流。教师可以引导学生进行深入思考和讨论，激发他们的思维碰撞，促进知识的共建和深化。

（五）实践探究活动

研究安排学生参与实际的数学建模和调查研究活动，让他们亲身体验数学知识在实际生活中的应用和意义。通过实践探究，学生可以深入了解问题的本质，培养解决问题的能力和创新思维。

（六）技术支持教学

研究结合现代技术手段，如计算机模拟、数据分析软件等，辅助教学过程，提供更直观、生动的学习体验。技术支持教学，可以增强学生对数学建模的理解和应用能力，培养其信息技术素养。

六、评价机制

根据《义务教育数学课程标准（2022 年版）》《普通高中数学课程标准（2017 年版 2020 年修订）》以及数学建模活动的主要过程，研究设计了"过程—作品—素养"三维评价体系，构建了数学建模素养水平评价指标体系。

该指标体系分为过程性评价、成果性评价、素养性评价三个一级指标，并通过对建模过程的解析，将上述三个一级指标分解转化为与之对应的六个二级指标、21 个三级指标，并对每个三级指标进行四阶水平划分。

过程性评价通过"情境解读""模型建构""模型分析"等三个二级指标进行评价；成果性评价通过"研究报告/模型作品"进行评价；素养评价则通过"三自""三识"两个素养发展二级观察指标进行评价。"情境解读"所对应三级指标分别为发现问题、提出问题、分析问题和查阅文献,"模型建构"所对应三级指标分别为数据收集、模型假设、建立模型、求解模型和验证模型,"模型分析"所对应三级指标分别为优化模型、应用模型和评价模型,"研究报告/模型作品"所对应三级指标分别为文本表达、工具开发和问辩交流,"三自"所对应三级指标分别为自主探究度、协作自律度和创新自信度,"三识"所对应三级指标分别为知识整合度、见识应用度和胆识决断度,具体详见表2-2至表2-5。

表 2-2 初中数学建模素养水平评价总表

评 价 项 目			水 平 划 分			
一级指标	二级指标	三级指标	水平0	水平1	水平2	水平3
过程性评价	情境解读	发现问题				
		提出问题				
		分析问题				
		查阅文献				
	模型建构	数据收集				
		模型假设				
		建立模型				
		求解模型				
		验证模型				
	模型分析	优化模型				
		应用模型				
		评价模型				
成果性评价	研究报告/模型作品	文本表达				
		工具开发				
		问辩交流				

（续表）

评 价 项 目			水 平 划 分			
一级指标	二级指标	三级指标	水平 0	水平 1	水平 2	水平 3
素养性评价	"三自"维度	自主探究度				
		协作自律度				
		创新自信度				
	"三识"维度	知识整合度				
		见识应用度				
		胆识决断度				

表 2-3　初中数学建模素养水平"过程性评价"评价表

评 价 项 目			水 平 划 分			
一级指标	二级指标	三级指标	水平 0	水平 1	水平 2	水平 3
过程性评价	情境解读	发现问题	几乎不能在现实情境中发现问题	能在现实情境中发现问题	能在较复杂的现实情境中发现问题	能在综合情境中发现问题
		提出问题	几乎不能提出对应的数学问题	能提出简单的数学问题	能提出具有明确两个变量关系的数学问题	能多维度提出明确变量关系的结构化的数学问题
		分析问题	几乎不能对问题进行分析	能进行简单分析,但缺乏逻辑性	问题分析不够到位	问题分析具有系统性
		查阅文献	几乎没有查阅文献	能查阅部分文献但缺少评述	能查阅文献并进行简单评述	能查阅权威文献并进行结合研究问题的评述
	模型建构	数据收集	没有收集数据	能收集数据但数据凌乱或无效	能收集权威来源数据并能梳理基本数据	能通过多源渠道收集有效权威数据并做数据处理

（续表）

评价项目			水 平 划 分			
一级指标	二级指标	三级指标	水平 0	水平 1	水平 2	水平 3
过程性评价	模型建构	模型假设	无假设或假设与实际问题明显脱节	能提出简单假设，但简化过度	能建立合理简化的假设，但无说理或说理不到位	能提出合理假设且有合理假设说明
		建立模型	无法建立模型或有效模型	能建立简单含变量和参数的模型，但无模型解释	能建立简单含变量和参数的模型，模型解释到位	能建立含变量和参数的模型且模型解释到位
		求解模型	无法获得有效解	能获得基础数值解	能获得基础数值解且对基本求解过程进行解释	能用多种方法对比求解且解释到位完整
		验证模型	未进行任何验证工作	能做简单验证，并给出检验结果	能做验证，并给出检验结果，且对检验结果匹配性进行说明	能用多种方法对比验证，且对检验结果匹配性进行说明
	模型分析	优化模型	未开展优化工作	能进行参数微调优化	能实施模型结构优化	能实现算法级创新优化
		应用模型	无法进行实际应用	能在简单场景中应用	能在复杂场景中应用	能实现跨领域迁移应用
		评价模型	无评价	能用单一指标评价	能多角度进行多维评价	能全面进行评价且角度合理、评价合理

表 2-4　初中数学建模素养水平"成果性评价"评价表

评价项目			水 平 划 分			
一级指标	二级指标	三级指标	水平 0	水平 1	水平 2	水平 3
成果性评价	研究报告/模型作品	文本表达	逻辑混乱，无法理解	结构完整但表述薄弱	结构完整且表述清晰，符合学术规范	结构完整且表述清晰，符合学术规范，论证严谨规范

(续表)

评价项目			水 平 划 分			
一级指标	二级指标	三级指标	水平 0	水平 1	水平 2	水平 3
成果性评价	研究报告/模型作品	工具开发	未使用任何工具	能应用现有工具软件	能改进现有工具功能	能自主开发创新工具
		问辩交流	无法回答基本问题	能回应提问但回应未到位	能回应提问且回应到位	能进行专业深度交流

表 2−5   初中数学建模素养水平"素养性评价"评价表

评价项目			水 平 划 分			
一级指标	二级指标	三级指标	水平 0	水平 1	水平 2	水平 3
素养评价	"三自"维度	自主探究度	完全依赖教师指导	能完成规定研究步骤	能主动探索解决方案	能提出创新研究方向
		协作自律度	不能完成分配任务	能完成分配任务	能协调团队分工合作	能领导团队实现创新
		创新自信度	不能尝试常规解决方法	能尝试常规解决方法	能改进现有方案设计	能创新突破现有方案
	"三识"维度	知识整合度	知识点孤立分散	能进行学科内整合	能实现两门学科整合	能多学科整合
		见识应用度	机械套用公式定理	能在常规场景中应用知识	能在复杂场景中应用知识	能预见性拓展应用场景
		胆识决断度	完全依赖教师指令,回避决策过程	能在教师提示下选择常规解法	能在教师提示下设计合理方案、自主选择合理方案并说明依据	能自行设计合理方案、自主选择合理方案并说明依据

　　教师在活动过程中组织团队成员对学习过程开展自评和互评,使学生成为学习多向评价的主体。教师关注学生综合素质和发展潜质,多学科教师参与以诊断者的身份对学生进行形成性评价。根据形成性评价反馈,总结反思

课程实施效果,对课程实施要素进行修正,形成课程实施的良性循环。通过发挥评价的激励作用和导向功能,挖掘学生创新潜质,促进学生在课程、活动、比赛中获得成绩、创新作品等有价值的个人学习成果,为学生的个性化发展创造条件,促进创新人才培养。

第三章

课程体系的分层设计

第一节　面向全体学生的"综合与实践"初阶课程

初中数学建模初阶课程面向全体学生，以《义务教育数学课程标准（2022版）》为依托，挑选适合实验化的教材内容构建"初中数学实验课程"，可将其作为初中数学综合与实践活动开展，旨在通过实践活动培养学生的数学思维能力、问题解决能力以及创新能力。

一、理论基础

初中数学实验课程的构建主要源自以下教育理论。

（一）建构主义理论

建构主义理论强调学习者通过主动参与、经验积累和社会互动来建构知识和理解世界。在初中数学实验课程中，学生通过实验设计、数据收集、问题解决等活动，积极参与知识的建构过程；通过观察、实践、讨论等方式，不断探索数学问题，积累数学经验，建立数学概念和模型。这种基于建构主义理论的实践活动有助于深化学生对数学概念的理解，促进他们的数学思维和创新能力的发展。

（二）问题解决教学法

问题解决教学法是一种强调学生主动解决实际问题的教学方法。在初中数学实验课程中，教师设计具有挑战性和实践性的问题情境，让学生在实践中运用数学知识解决问题。学生通过探索、假设、验证等过程，逐步发展解决问题的能力。问题解决教学法有助于培养学生的解决问题的能力、创新思维和团队合作精神，是初中数学实验课程设计的重要理论基础之一。

（三）学科整合理论

学科整合理论强调不同学科的相互联系和互补性，提倡跨学科的教学与学习。在初中数学实验课程中，可以将数学与科学、技术、工程等学科相结合，通过项目化学习的方式解决实际问题。学生在项目中既可以运用数学知识解决问题，又可以结合其他学科的知识，拓宽视野，培养综合素养和实践能力。学科整合理论为初中数学实验课程的设计提供了跨学科的教学模式和理论支持。

（四）认知建构理论

认知建构理论强调学习者通过与周围环境的互动和反思，不断调整和重建自己的认知结构。在初中数学实验课程中，学生通过观察、实验、讨论等活动，与实际问题进行交互，不断调整和重建自己的数学认知结构。他们通过实践活动，逐步深化对数学概念和原理的理解，促进认知水平的提高。认知建构理论为初中数学实验课程的设计提供了认知发展的理论基础和指导思想。

综上所述，初中数学实验课程的构建理论基础涵盖了建构主义理论、问题解决教学法、学科整合理论和认知建构理论等。这些理论共同指导着课程设计与实践活动的开展，为学生的数学学习提供了丰富多样的教学方法和理论支持。

二、课程理念

课程理念主要包括以下几个方面。

（一）学生主体性和参与性

课程强调学生作为学习的主体，应当在实验活动中扮演主动参与者的角色。学生通过设计实验、收集数据、分析结果等过程，积极参与知识的建构和实践活动，从而深入理解数学概念和原理。课程设计应该充分考虑学生的兴趣和需求，激发学生的学习动力和探究欲望，使他们成为课堂的主角和实践的主体。

（二）问题导向和探究性学习

课程倡导以问题为导向，通过问题解决的过程来引导学生的学习。在初中数学实验课程中，教师可以设计具有挑战性和启发性的问题情境，激发学生的思维，引导他们探究数学知识和解决实际问题。学生通过实践活动，不断提出问题、探索解决方案、验证结论，从而培养问题解决能力和创新思维。

（三）实践性和应用性教学

课程强调数学教育应该与实际生活和社会实践相结合，注重数学知识的实践性和应用性。在初中数学实验课程中，教师可以设计与学生生活和兴趣相关的实验活动，让学生在实践中感受数学的应用价值和实际意义。通过实践活动，学生能够更加直观地理解数学概念，提高数学知识的实际运用能力。

（四）合作学习和交互式教学

课程倡导合作学习和交互式教学，强调学生之间的合作与交流。在初中数学实验课程中，学生可以分组进行实验设计和数据分析，共同探究问题并解决难题。通过合作学习，学生能够相互借鉴、协作解决问题，促进彼此的学习和成长。教师应该充当引导者和促进者的角色，为学生提供必要的支持和指导，激发学生的团队合作精神和创造力。

（五）多样化评价和反馈机制

课程强调多样化的评价和反馈机制，注重对学生全面发展和成长的评价。在初中数学实验课程中，教师可以采用多种评价方法，包括学生实验报告、小组展示、口头答辩等形式，全面评价学生的实验设计能力、数据分析能力和解决问题的能力。同时，教师应该及时给予学生反馈，指导他们改进和提高,促进他们的进步和发展。

三、设计原则

(一)实践性优先

课程设计应以实践性为优先考虑因素,重视学生的实际动手能力和应用能力的培养。实验活动设计应流程清晰、可操作性强,能够引导学生通过实践探究数学知识,理解数学概念和原理。

(二)鼓励个性化学习

考虑学生个体差异,课程设计应允许学生在实验中展现个性化的学习方式和风格。教师应鼓励学生根据自己的兴趣和特长进行实验设计和数据分析,激发学生的学习兴趣和自主学习能力。

(三)问题导向

实验课程设计应以问题为导向,引导学生通过解决实际问题来学习数学知识。实验活动应设计具有挑战性和启发性的问题情境,激发学生的思维,培养其问题解决能力和创新思维。

(四)具有灵活性

课程设计应具有一定的灵活性,允许根据学生的实际情况和兴趣特点进行调整和改进。实验活动的设置和内容应根据学生的反馈和需求进行灵活调整,保持课程的生动性和实用性。

四、课程目标

(一)培养数学思维能力

课程应帮助学生建立数学思维模式,培养他们的逻辑推理、问题分析与解决能力。通过实验活动,学生接触不同的数学概念和方法,从而加深对数学思维的理解和运用。

(二)促进数学知识的应用

课程应鼓励学生将所学的数学知识应用于实际问题的解决中。通过实验情境,学生学习将抽象的数学概念与具体的实际问题相联系,从而提高数学知识的实际应用能力。

（三）培养实验设计与数据分析能力

课程应培养学生的实验设计能力,让他们学会提出可验证的假设、设计合理的实验方案以及收集、整理和分析实验数据的方法,学会科学研究的方法论和技能。

（四）激发创新意识与问题解决的能力

实验课程激发学生的创新意识和解决问题的能力。教师鼓励学生在实验设计和数据分析过程中提出新的想法和方法,培养其创新思维和实践能力。

（五）促进团队合作与沟通技能的发展

课程应培养学生的团队合作和沟通技能,让他们学会在小组内协作、交流与分享,共同完成实验任务,可以促进学生与他人合作的能力,培养他们的团队精神和社交技能。

（六）激发学习兴趣与提高学习动力

通过生动有趣的实验活动,课程激发学生对数学学习的兴趣和热情,让学生在实验中体验数学的乐趣和魅力,从而提高他们的学习动力和积极性。

（七）培养科学态度与实践精神

培养学生的科学态度和实践精神,让他们学会用科学的眼光看待世界,培养对于真实世界问题的探索精神和解决能力。

（八）提高跨学科素养与创新能力

实验课程提高学生的跨学科素养和创新能力,让他们成为具有批判性思维、创造性思维和解决问题能力的终身学习者。

五、案例:"水是生命之源"单元教学设计

【单元设计背景说明】

项目的设计源于《义务教育数学课程标准(2022 年版)》综合与实践板块

的"水是生命之源"项目化学习素材,且在六下数学《比和比例》、七上地理《丰富多彩的自然资源》均有与之密切相关内容。

基于其内容的关联性,研究设计并开发以数学作为融通语言的跨学科项目化数学建模初阶课程"家庭节水方案设计"。通过调查了解生活中人们使用淡水的习惯及用量,结合淡水资源分布、中国人均淡水占有量、城市生活用水的处理等信息,发现、提出并解决问题;制订校园或家庭节水方案,尝试设计节水工具或方法,引导学生初步树立对生态环境的责任意识,建设人与自然和谐发展的美丽家园。

【单元整体规划】

单元整体规划设计依据:

●《义务教育数学课程标准(2022 年版)》要求:单元的设计需符合《义务教育数学课程标准(2022 年版)》中综合与实践板块的要求,通过项目化学习,培养学生的综合素养和实践能力。

● 跨学科整合理念:项目源于《义务教育数学课程标准(2022 年版)》综合与实践板块"水是生命之源",结合地理和科学等多个学科的相关内容,体现了跨学科整合的理念。数学建模初阶课程将数学作为融通语言,促进学科之间的交叉学习和综合运用。

● 实践性学习需求:学生需要通过实践项目学习,提高解决实际问题的能力。"家庭节水方案设计"项目具有实践性强、可操作性强的特点,能够引导学生在实践中学习和应用数学建模方法。

● 学生个性化发展需求:学生自主选择家庭节水方案,培养其个性化发展和创新能力。学生可以根据自己家庭的实际情况和兴趣设计节水方案,激发其学习的积极性和主动性。

● 课程教学方法:教学方法注重探究式学习、合作学习和项目化学习,符合学生的学习特点和课程目标。实地调研、数据分析、方案设计和汇报交流等一系列活动,可以培养学生解决问题的能力和团队合作精神。

依据上述分析,设计单元规划如表3-1所示。

表3-1 "水是生命之源"单元规划

单元名称	水是生命之源
单元内容	
单元类型	□基于内容主题的单元 ☑基于学习专题的单元
单元结构	□线性结构 ☑并列结构 □中心结构 专题一:水资源情况调查与交流 专题二:数据分析与处理 专题三:家庭用水情况调查及交流展示 专题四:家庭节水方案设计及交流展示
单元目标	(1) 在查阅资料的过程中了解水资源的分布、存储、利用、污染等相关情况,增加对国情的了解,培养鲜明的生态意识、正确的国情观念 (2) 在数据的收集、梳理、挖掘过程中加深对人与自然平衡和谐发展的认识,掌握数据引用、整理的基本方法,能够理性、客观、科学严谨地分析水资源问题,初步形成知识产权意识,培养社会责任感 (3) 在资料收集、数据处理的基础上科学严谨地发现并提出问题,培养实事求是的科学态度、创新精神 (4) 经历问题解决的研究内容与路线的制定、执行,培养求真务实的改革创新精神,初步形成计划先行、团队合作、科学严谨、尊重知识产权的规则意识,初步树立对生态环境的责任意识 (5) 在合作探索、交流分享共同完成项目的过程中,养成节约用水的生活习惯,初步养成自觉承担个人对他人、集体和社会的责任与义务的高尚品德,学会理解和尊重他人的观点、求同存异,形成开放包容的心态,学会在合作中共同发展
单元总课时	10课时

【单元内容解析】

（一）内容解析

表 3-2 "水是生命之源"内容解析

要 点	分 析 与 说 明
核心内容	（1）水资源情况调查：收集整理相关水资源数据，了解水资源的重要性和紧缺性，认识到节约用水的重要性 （2）数据收集与处理方法：学生学习如何收集和处理家庭用水数据，运用数学方法分析数据 （3）家庭用水情况调查：学生实地调查家庭用水情况，了解家庭用水的主要消耗领域和问题 （4）家庭节水方案设计：学生根据调查结果和数据分析，制定切实可行的家庭节水方案，涉及改进设备、调整生活习惯等方面
教学价值	（1）实践应用能力：学生通过实地调查和数据分析，锻炼实践应用能力，培养解决实际问题的能力 （2）跨学科整合：项目涉及数学、地理、科学等多个学科内容，可促进学科之间的整合和应用 （3）创新思维培养：学生需要创造性地设计节水方案，培养创新思维和创造能力 （4）团队合作精神：学生在小组中合作完成调查和方案设计，锻炼团队合作精神和沟通能力
教学重点	（1）数据收集与处理：如何收集和处理家庭用水数据，提高数据分析能力 （2）问题识别与解决：识别家庭用水问题，并设计切实可行的解决方案 （3）创新设计能力：发挥创造性，设计创新的家庭节水方案，提高设计能力 （4）方案实施与评估：实施设计的方案，并进行效果评估，反思和优化方案
教学难点	（1）数据分析和处理：需要掌握一定的数学知识和数据处理技能，对部分学生来说可能存在一定难度 （2）方案设计与创新：需要发挥创造性，设计创新的节水方案，这对于部分学生来说可能需要一定的启发和指导 （3）团队合作与沟通：需要在小组中进行合作，对于一些学生来说，与他人合作和沟通可能存在一定挑战

（二）学情分析

具体的学情分析要点和主要方法如表 3-3 所示。

表 3 - 3 "水是生命之源"学情分析的要点和主要方法

分 析 要 点	主 要 方 法
☑认知基础　☑学习特点	☑经验判断法　☑观察法　☑调查访谈法 □资料分析法　□测试法

1. 认知基础

（1）数学基础知识：六年级学生已经掌握了基本的数学概念和技能，包括加减乘除、分数、小数、百分数等基本概念和运算，具有一定的数学基础。

（2）数学建模能力：六年级学生已经具备一定的数学建模能力，能够将数学知识应用于解决简单的实际问题，但对于复杂问题的建模和解决可能存在一定的困难。

（3）科学常识和环境意识：学生对于环境保护和资源利用有一定的认识，但对于水资源的认知可能还比较片面，需要进一步加强和拓展。

2. 学习特点

（1）好奇心：六年级学生的好奇心较强，对于新鲜事物和实践活动具有浓厚的兴趣，喜欢通过实践和探索来学习。

（2）合作意识：学生具有一定的合作意识，喜欢与同学共同学习和合作完成任务，能够积极参与小组活动和团队合作。

（3）逻辑思维能力：学生的逻辑思维能力正在逐渐发展，能够进行简单的逻辑推理和问题分析，但对于复杂问题的思考和解决可能需要一定的引导和训练。

（4）表达能力：学生的表达能力正在逐渐提升，能够用简洁清晰的语言表达自己的观点和想法，但在表达复杂概念和思想时可能存在一定的困难。

综合来看，六年级下学期的学生具有一定的数学基础和数学建模能力，对于实践活动和合作学习具有浓厚的兴趣，但在解决复杂问题和深入理解数学建模方法方面还需要进一步引导和培养。针对其学习特点和认知基础，可以设计具有挑战性和启发性的教学活动，激发学生的学习兴趣，提高其数学建模能力和环境意识。

（三）教法分析

基于之前的学情分析和内容解析合理选择教法,具体的教法分析如表 3－4 所示。

表 3－4　"水是生命之源"教法分析

核心内容	教学方法	分析与说明
水资源情况调查	实地调研和观察	实地调研与观察能够让学生亲身参与调查活动,通过观察和实践来深入了解水资源的实际情况,激发学生的学习兴趣,培养其实践能力和团队合作精神
数据分析与处理	案例分析与探究式学习	通过案例分析和探究式学习,学生能够主动参与数据收集与处理方法的学习过程,从实际案例中探索学习方法和技巧,提升数据处理和分析能力
家庭用水情况调查	调查研究与合作学习	调查研究与合作学习可以让学生分组进行家庭用水情况调查,通过合作收集数据、分析问题、讨论方案,培养学生的调查研究能力和团队合作精神
家庭节水方案设计	问题解决式教学	问题解决式教学法能够让学生通过解决实际问题来学习,提升其解决问题能力和创新思维。学生在设计家庭节水方案的过程中,需要分析问题、提出解决方案,培养其实践能力和创新意识

（四）课时划分

课时划分如表 3－5 所示。

表 3－5　"水是生命之源"课时划分

单元课时	专题	课时	分课时主题	分课时
10 课时	专题一:水资源情况调查	3 课时	介绍水资源情况调查的目的和意义,讲解调查方法和步骤	1 课时（课内）
			实地调研与观察,学生分组进行水资源情况调查,收集数据和观察现场	1 课时（课外）
			展示并交流调查情况	1 课时（课内）

（续表）

单元课时	专题	课时	分 课 时 主 题	分课时
10 课时	专题二： 数据分析与处理	2 课时	通过案例分析,介绍数据分析与处理的基本方法	2 课时 （课内）
	专题三： 家庭用水情况调查	2 课时	实地调研与观察,学生分组进行家庭用水情况调查,收集数据并进行初步分析	1 课时 （课外）
			展示并交流调查情况	1 课时 （课内）
	专题四： 家庭节水方案设计	3 课时	介绍节水方案设计的意义和目标,讲解设计原则和方法	1 课时 （课内）
			学生开展调查并小组内讨论、设计家庭节水方案,提出具体的方案内容	1 课时 （课外）
			学生展示并交流各自设计的节水方案,进行评价和改进	1 课时 （课内）

【单元目标设计】

● 在查阅资料的过程中了解水资源的分布、存储、利用、污染等相关情况,增加对国情的了解,培养鲜明的生态意识、正确的国情观念。

● 在数据的收集、梳理、挖掘的过程中加深对人与自然平衡和谐发展的认识;掌握数据引用、整理的基本方法,能够理性、客观、科学严谨地分析水资源问题,初步形成知识产权意识,培养社会责任感。

● 在资料收集、数据处理的基础上科学严谨地发现并提出问题,培养实事求是的科学态度、创新精神。

● 在问题解决的研究内容与路线的制定、执行过程中,培养求真务实的改革创新精神,初步形成计划先行、团队合作、科学严谨、尊重知识产权的规则意识,初步树立对生态环境的责任意识。

● 在合作探索、交流分享、共同完成项目的过程中,养成节约用水的生活习惯,初步养成自觉承担个人对他人、集体和社会的责任与义务的高尚品德,学会理解和尊重他人的观点、求同存异,养成开放包容的心态,学会在合作中共同发展。

本专题教学目标设计如表3-6所示。

表3-6 "水是生命之源"专题教学目标设计

专　题	具体要求	专题教学目标
专题一: 水资源情况调查	通过实地调研和观察,了解当地水资源的利用情况,包括水源、用水方式、污染情况等	(1) 能够理解水资源调查的目的和重要性 (2) 能够掌握实地调研和观察的基本方法 (3) 能够通过实地调研和观察,了解当地水资源的基本情况
专题二: 数据分析与处理	学习数据收集和处理的基本方法,包括数据来源、数据整理、数据分析等	(1) 能够了解数据收集和处理的基本概念 (2) 能够掌握数据收集和整理的基本方法 (3) 能够运用数学方法对数据进行简单的分析和统计
专题三: 家庭用水情况调查	通过调查家庭用水情况,了解家庭用水的主要消耗领域和问题	(1) 能够理解家庭用水情况调查的目的和意义 (2) 能够掌握家庭用水情况调查的基本方法和技巧 (3) 能够通过调查,了解家庭用水的主要消耗领域和存在的问题
专题四: 家庭节水方案设计	根据调查结果和数据分析,设计切实可行的家庭节水方案	(1) 能够理解节水方案设计的重要性和意义 (2) 能够掌握节水方案设计的基本原则和方法 (3) 能够通过团队合作,设计出切实可行的家庭节水方案

【单元教学问题的诊断】

单元教学问题诊断如表3-7所示。

表3-7 单元教学问题诊断表

单元教学问题	单元教学措施
学生对水资源情况的实地调研和观察可能存在局限性,如何提高其观察和数据收集的能力?	在教学中引导学生使用多种观察工具,如相机、测量工具等,同时加强学生对观察细节和数据收集的训练,如提出具体的观察任务和问题,指导学生有针对性地进行观察和记录

（续表）

单元教学问题	单元教学措施
学生对于数据收集和处理方法的抽象概念理解可能较为困难,如何使学生理解并掌握这些方法?	通过具体案例和实际数据进行教学,让学生通过分析案例和数据来理解数据收集和处理方法的实际运用,提供具体的练习题目和案例分析,引导学生进行实际操作和讨论,从而加深对方法的理解
学生对家庭用水情况的调查可能受到家庭和社会因素的影响,如何保证调查的客观性和准确性?	在教学中强调调查的客观性和准确性的重要性,提供调查方法和技巧的培训,例如如何编制调查问卷、如何进行访谈等,同时鼓励学生在调查过程中保持客观、公正的态度,并及时对数据进行核实和验证
学生在设计节水方案时可能面临各种实际困难和挑战,如何培养学生解决问题和创新设计的能力?	引导学生进行问题解决式学习,通过案例分析和小组讨论的形式,让学生从实际问题出发,自主探索解决问题的方法和途径,提供实际的案例和情景模拟,鼓励学生克服困难,积极思考和创新,寻找最佳的解决方案

【单元活动实施路径设计】

针对该单元活动,研究设计实施路径如表 3-8 所示。

表 3-8　单元活动实施路径设计表

单元活动环节		教　　师	学　　生
准备阶段		教师充分了解单元内容,准备相关教材、教具和实验设备	教师向学生介绍单元活动内容,并引导学生了解单元目标和活动计划
活动导入		教师介绍单元活动的主题和目标,激发学生的学习兴趣,提出学习问题和挑战	学生参与讨论,提出问题和疑惑,确定学习目标和任务
活动展开	第一阶段	学生进行水资源情况调查,实地调研和观察,收集相关数据和信息	
	第二阶段	学生学习数据收集和处理的基本方法,进行案例分析和探究式学习,掌握数据处理技巧	
	第三阶段	学生分组进行家庭用水情况调查,收集数据并进行初步分析	
	第四阶段	学生在讨论并设计家庭节水方案,提出具体的方案内容	

（续表）

单元活动环节	教 师	学 生
活动总结	教师对活动过程进行总结,梳理学生的学习收获和问题,强调学习重点和要点	学生进行个人或小组反思,总结学习经验和教训,提出改进意见和建议
活动评价	教师对学生的表现和成果进行评价,给予及时的反馈和指导,鼓励学生继续努力	学生对自己的学习情况进行评价和总结,认识到自身的优势和不足,制定下一步的学习计划
活动延伸	教师根据学生的实际情况和需求,开展相关的拓展活动或延伸学习内容	学生利用课外时间,深入实践和探究相关领域的知识和技能,提升综合能力和创新意识

以上实施路径可以有效地引导学生参与单元活动,促进其主动学习和实践能力的提升,达到预期的教学目标。

【单元教学评价】

本单元为数学建模项目化探究类活动。表3-9所示的评价设计表涵盖了在该数学建模单元中评价学生综合能力的各个方面,包括知识掌握、分析能力、问题解决能力、合作能力、创新能力和口头表达能力。每个评价项都有相应的评价标准、评价方法、评价工具和评价时间,以确保评价的全面性和准确性。

表3-9 "水是生命之源"评价设计

评价项	评 价 标 准	评价方法	评价工具	评价时间	评分
知识掌握	掌握水资源情况调查、数据收集与处理方法、家庭用水情况调查和节水方案设计等相关知识	答题、实验成绩、作业表现	答题册、实验记录、作业	单元中	
分析能力	能够分析水资源情况、家庭用水情况和节水方案的可行性,提出合理的解决方案	书面分析、小组讨论记录	学生书面分析报告、讨论记录	单元中后期	
问题解决能力	能够在实践中解决实际问题,设计切实可行的家庭节水方案,并提出改进建议	设计方案、改进建议记录	方案设计报告、改进建议记录	单元末	

（续表）

评价项	评 价 标 准	评价方法	评价工具	评价时间	评分
合作能力	能够与同学合作完成调查、数据处理和方案设计,有效地进行小组讨论和合作	小组合作记录、同伴评价	合作记录表、同伴评价表	单元中后期	
创新能力	在方案设计过程中能够提出新颖的创意和解决方案,展现出创新能力	方案设计报告、评审评分	方案设计评审表、评分记录	单元末	
口头表达能力	能够清晰地表达自己的观点和想法,有效地与同学和教师交流和沟通	小组汇报、讨论记录	汇报记录、讨论记录	单元末	
评分备注: 很好 4 分,较好 3 分,一般 2 分,需改进 1 分。					

【跨学科知识】

1. 数学知识

涉及代数(如比例、百分比)、统计(如数据收集和分析)、数学建模(如建立节水模型)等方面的知识。

2. 科学知识

涉及水资源、水循环、水消耗量与节水措施、环境保护等方面的知识,学生需要了解水资源的来源和分布、水的循环过程、家庭用水情况与节水技巧等。

3. 地理知识

涉及自然地理、人文地理、环境地理等方面的知识,学生需要了解地球上水资源的分布情况、水资源的利用与保护、不同地区的水资源特点等。

4. 环境科学知识

涉及环境保护、可持续发展、生态学等方面的知识,学生需要了解节水对环境的影响、节水与可持续发展的关系、生态系统对水资源的依赖等。

5. 计算机科学知识

涉及数据处理、模型构建、软件应用等方面的知识,学生可能需要使用电子表格软件（如 Excel）进行数据分析和图表制作，或使用建模软件（如 MATLAB、Python）进行数学建模。

6. 社会科学知识

涉及社会调查、问题解决、决策制定等方面的知识，学生需要了解家庭用水的实际情况，通过调查了解家庭的用水习惯和水资源利用情况，并提出解决方案。

【跨学科素养】

1. 跨学科思维能力

学生能够整合数学、科学、地理等多个学科领域的知识和技能，运用跨学科思维解决复杂问题，提出创新性的解决方案。

2. 问题解决的能力

学生能够识别和分析与家庭用水相关的问题，提出合理的解决方案，并能够有效地实施和评估这些方案，包括节水方案的设计和实施。

3. 信息获取与处理能力

学生能够独立获取与家庭用水相关的信息，包括水资源、家庭用水情况、节水技巧等方面的信息，并能够对这些信息进行有效的整合与处理。

4. 批判性思维能力

学生能够审视和评价所获取的信息的可靠性和有效性，能够辨别不同的观点和信息，提出合理的批判性分析和观点。

5. 合作与沟通能力

学生能够与同学和教师合作，共同制定家庭节水方案，并能够有效地沟通和协调，解决合作中的问题和冲突。

6. 创新能力

学生能够提出创新性的家庭节水方案，结合数学建模和科学原理，设计切实可行的节水方案，并能够将创新思维和创造性实践应用到实际生活中。

7. 自主学习能力

学生能够自主学习和自主管理学习过程，包括独立获取信息、自主学习探究和解决问题等方面的能力。

8. 社会责任感

学生能够意识到自己的行为对环境和社会的影响,具有环境保护意识和社会责任感,能够为节约水资源、保护环境做出积极的贡献。

【教学设计】

课题：水是生命之源
——用百分比看水世界

教学目标：

● 初步学会数据的梳理、挖掘及表达,培养数据分析素养。

● 通过对水资源情况的数据分析,感知水的重要性,了解水资源的匮乏是当今世界面临的共同难题。感受水资源的稀缺和宝贵,懂得节约用水的重要意义,从小树立节约用水、保护水资源的意识。

● 在合作探究中,学会理解和尊重他人的观点,求同存异,形成开放包容的心态,学会在合作中共同发展,树立人与自然和谐发展的世界观和价值观。

教学重难点：

数据的梳理与挖掘

教学过程(第 5/10 课时)：

一、情境引入,数据梳理

阅读材料 1：

地 球 水 资 源

地球上的水并不都是淡水。海洋水占了全球水资源的 97.5%,淡水占全球水资源的 2.5%。而在这 2.5% 的淡水中,99.66% 是冰冠、冰川水以及深层地下水,只有 0.34% 是可采用的淡水。在这 0.34% 可采用的淡水中,中国的淡水资源总量仅占全球淡水资源总量的 6%。

任务 1：根据上述资料,梳理这些水资源之间的关系。

二、提取认知,数据挖掘

任务 2：人类可采用的淡水资源占全球水资源的百分之几?

任务 3：根据上述资料，你还想了解什么信息？请设计出你想了解的问题。

三、理性思维，数据表达

任务 4：21 世纪初，全球人口总数约 60 亿，其中中国人口总数约 13 亿，根据材料 1 的数据，请计算中国人均可采用淡水资源拥有量占全球人均拥有量的百分比。

任务 5：据统计，中国的淡水资源仅次于巴西、俄罗斯和加拿大，居世界第 4 位。

有人说中国的淡水资源很丰富。你认同这一观点吗？请你用数据佐证说明。

四、自主小结，感悟提升

请你谈谈本节课的体验与收获。

五、作业布置，问题延伸

作业 1

阅读材料 2：

我们的生活离不开水，也离不开粮食，农业同样需要水。我国既不丰富又分布不均的淡水资源（北方比南方缺水）影响着农业发展。大豆是重要的农作物，山东省胶东地区适宜种植大豆的耕地较多，但一段时间以来严重缺水，较大程度影响了国家大豆自主供应的安全。国家投入巨资实施"南水北调"工程，计划在一定程度上解决北方各地由缺水引起的相关问题。

山东省胶东地区适宜种植大豆耕地情况统计（见图 3 - 1）显示，地处拟规划范围的胶东地区 A、B 总面积相等，相关工程总耗费相同，但现阶段只能有一个地区得到改善。若改善 A 地，则 70% 的缺水型适宜耕地能变成正常型；若改善 B 地，则 100% 的缺水型适宜耕地能变成正常型。其他有关百分比数据如图 3 - 1 所示。请你通过计算做出决策，将上述何地纳入"南水北调"工程规划为宜？

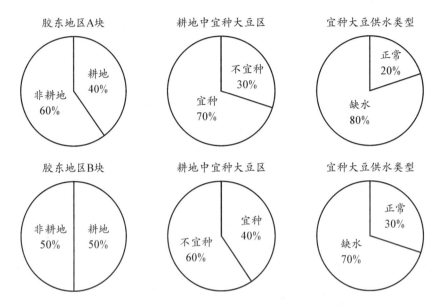

图 3-1　山东省胶东地区适宜种植大豆耕地情况统计图

作业 2（长作业）

请查找有关资料，制作以"百分比看世界——我眼中的水资源"为主题的数学小报。

第二节　指向初高中教学一体化的中阶课程

初中数学建模中阶课程面向学有余力的学生，组建数学建模社团，开设以问题和项目为导向的数学建模社团课程，从初高中教学一体化的角度，带领学生开展基于现实问题解决的小课题研究，旨在通过问题和项目导向的教学，培养学生的数学建模能力，促进其跨学科素养和实践能力的全面发展。

课程的建设有以下几方面的考虑。

● 内容延伸与深化：初中数学建模中阶课程在初中数学知识的基础上进行延伸与深化，引入更多高中数学的内容。通过涉及高中数学的知识，如函数、微积分、概率与统计等，扩展学生的数学知识面，提高他们的数学建模能力。

● 跨学科整合：在课程设计中，可以将数学与其他学科的知识进行整合，构建跨学科的教学内容。例如，将数学建模与物理、化学、生物等科学知识结合起来，解决与自然科学相关的实际问题，开阔学生的学科视野，促进跨学科学习。

● 实践性教学活动：通过开展实践性教学活动，课程将课堂知识与实际问题相结合。例如，组织学生进行实地考察、调查研究、数据收集等活动，让他们亲身参与数学建模的实践过程，从而加深对数学知识的理解与应用。

● 项目化学习：采用项目化学习的方式组织课程内容，让学生在解决具体问题的项目中进行学习。通过分组合作、自主探究等方式，让学生从实际问题出发，运用数学知识进行建模与分析，培养他们的问题解决能力和创新思维。

● 多元化评价：在课程评价方面，可以采用多元化的评价方法，综合考察学生的各方面表现。结合学生的项目报告、口头展示、团队合作能力等方面进行综合评价，更全面地了解学生的学习状况和能力发展。

一、底盘与支架

初中数学建模中阶课程的构建需要建立在一定的理论基础之上，夯实坚定的底盘，并且具备相应的支架支撑以确保课程的科学性和有效性。

（一）数学建模理论

数学建模理论是构建初中数学建模中阶课程的核心基础，包括数学模型的建立与求解、问题的抽象与数学化、模型的验证与分析等方面。学生需要理解建模的基本流程和方法，包括问题分析、建立数学模型、求解和验证等步骤。

（二）数学知识体系

初中数学知识体系是构建数学建模中阶课程的基础。学生需要掌握的数学知识包括代数、几何、概率与统计等方面的基本知识以及数学方法和技巧。这些知识作为数学建模的基础,用于解决实际问题。

(三) 科学方法论

科学方法论是构建初中数学建模中阶课程的重要组成部分。学生需要了解科学研究的基本原则和方法,包括观察、实验、假设、验证等。这些方法帮助学生在建模过程中进行合理的假设和推理,确保模型的科学性和准确性。

(四) 实践经验与案例分析

学生需要通过实践经验和案例分析来加深对数学建模理论的理解,包括实际问题的选取与分析、已有建模案例的学习与借鉴等方面。通过实际问题的解决和案例分析,学生能够更好地理解建模理论的实际应用和意义。

(五) 跨学科整合

跨学科整合是构建初中数学建模中阶课程的重要内容之一。学生需要了解数学与其他学科(如物理、生物、地理等)的关系,探索不同学科之间的联系和应用。

(六) 信息技术支持

信息技术在数学建模中的应用是构建初中数学建模中阶课程的重要内容之一。学生需要掌握基本的计算机技能以及与数学建模相关的软件和工具,如 MATLAB、Python 等。这将帮助学生更高效地进行建模工作,提高建模的准确性和效率。

综上所述,初中数学建模中阶课程的底盘与支架包括数学建模理论、数学知识体系、科学方法论、实践经验与案例分析、跨学科整合以及信息技术支持等方面,这些都将为学生深入学习数学建模提供坚实的理论支持和指导。

二、课程理念

初中数学建模中阶课程是综合性的体系,旨在通过问题导向、项目化学习、跨学科整合、实践性教学、个性化学习、实用性和创新性、可持续发展、社会责任与公民意识、开放性与包容性以及持续改进与反思等多个方面的理念构建,全面培养学生的数学建模能力,促进其跨学科素养和实践能力的全面发展。

课程理念主要包括以下四个方面。

首先,课程强调以问题为导向,通过解决实际问题来学习数学建模的方法和技巧。学生通过实践性教学和项目化学习,积极参与团队合作、探索创新,从而培养解决问题的能力和创新思维。

其次,课程注重跨学科整合,将数学与其他学科的知识相结合,拓展学生的学科视野。通过跨学科的学习与合作,培养学生的综合素质和跨学科思维能力,提高其解决问题的综合能力和创新精神。

再次,课程凸显个性化学习。在实践中学生根据自己的兴趣和爱好,通过自主选择课题、设计实验方案、收集数据等活动,提高实际问题解决能力,满足学生的个性化学习需求。

最后,课程还强调可持续发展、社会责任与公民意识、开放性与包容性以及持续改进与反思等方面。通过培养学生的社会责任感、公民意识和可持续发展意识,促进他们成为具有创新精神、团队合作能力、社会责任感和可持续发展意识的优秀公民。

三、设计原则

(一) 问题导向和项目化学习

课程以实际问题为导向,通过项目化学习的方式组织教学内容,让学生深入学习数学建模的理论和方法,并通过解决实际问题培养问题解决的能力和创新思维。

(二) 跨学科整合和实践性教学

课程内容融合数学与其他学科的知识,通过跨学科整合和实践性教学活动培养学生的综合素质和实践能力,提高其解决问题的综合能力和创新精神。

（三）个性化学习和多元化评价

设计个性化的学习任务和评价方式,考虑学生的学习兴趣、能力水平和学习需求,采用多元化的评价方法,全面了解学生的学习情况和能力表现。

（四）实用性和创新性

注重培养学生的实用性和创新性思维,通过解决实际问题感知数学建模的应用价值,鼓励学生提出新的想法和方法,培养其创新思维和实践能力。

四、课程目标

（一）提升数学建模素养

培养学生深入理解数学建模的核心思想和方法,能够熟练运用数学知识和技能解决复杂实际问题,包括建立数学模型、收集和分析数据、进行合理推断和预测。

（二）培养创新思维与问题解决能力

激发学生的创新思维,引导他们在数学建模的过程中提出新的设想和方法,培养他们解决问题的能力和勇气,通过探索和实践不断提升自己的创新能力和解决问题的能力。

（三）培养团队合作能力与沟通技巧

培养学生良好的团队合作精神和沟通技巧,通过项目化学习和实践性教学活动,让学生在团队中协作、分工,共同完成项目任务,培养他们有效沟通和协作的能力。

（四）支持个性化学习与自主发展

设计灵活多样的学习任务和评价方式,充分考虑学生的个性化学习需求和兴趣特点,激发学生的学习兴趣和动力,培养他们自主学习和持续发展的能力。

（五）培养发展性与批判性思维

培养学生持续改进和反思的习惯,通过课程设计和教学实践,引导学生不断反思自己的学习过程和方法,总结经验、找出不足、提出改进意见,不断完善自己的学习和工作方法。

(六) 社会责任感与公民意识提升

引导学生树立正确的社会责任感和公民意识,认识数学建模对解决社会问题的重要性,激发他们为社会发展作出积极贡献的热情和内驱力,培养他们为未来社会发展贡献力量的信心。

五、案例:物种增长问题探究

【设计背景说明】

物种增长问题是生态学和数学建模领域中的经典研究课题之一。随着人类活动的影响和环境变化,不同物种的种群数量会受到多种因素的影响,如资源利用率、捕食压力、环境容量等。理解和描述物种种群的增长规律对于生态系统的管理和保护至关重要。本课程旨在通过数学建模的方法,探索物种种群的增长规律,并利用数学工具对其进行描述和分析。学生将学习并运用函数、差分方程等数学工具,结合生态学的基本原理,建立数学模型描述物种种群的增长过程。通过模型求解和数据分析,学生将深入理解生物种群动态变化的规律。

此外,本课程也旨在培养学生的科学思维和创新能力。学生将学会如何从实际问题出发,提出假设并建立数学模型,进而解决实际问题。通过实践探究和团队合作,学生将培养批判性思维、问题解决能力以及创新意识。

"实验室酵母菌种群变化规律探究"教学设计

【内容解析】

本项目设计源于对实验室酵母菌种群增长问题的探究。在科学研究和工业生产中,酵母菌是一种常用的微生物,其生长过程受到多种因素的影响,如营养物质的供应、温度、pH 值等。了解酵母菌种群增长的规律对于食品工业、药物生产等领域至关重要。本项目旨在通过数学建模的方法,探索实验室条件下酵母菌种群的增长过程,并通过数学模型对其进行描述和分析。通过这样的跨学科学习活动,学生将结合生物学和数学的知识,培养科学探究和数学建模的能力。此外,本单元设计旨在引导学生从实验中发现科学问题、提出假设,并通过数学建模的方法对其进行验证和解决。学生将学会实验数据的收集和分析,运用数学工具建立模型,从而解决实际问题。

【学情分析】

八年级学生通常已经学过代数方程的基本知识,对于简单的函数和图像有一定的理解。他们应该能够理解和运用基本的代数知识,如解方程、绘制函数图像等。然而,他们对差分方程可能还不太熟悉,需要在社团教学中进行适当的引导和讲解。八年级学生处于青春期,对于生物和数学方面的知识可能存在不同程度的兴趣。因此,在设计课程内容时,需要注重激发学生的学习兴趣和主动性,提供丰富多样的教学资源和学习机会,引导学生积极参与探究活动。

【教学目标】

• 了解平衡原理,理解变化中的平衡关系。掌握用 Excel 制作散点图的技能,理解曲线拟合概念,并能运用散点图作线性拟合,探索数据变化规律。

• 通过对生物实验数据的分析,体验数学建模的部分过程,即探索变量之间的关系、建立并求解方程模型、对模型进行检验并应用,培养模型观念。经历数据的梳理、挖掘过程,掌握数据整理的基本方法,培养数据观念。

• 在探索生物种群变化规律的过程中形成基本的科学观念、数学应用意识和合作探究精神,促进学生创新思维能力、科学思维能力、科学探究、实践能力的发展。

【教学重点】

模型的建立与求解。

【教学难点】

模型的检验。

【教学过程】

一、知识预备

（一）平衡原理

"平衡"是我们在现实生活中随处可见的现象，如物理中的能量守恒定律，路程、速度和时间的关系，又如销售中的单价、数量和金额的关系等。平衡原理指自然界的任何现象在其变化过程中一定受到平衡关系的支配。我们根据主要因素相互作用的机理，挖掘实际问题在一定假设前提下的平衡关系并建立模型。

（二）关于变化的平衡关系

在对现实对象进行建模时，人们常常对预测某个量在未来某个时刻的值感兴趣。这个变化的量即变量，可能是银行存款额、实验室的细菌数、人口数或者患有某种传染病的人数等。通过对变化进行研究，人们能得到有关该变量的数学结论，阐明这些结论有助于决策者规划未来。

对变化进行建模有一种非常重要的平衡关系，也可以看作一个公式：

$$未来值＝现在值＋变化。$$

人们往往希望根据现在知道的东西加上精心观测到的变化来预测未来。在这种情形中，可以先按照公式：

$$变化＝未来值－现在值，$$

对变化进行建模来研究变化。通过收集一段时间中的数据并画出该数据的图形，我们常常可以识别出这种变化趋势的模型。如果这种行为是在离散时间段上发生的，那么前面建构的模型就是差分方程；如果行为在时间上是连续发生的，那么建构的模型就是微分方程，这两者都是描述和预测行为变化强有力的方法。

（三）散点图

我们把根据实际情况所给出的数据对，在直角坐标系中作出相应的点，由此得到的图形叫做散点图。

（四）曲线拟合

由散点图中点集的几何特征,找出与点散布趋势相似的曲线(或直线)方程,使各点与该曲线充分靠近,这样得到的曲线(或直线)可以比较科学地近似反映实际问题中变量之间的关系。这一近似过程称为"曲线拟合"。

二、模型的建立、求解与检验

（一）实验数据的分析与处理

问题 1：我们要如何处理这些数据？

我们观察实验室酵母菌的总量随时间而增加的情况。表 3-10 是实验收集得到的数据。[①]

表 3-10　酵母培养物增长情况

时间（小时）	观察酵母生物量 x_n	生物量变化（$x_n - x_{n-1}$）
0	9.6	
1	18.3	8.7
2	29.0	10.7
3	47.2	18.2
4	71.1	23.9
5	119.1	48.0
6	174.6	55.5
7	257.3	82.7
8	350.7	93.4
9	441.0	90.3

---

① 数据取自 R. Pearl, "The Growth of Population" Quart. Rev. Biol. 2(1927): 532-548.

要预测种群量增长的情况,我们考虑:

$$变化＝未来值－现在值$$

即:　　　　　物种的增长变化＝未来值－现在值

因此,我们增加该物种生物量变化一栏,通过 Excel 办公软件制作散点图来观察其发展趋势,如图 3-2 所示。

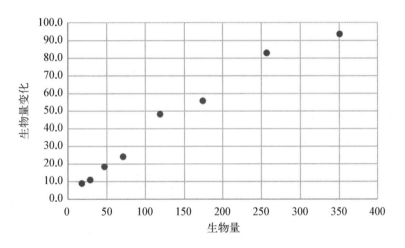

图 3-2　酵母菌培养的增长图

(二)模型 1 的建立与求解

1. 模型 1 的建立

问题 2:如何根据散点图建立模型?

该散点图并不恰好位于过原点的一条直线,但是可以用过原点的直线来拟合近似刻画,如图 3-3 所示。因此根据该图形显示,我们可以假设该种群当前生物量的变化和当前生物量的大小的成正比,即 $\Delta x_n = kx_n$。

我们用 $\Delta x_n = x_{n+1} - x_n$ 来表示变化,其中 x_n 表示 n 小时的时候该种群的生物量。所以 $x_{n+1} - x_n = kx_n$,其中 k 是与时间有关的正常数。

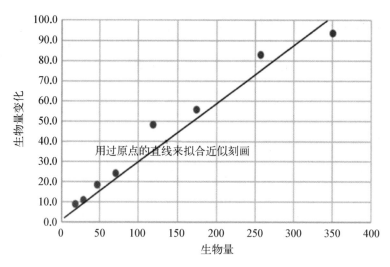

图 3-3 酵母菌培养的增长图的曲线拟合

2. 模型 1 的求解

问题 3：模型如何求解？

因为 $\Delta x_n = kx_n$，所以 $k = \dfrac{\Delta x_n}{x_n}$，我们把表 3-10 的相关数据代入，得到

表 3-11 中 x_n 和 k 值的关系。

表 3-11 x_n 和 k 值关系 1

时间（小时）	观察酵母生物量 x_n	生物量变化（$x_{n+1} - x_n$）	$k = \dfrac{x_{n+1} - x_n}{x_n}$
0	9.6		
1	18.3	8.7	0.9
2	29	10.7	0.6
3	47.2	18.2	0.6
4	71.1	23.9	0.5
5	119.1	48	0.7
6	174.6	55.5	0.5

（续表）

时间（小时）	观察酵母生物量 x_n	生物量变化（$x_{n+1}-x_n$）	$k=\dfrac{x_{n+1}-x_n}{x_n}$
7	257.3	82.7	0.5
8	350.7	93.4	0.4
9	441.0	90.3	0.3

考虑取它们的平均值 $k=0.5$，那么我们假设的比例模型为：

$$\Delta x_n = x_{n+1} - x_n = 0.5x_n。\qquad ①$$

整理①得到 $x_{n+1} = 1.5x_n$，该式表示无穷多个代数方程，称为动力系统模型。

于是，$x_1 = 1.5x_0$，$x_2 = 1.5x_1 = 1.5^2 x_0$，$x_3 = 1.5x_2 = 1.5^3 x_0$……类似地，以这种方式迭代，得到 $x_{n+1} = 1.5x_n = 1.5^{n+1} x_0$。

这是一个一阶齐次差分方程，其一般形式为：

$$x_{n+1} = (1+k)x_n$$

该差分方程模型也称为马尔萨斯（Malthus）模型。

它的解为：$x_{n+1} = (1+k)^{n+1} x_0$，$n$ 为正整数，k 是一个正常数。

3. 模型 1 的分析与评价

问题 4：如何对模型进行评价与分析？

这个模型预测该生物种群数量总是增长的，这是可疑的。因为当生物群体赖以生存的空间和资源（如食物）有限时，只能支持某个最大限度的该种群生物量，而不可能支持无限增长的该种群生物量。当接近这个最大限度时，增长就会慢下来。因此模型 1 与我们的认知矛盾。

问题 5：在模型评价的基础上如何进行模型的优化？

三、模型的优化——模型 2 的建立、求解与检验

反思刚才模型 1 的建立与求解过程，存在的问题：数据量不足以反映变化趋势，k 的取值存在问题。

1. 数据的进一步收集与处理

进一步收集实验数据,得到的数据如表 3-12 所示。

表 3-12 酵母培养物增长情况 2

时间 (小时)	观察酵母 生物量 x_n	生物量变化 $(x_n - x_{n-1})$	时间 (小时)	观察酵母 生物量 x_n	生物量变化 $(x_n - x_{n-1})$
0	9.6		10	513.3	72.3
1	18.3	8.7	11	559.7	46.4
2	29.0	10.7	12	594.8	35.1
3	47.2	18.2	13	629.4	34.6
4	71.1	23.9	14	640.8	11.4
5	119.1	48.0	15	651.1	10.3
6	174.6	55.5	16	655.9	4.8
7	257.3	82.7	17	659.6	3.7
8	350.7	93.4	18	661.8	2.2
9	441.0	90.3			

观察该表第 3 列数据,可以看出当资源变得更为有限或受到更多限制时,每小时种群的变化就变得比较小。当接近这个最大限度时,增长就会慢下来。

因此,我们取时间和种群生物量两个指标做散点图,如图 3-4 所示。

2. 模型 2 的建立

从物种生物量对时间的关系看,生物量趋于一个极限值或者说是容纳量。我们根据图形估计容纳量为 665(实际上图形并不能确切地告诉我们容纳量是 665,还是 664 或是 666,此时我们只是取一个预估量 665)。当 x_n 趋近于 665 时,变化速度确实大大减慢。若还是用模型 1,该种群当前生物量的变化和当前生物量的大小成正比,则我们必须要关注到:$\Delta x_n = k x_n$,即 $x_{n+1}-$

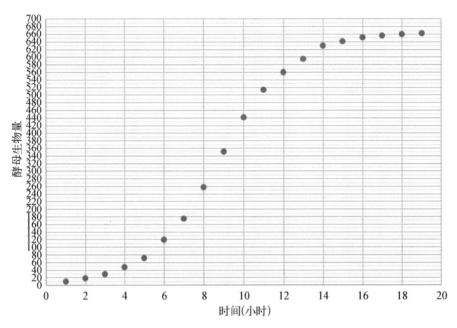

图 3‑4　酵母生物量趋于极限种群量水平

$x_n = kx_n$ 中的 k 并不是一个常数，$k = \dfrac{x_{n+1} - x_n}{x_n}$ 实际上是随物种生物量的变化而变化的，如表 3‑13 所示。

表 3‑13　x_n 和 k 值关系 2

时间(小时)	观察酵母生物量 x_n	$k = \dfrac{x_{n+1} - x_n}{x_n}$
1	18.3	0.906
2	29	0.585
3	47.2	0.628
4	71.1	0.506
5	119.1	0.675
6	174.6	0.466

时间（小时）	观察酵母生物量 x_n	$k = \dfrac{x_{n+1} - x_n}{x_n}$
7	257.3	0.474
8	350.7	0.363
9	441.0	0.257
10	513.3	0.164
11	559.7	0.090
12	594.8	0.063
13	629.4	0.058
14	640.8	0.018
15	651.1	0.016
16	655.9	0.007
17	659.6	0.006
18	661.8	0.003

即有 $x_{n+1} - x_n = k(x_n)x_n$，观察上表第 2、3 行，$k(x_n)$ 应满足这样的条件：当 x_n 增加时，$k(x_n)$ 减小；当 $x_n = 665$ 时，$k(x_n) = 0$。

假设此时 k 是关于 x_n 的线性函数，设 $k(x_n) = ax_n + b$，由 $k(0) = b$，$k(665) = 0$。用待定系数法可求得 $k(x_n) = -\dfrac{b}{665}x_n + b = \dfrac{b}{665}(665 - x_n)$。

令 $\dfrac{b}{665} = k_0$，则这种函数最简单的形式是：

$$k(x_n) = k_0(665 - x_n)。$$

所以，模型 2 为：

$$\Delta x_n = x_{n+1} - x_n = k_0(665 - x_n)x_n。$$

这个模型说明变化 Δx_n 与 $(665 - x_n)x_n$ 成正比。

3. 模型 2 的求解

根据 $\Delta x_n = x_{n+1} - x_n = k_0(665 - x_n)x_n$，可求得 $k_0 = \dfrac{\Delta x_n}{(665 - x_n)x_n} = \dfrac{x_{n+1} - x_n}{(665 - x_n)x_n}$。

表 3 - 14 x_n 和 k 值关系 3

生物量变化 $\Delta x_n = x_{n+1} - x_n$	$(665 - x_n)x_n$	$k_0 = \dfrac{x_{n+1} - x_n}{(665 - x_n)x_n}$
8.7	6 291.84	0.001
10.7	11 834.61	0.001
18.2	18 444	0.001
23.9	29 160.16	0.001
48	42 226.29	0.001
55.5	65 016.69	0.001
82.7	85 623.84	0.001
93.4	104 901.21	0.001
90.3	110 225.01	0.001
72.3	98 784	0.001
46.4	77 867.61	0.001
35.1	58 936.41	0.001
34.6	41 754.96	0.001
11.4	22 406.64	0.001
10.3	15 507.36	0.001

(续表)

生物量变化 $\Delta x_n = x_{n+1} - x_n$	$(665 - x_n)x_n$	$k_0 = \dfrac{x_{n+1} - x_n}{(665 - x_n)x_n}$
4.8	9 050.29	0.001
3.7	5 968.69	0.001
2.2	3 561.84	0.001

把相关数据代入，k_0 取小数点后三位，得到 $k_0 \approx 0.001$，于是有

$$\Delta x_n = x_{n+1} - x_n = 0.001(665 - x_n)x_n$$

整理得 $\qquad\qquad x_{n+1} = x_n + 0.001(665 - x_n)x_n$

而 $\qquad\qquad\quad x_{n+1} = -0.001x_n^2 + (0.665 + 1)x_n$

问题 6：模型 2 是否还需要检验？

4. 模型 2 的检验

这个假设的模型 2 说明变化 Δx_n 与 $(665 - x_n)x_n$ 成正比，我们计算 $\Delta x_n = x_{n+1} - x_n$ 与 $(665 - x_n)x_n$ 的相关数据，如表 3-15 所示。

表 3-15 测试受限制的增长模型

生物量变化 $\Delta x_n = x_{n+1} - x_n$	$(665 - x_n)x_n$	生物量变化 $\Delta x_n = x_{n+1} - x_n$	$(665 - x_n)x_n$
8.7	6 291.84	72.3	98 784
10.7	11 834.61	46.4	77 867.61
18.2	18 444	35.1	58 936.41
23.9	29 160.16	34.6	41 754.96
48	42 226.29	11.4	22 406.64
55.5	65 016.69	10.3	15 507.36
82.7	85 623.84	4.8	9 050.29
93.4	104 901.21	3.7	5 968.69
90.3	110 225.01	2.2	3 561.84

作出 $\Delta x_n = x_{n+1} - x_n$ 对 $(665 - x_n)x_n$ 的图像,如图 3-5 所示。

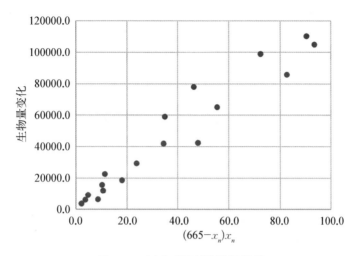

图 3-5 测试受限制的增长模型

观察图形,我们看到 $\Delta x_n = x_{n+1} - x_n$ 对 $(665 - x_n)x_n$ 的图形确实合理地近似于过原点的一条直线。如此,我们就验证了变化 Δx_n 与 $(665 - x_n)x_n$ 成正比。

上述方程的右边关于 x_n 是二次方程,这是一个非线性方程。通常这种方程不能求出用 n 来表示 x_n 的解。但是,如果给定 $x_0 = 9.6$,我们可以代入该表达式求出

$$x_1 = 9.6 + 0.001 \times (665 - 9.6) \times 9.6 = 15.9,$$

$$x_2 = 15.9 + 0.001 \times (665 - 15.9) \times 15.9 = 26.2,$$

......

以此方式迭代,我们得到模型 2 的数值表,如表 3-16 所示。

表 3-16 模型的观察值与预测值 1

时间(小时)	观　察　值	预　测　值
0	9.6	9.6
1	18.3	15.9
2	29	26.2

时间(小时)	观　察　值	预　测　值
3	47.2	42.9
4	71.1	69.7
5	119.1	111.1
6	174.6	172.7
7	257.3	257.7
8	350.7	362.7
9	441.0	472.3
10	513.3	563.3
11	559.7	620.6
12	594.8	648.2
13	629.4	659.1
14	640.8	663.0
15	651.1	664.3
16	655.9	664.8
17	659.6	664.9
18	661.8	665.0

观察上表发现,第 18 小时预测值达到极限值,从物种生物量对时间的图形看,得到生物量趋于预估极限值 665 不符合要求。反思:是否是 k_0 的近似取值有问题呢?

问题 7:模型 2 的检验得到的预测值和实验值不同,怎么办?

5. 模型 2 的再次求解

我们取 k_0 到小数点后四位,得到相关数值,如表 3 - 17 所示。

表 3-17　x_n 和 k 值关系 4

生物量变化 $\Delta x_n = x_{n+1} - x_n$	$(665 - x_n)x_n$	$k_0 = \dfrac{x_{n+1} - x_n}{(665 - x_n)x_n}$
8.7	6 291.84	0.001 4
10.7	11 834.61	0.000 9
18.2	18 444	0.001 0
23.9	29 160.16	0.000 8
48	42 226.29	0.001 1
55.5	65 016.69	0.000 9
82.7	85 623.84	0.001 0
93.4	104 901.21	0.000 9
90.3	110 225.01	0.000 8
72.3	98 784	0.000 7
46.4	77 867.61	0.000 6
35.1	58 936.41	0.000 6
34.6	41 754.96	0.000 8
11.4	22 406.64	0.000 5
10.3	15 507.36	0.000 7
4.8	9 050.29	0.000 5
3.7	5 968.69	0.000 6
2.2	3 561.84	0.000 6

对上述 k_0 取平均数，得到 $k_0 \approx 0.000\,8$。

于是我们得到

$$\Delta x_n = x_{n+1} - x_n = 0.000\,8(665 - x_n)x_n。$$

如果给定 $x_0 = 9.6$，我们可以代入该表达式求出

$$x_1 = 9.6 + 0.001 \times (665 - 9.6) \times 9.6 = 15.9,$$

$$x_2 = 15.9 + 0.001 \times (665 - 15.9) \times 15.9 = 30.1,$$

……

以此方式迭代,我们得到模型 2 的数值表,如表 3 - 18 所示。

表 3 - 18 模型观察值与预测值 2

时间(小时)	观 察 值	预 测 值
0	9.6	9.6
1	18.3	15.9
2	29	30.1
3	47.2	47.4
4	71.1	76.4
5	119.1	113.3
6	174.6	184.1
7	257.3	260.2
8	350.7	362.2
9	441.0	460.9
10	513.3	539.8
11	559.7	591.2
12	594.8	618.6
13	629.4	636.6
14	640.8	651.8
15	651.1	656.3
16	655.9	660.2
17	659.6	661.9
18	661.8	663.2

将上述观察值与预测值对时间作图,如图 3-6 所示。

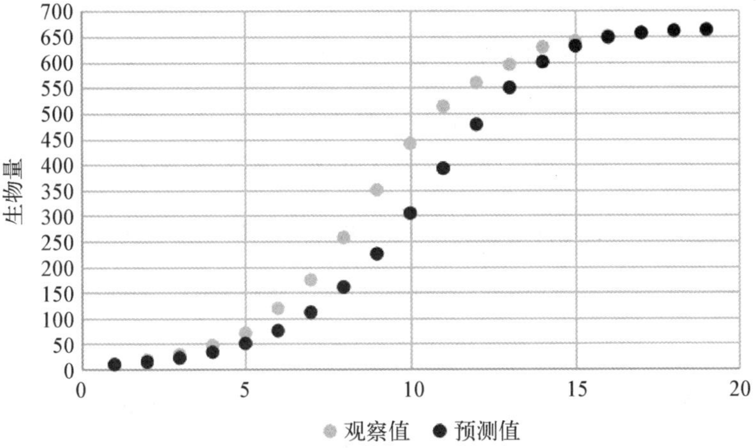

图 3-6　模型观察值和预测值

我们注意到,该模型很好地抓住了所观察的数据的趋势,数据误差也比较小,这说明建立的差分方程模型是合理的。如果我们认为此时模型拟合效果还没有达到理想状态,那么可以继续修正 k 值或修正模型 1 为其它拟合函数,直至达到满意的状态。

在上述酵母菌案例中,我们建立了如下描述:

在有限资源的情况下,生物量总数满足的差分方程模型为:

$$\Delta x_n = x_{n+1} - x_n = k_0(b - x_n)x_n, \text{ 其中 } k_0 \text{、} b \text{ 为常数},$$

这个数学模型称为逻辑斯蒂(Logistic)方程,其展开式 $x_{n+1} = -k_0 x_n^2 + (bk_0 + 1)x_n$ 是一个非线性差分方程。

四、归纳总结

模型的建立、求解与检验是数学建模的重要环节,其主要流程是:数据的分析与整理—建立散点图进行曲线拟合—模型的建立与求解—模型的检验与分析—模型的评价与应用。

五、布置作业

未来 30 年中国的人口变化

世界人口的迅速增长已成为人类面临的重大问题之一,人口急速增长会给资源和环境带来极大压力。适宜的人口增长速度会促进社会环境系统沿良性发展的轨迹运行,达到系统内部各要素与人口增长之间的协调与统一。若人口增长与社会环境系统不相适应,往往会导致一系列社会问题。目前,中国各地的人口皆已进入"低生育率"和"低死亡率"并存的阶段,未来 30 年的人口变化将对经济与社会发展产生重要影响。为应对人口老龄化和生育率下降,我国出台生育支持政策,从 2015 年实施全面"二孩"政策,到 2021 年 8 月实施"三孩"政策及配套支持措施,以促进人口长期均衡发展,应对人口问题的种种挑战。

今天,年轻的你们代表了当下人口变迁中最具活力和创造力的群体,然而对于整个人口而言,未来的图景是怎样的? 作为新时代的建设者和接班人,请你通过数学建模分析和预测未来 30 年中国的人口变化。

第三节 指向创新人才培养的高阶课程

初中数学建模高阶课程:面向有创新潜质的学生,开设初中数学建模高阶课程,从"数学基础知识拓展""MATLAB/Python 软件与数学建模""数学建模案例与方法"三个维度着手课程教学,旨在通过提供系统化、持续性的深度培训,拓展学生在数学基础知识领域的广度和深度,为解决更复杂的实际问题打下坚实的数学基础。通过 MATLAB 或 Python 等编程语言的学习使用,学生可以掌握数据处理、模型构建、模拟实验等技能,进而更灵活、高效地应用科学技术解决实际问题。通过分析和讨论各种真实案例,接触更多、更复杂的数学建模案例,学生可以学习不同的数学建模方法和技巧,深入了解数学建模的实际应用。三维课程创新性的教学设计和实践活动,可以培养学生的创新思维和团队合作精神,提高学生解决问题的能力和自主学习能力,为未来创新人才的培养奠定基础。

一、理论基础

(一) 复杂性理论

高阶课程的设计应基于复杂性理论,强调系统中的相互作用和非线性关系。数学建模涉及解决现实世界中的复杂问题,因此,课程应该培养学生处理复杂问题的能力,包括系统思维、综合分析和模型仿真等。

(二) 学习理论

高阶课程应该基于最新的学习理论,如自主学习理论和项目学习理论。学生在实践中主动探索、合作学习,通过项目和案例解决问题,从而提升自主学习能力和解决实际问题的能力。

(三) 系统性思维理论

高阶课程的理论基础还包括系统性思维理论,强调整体性和综合性思考。学生需要学会将数学知识与实际问题相结合,从系统的角度分析问题、构建模型和提出解决方案。

(四) 跨学科整合理论

高阶课程的理论基础还包括跨学科整合理论,即将数学建模与其他学科知识有机结合。引入物理、化学、生物等领域的知识,可以培养学生的跨学科思维和综合应用能力,使他们能够更全面地解决复杂的实际问题。

(五) 前沿技术应用理论

基于最新的前沿技术应用理论,如人工智能、大数据分析等,高阶课程应该引入相关技术工具和方法,让学生了解并应用于数学建模过程中,以提升解决问题的效率和准确度。

这些理论能够为初中数学建模高阶课程的设计提供有力支撑,确保课程内容和教学方法的科学性、先进性和实效性。

二、课程理念

(一) 培养创新思维

高阶课程首先着眼于培养学生的创新思维。引入开放性问题、复杂性挑战和跨学科整合的学习活动,可以激发学生的好奇心和探索欲望,培养其独立思考、发现问题和解决问题的能力。

(二)强调实践应用

高阶课程强调实践应用,将所学的知识和技能应用于实际问题的解决过程中。可采取项目学习、案例分析和模拟实验等形式,让学生在实践中感受知识的价值和应用的意义,增强其解决实际问题的能力和信心。

(三)促进团队合作

高阶课程还强调团队合作的重要性。现实世界的问题往往复杂多样,需要多方合作、协同解决。因此,课程设计应注重学生之间的合作与交流,培养其团队合作和沟通协调的能力,提高解决问题的效率和质量。

(四)注重跨学科整合

高阶课程还应注重跨学科整合,即将不同学科领域的知识和方法有机结合,构建统一的学习框架。引入数学、计算机科学、物理、生物等多个学科领域的知识和技能,可以培养学生跨学科综合应用的能力,使其能够全面理解和解决复杂的实际问题。

(五)个性化发展

高阶课程还应注重学生个性化发展。每个学生都有自己的学习兴趣、能力水平和学习风格,课程设计应根据学生的特点和需求,灵活设置学习任务和评价方式,激发学生的学习动力和自主学习能力,促进其个性化发展和全面成长。

综上所述,高阶课程旨在培养学生的创新能力、解决问题的能力和综合素质,通过实践应用、团队合作、跨学科整合和个性化发展等手段,使学生能够在未来的学术和职业生涯中发挥自己的潜力和作用。

三、设计原则

高阶课程设计时需要更进一步地强调学生的自主学习和创新能力的培养,同时注重跨学科整合和前沿技术的应用。其设计原则有以下几点。

（一）深度挖掘原则

高阶课程应该通过深度挖掘，促进学生对数学建模领域的深层理解和掌握。课程设计应该注重对核心概念和方法的深入探究，引导学生探索数学建模背后的原理和思想，培养他们深度思考和分析问题的能力。

（二）前沿技术应用原则

高阶课程设计应该注重引入前沿技术的应用，如人工智能、大数据分析等。通过引入最新的技术工具和方法，让学生了解并应用于数学建模过程中，提高解决问题的效率和准确度，培养他们面对未知挑战时的应变能力。

（三）开放性项目原则

高阶课程应该以开放性项目为核心，鼓励学生自主选择和设计项目，并在实践中探索解决问题的方法。课程设计应提供丰富的项目选择和资源支持，鼓励学生在项目中发挥自己的创造力和想象力，培养他们独立思考和解决复杂问题的能力。

（四）跨学科整合原则

高阶课程设计应进一步强调跨学科整合，即把不同学科领域的知识和方法有机结合，构建统一的学习框架。通过引入物理、化学、生物等多个学科领域的知识和技能，培养学生综合运用各种学科知识解决实际问题的能力，使他们能够更全面地理解和解决复杂的实际问题。

（五）创新性评价原则

高阶课程的评价应更加注重学生的创新性和独立思考能力。评价方式可以采用开放性的项目报告、创新性的解决方案和成果展示等形式，以评价学生对问题的理解和解决方案的创新性，鼓励他们不断探索和尝试，培养他们的创新精神和实践能力。

四、课程目标

初中数学建模高阶课程的课程目标应该更加具有深度和广度，突出培养学生的创新能力、综合运用能力和前沿科技应用能力。

（一）深度探索数学建模理论与方法

培养学生对数学建模理论与方法的深入理解和掌握,使其能够熟练运用各种数学建模工具和技术解决复杂实际问题。通过深度学习和实践项目,提高学生在数学建模领域的专业素养和解决问题的能力。

（二）掌握前沿科技应用技能

引导学生掌握前沿科技应用技能,如人工智能、大数据分析等,使其能够运用最新的科技工具和方法解决现实问题。通过项目实践和案例分析,培养学生在应用科技手段解决复杂问题时的创新思维和实践能力。

（三）跨学科综合应用能力

培养学生跨学科综合应用能力,使其能够结合数学、计算机科学、物理、生物等多个学科领域的知识和技能,构建全面、综合的解决方案。通过开放性项目和实践活动,促进学生跨学科思维和综合运用能力的发展。

（四）提升创新能力和领导力

培养学生的创新能力和领导力,使其能够在解决复杂问题的过程中提出新颖的思路和方法,并能够有效地组织和领导团队合作。通过开放性项目和团队合作活动,激发学生的创新潜力和团队精神,提高其解决问题的能力和影响力。

（五）实践应用与成果展示

培养学生的实践应用能力和成果展示能力,使其能够将所学知识和技能应用于实际问题的解决,并能够清晰、准确地向他人展示解决方案和成果。通过项目实践和成果展示,提高学生解决问题的实践能力和表达能力,增强其自信心和竞争力。

五、案例：公园选址优化问题

【活动宗旨】

通过数学建模实战体验,了解和经历源于社会的问题的数学化过程,学习并体验数学建模的完整过程;从自己的生活经验出发发现并提出问题,运用团队资源从不同角度、不同层次探讨、探索解决方法,从而获得综合运用知识和方法解决实际问题的经验,培养高阶思维;在发现和解决问题的过程中学会利用各种方式获取资料信息,通过团队合作交流解决问题,获得良好的情感体验。

【推进过程】

• 从"数学基础知识拓展""Python 软件应用""案例分析与实践体验"三个维度设置课程,拓展学生数学建模知识。

• 对问题的思考从"问题重述"与"问题重构"开始,引导学生用思维导图方式建立问题解决的思维方式。

• 引导学生通过上网收集相关资料、打电话咨询专业机构、登录中国知网查阅相关文献等多种方式为各个阶段问题的解决提供参考思路。

【实施步骤】

环节一:问题提出①

背景:全国第七次人口普查结果显示,2020 年末,该区的常住人口相对于 2019 年末有了较大的增加,以前公园设置不尽合理,请你帮助该区规划部门完成以下规划任务。(说明:现实生活中公园是设在某社区旁边,为简化起见,以下认为公园设在社区内)。

(1)请给出一种合理设置公园位置的标准。

(2)假如某上市公司的总部欲从厦门以外某市迁入厦门该区,需要占用其中一个公园,问应该占用哪个公园,并把该公园迁往何处(哪个社区)?

(3)为了提高居民的人均绿化面积,该区规划局拟分别增加 1 个或 2 个新的公园,应该增加在哪些社区?

环节二:问题重述及分析

根据赛题提供的信息思考:

(1)题目要求我们做什么?

---

① 问题来自"第二届厦门地区数学建模联合研习活动 D 题"。

（2）最终的结果会是什么样的？

（3）题目中给出了哪些条件？

（4）哪些要素可以进行简化？可以做哪些假设？

（5）建模的基本思路是什么？

……

根据问题背景及问题任务，主要是对需要解决的问题用自己的语言对问题的重要特征或者重点进行描述，言简意赅。问题重述的目的是理解赛题、厘清思路、给出每个问题的思维导图或者说是大致思路方向。

【学生案例】

问题背景分析

城市公园是城市的绿肺，是向市民开放的公共空间，也是城市品质品位的亮点。2020年，厦门市委市政府将社区公园建设作为一项为民办实事项目，使得不少市民一出家门就能走进公园。合理的布局将有助于居民有更好的体验且方便管理。那么如何判断现有布局是否合理？如何改变能使得布局更合理？如何平衡布局与利用率的关系？

问题重述

问题一：给出一种合理设置公园位置的标准。假如某区现已有4个公园，分别在JM2、JM4、JM7、JM15，如图3-7所示，请建立一种标准来分析现有的设置是否合理。

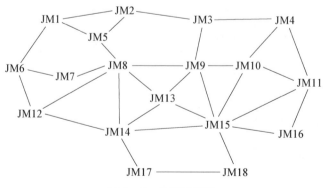

图 3-7 社区联络图

问题二：假如某上市公司的总部欲从厦门以外某市迁入厦门该区，需要占用其中一个公园，问应该占用哪个公园，并把该公园迁往何处（哪个社区）？

问题三：为了提高居民的人均绿化面积，该区规划局拟分别增加1个或2个新的公园，应该增加在哪些社区？

问题分析

问题一是一个选址问题，可以把社区和路抽象成点和线以便于研究。问题一的解题关键是需要找到影响选址合理性的因素。主要要考虑两个因素，一是考虑整体的便捷性，即所有人走到离他最近公园的距离之和最小；二是尽量让每个社区到最近的公园的距离均衡，即所有社区到最近公园的距离方差最小。把两个因素赋予权重，合在一起形成数学模型，再计算得出最优解，然后可以结合优劣解算法，来分析题中给出的原来4个选址是否合理。

问题一中可以得到评价一个公园适合建在哪里的标准，从而初步得到哪些公园选的位置好。如果某公园需要拆除并被其他建筑占用，就相当于增加了一个约束条件，即该处不能再建立公园了，也即有3个公园的选址确定（在2、4、7、15四个社区中一定存在3个公园）情况下，再在另外14个可能的社区里面选址作为新搬迁公园的位置，计算新组成的4个公园的最优解，从而最终得出原来4个公园拆除哪处以及新增公园选址在哪里会更合适。

对于问题三，在已固定的公园选址基础上再增加1～2个公园，仍可沿用问题一的数学模型，同时考虑每个公园的人数均衡的要求，增加了每个公园的人数的方差因素，结合最短距离、距离均衡和人数均衡等因素，最终进一步分别求解出新增1个公园和新增2个公园的最优解。

环节三：模型的假设及符号约定

模型假设是指对将要建立的模型进行理想假设，比如将一些可能对结果影响不显著、而考虑起来需要花很多时间的问题理想化，通过假设把现实问题复杂的条件简单化，以便于进一步观察思考。

符号约定是指将要建立的模型中的一些参量、变量用符号表示。

【学生案例】

模型假设

(1) 每个社区的居民都会去公园,且同一个社区都会去同一个公园。

(2) 现实生活中公园是设在某社区旁边,这里为简化起见,认为公园设在社区内,并且把社区抽象为点,而把社区和社区之间的路抽象为线。

(3) 假设所有人都会优先去离自己家近的公园,并且选择最短路线。

(4) 所有公园的面积相同。

符号约定

符 号	定 义
P_n	第 n 个社区的人数
D_p^o	第 o 个社区到第 p 个社区之间的距离
Min	求最小值
$\sum$	求和
Max	求最大值

环节四:模型的建立及求解

分解前期的分析思路,介绍模型建立的原理和步骤以及最终的模型结果,一般是一个评价函数,也可以是另外的形式,不过一定要给出能解决问题的大的方法。针对建立的模型对题目提出的问题进行求解,这个部分一般可通过程序或给出某种公式来实现,最后给出这个问题的结果。如果是"满不满意"这样的问题,需要给出明确回答满意或不满意;如果是一个量的结果,就需要把通过你的模型以及代码得到的准确结果进行阐述。

【学生案例】

问题一数据的收集与整理

根据问题一的描述,这是一个选址问题。我们把社区和路抽象成点和线如图

3-7所示,体现出每个节点(社区)的人数和线的长度。公园就建在这种节点上。

问题一模型的构建

为了评判这个选址是否适合,需要找到公园选址的合理程度因素,本文认为有以下两点。

第一个要考虑的是距离因素。距离太远时,大家就不愿意去公园了。正常情况下,大家都会挑最短路线走,去最近的公园,每个人都希望去离他最近的公园,走的路程最短,整个城市的人应该都有这样的想法。所以这里以所有人到离他最近的公园的距离和最小为我们选址的目标。

第二个要考虑的是距离均衡因素。规划这些公园时,大家都希望设立的公园尽量分布均衡一些,能够尽量让每个社区到达这个公园的距离不要太远。尽量避免4个公园建立后,一些社区离最近的公园距离较近、居民很方便到达,而另外一些社区距离最近的公园也很远、居民不方便到达。这种情况对公园的利用也是不好的,在选址时也要认真考虑,也是我们在公园选址时的另一个主要目标。

这样,本题的数学模型就变成一个多目标的选址问题,其中一个目标是所有人到离他最近的公园的距离和最小,另一个目标是让公园分布相对合理,各社区距离最近的公园的距离的方差最小。

第 n 个社区的人数记为 P_n,第 o 个社区到第 p 个社区之间的距离记为 D_p^o,那么第 i 个节点的人数就是 $\sum_{n=0}^{17} \mathrm{Min}(P_n \times D_i^n)$。

(1) 目标函数1:需要让居民与公园之间的平均距离最小,需要各个社区的每个居民都去离那个社区最近的公园的总路程最短,故目标函数1为:

$$\mathrm{Min}\left(\sum_{i=0}^{17} \sum_{n=0}^{17} \mathrm{Min}(P_n \times D_i^n)\right)。$$

(2) 目标函数2:需要让各社区距离最近的公园的距离差距不会太大,可以通过计算所有社区走到离它最近公园的距离的方差来确定。在统计描述中,方差用来计算每一个变量(观察值)与总体均数之间的差异。为避免出现离均差总和为零,离均差平方和受样本含量的影响,统计学采用平均离均差

平方和来描述变量的变异程度,故目标函数 2 为:

$$\mathrm{Min}\left[\frac{\sum_{n=1}^{18}\left(\mathrm{AVG}\left(\sum_{n=0}^{18}\mathrm{MIN}(P_n\times D_i^n)-\mathrm{MIN}(P_n\times D_i^n)\right)^2\right)}{18}\right]$$

(3) 模型建立:

$$\mathrm{Min}\left[\left(\frac{\sum_{i=0}^{17}\sum_{n=0}^{17}(P_n\times D_i^n)}{\mathrm{Max}\left(\sum_{i=0}^{17}\sum_{n=0}^{17}(P_n\times D_i^n)\right)}\right)\times 0.7+\right.$$

$$\left.\left(\frac{\dfrac{\sum_{n=1}^{18}\left(\mathrm{AVG}\left(\sum_{n=0}^{18}\mathrm{MIN}(P_n\times D_i^n)-\mathrm{MIN}(P_n\times D_i^n)\right)^2\right)}{18}}{\mathrm{Max}\left[\dfrac{\sum_{n=1}^{18}\left(\mathrm{AVG}\left(\sum_{n=0}^{18}\mathrm{MIN}(P_n\times D_i^n)-\mathrm{MIN}(P_n\times D_i^n)\right)^2\right)}{18}\right]}\right)\times 0.3\right]。$$

在有两个目标的情况下,我们将目标 1 的值和目标 2 的值进行了归一化,目标 1 的归一化是用某种选址情况下的所有人去公园的总路程除以最差选址情况下所有人去公园的总路程,即 $\mathrm{Max}\left(\sum_{i=0}^{17}\sum_{n=0}^{17}(P_n\times D_i^n)\right)$,最差选址情况下所有人去公园的总路程是所有选址情况下总路程的最大值,因此实现了归一化处理。目标 2 的归一化与目标 1 归一化的思路基本类似,是用某种选址情况下的各社区到最近公园距离的方差值除以最差选址情况下各社区至最近公园的方差值,即 $\mathrm{Max}\left[\dfrac{\sum_{n=1}^{18}\left(\mathrm{AVG}\left(\sum_{n=0}^{18}\mathrm{MIN}(P_n\times D_i^n)-\mathrm{MIN}(P_n\times D_i^n)\right)^2\right)}{18}\right]$,最差选址情况下各社区到最近公园距离的方差值是所有选址情况下各社区到最近公园距离的方差值的最大值。归一化之后,对两个目标因素进行权重设置,因为我们的主要目标是所有人去公园的总路程最小,所以让目标 1 的权重大一些,最终设定目标 1 和目标 2 的权重各占 70% 和 30%。

问题一模型的求解

问题一的总的思路是采用 Floyd 算法计算出社区间最短路径矩阵,然后用穷举法获得模型目标函数的最优解。

这里采用 Flody 算法来计算两点之间的最短路径,并且使用了 Python 进行编程。

Flody 算法原理如下:

通过 Floyd 计算一幅图里 2 个点的最短路径时,需要一个矩阵,其中元素 $d[i][j]$ 表示顶点 i 到顶点 j 的距离。矩阵中 $d[i][j]$ 就表示顶点 i 到顶点 j 的权值(距离)(如果 i 和 j 不相邻,则 $a[i][j] = \infty$)。第 k 次更新时,如果 $d[i][j] > d[i][k-1] + d[k-1][j]$($i$ 与 j 之间经过第 k 个顶点的距离),那么就把 $d[i][j]$ 改为 $d[i][k-1] + d[k-1][j]$。之后矩阵更新 N 次,这样所有点和点之间都能找到最短的连线走法了。

在题目中,第 n 个社区的人数记为 P_n,第 o 个社区到第 p 个社区之间的距离记为 D_p^o,那么第 i 个节点的人数就是 $\sum_{n=0}^{17} \text{Min}(P_n \times D_i^n)$。

对问题一的具体求解过程如下:

(1) 计算出各社区与其他可连通社区的最短距离。把题目中的数据写成矩阵输入程序,经过更新后,就变成了两点之间的路线,也就是每一个 D_p^o,这里第 i 行第 j 列就表示点 i 到 j 的最短距离,比如第 4 行第 3 列的 48 就表示点 4 到点 3 的最短走法的距离是 48。我们已经把所有点之间的间接最短距离给算出来了,现在的情况变成了这样:从有些点之间没有连线,到所有点之间都有关系可以连起来。

(2) 利用穷举法,遍历建 4 个公园情况下的总最短距离值以及所有社区到公园距离的方差值,即轮流选 4 个点(i 轮流等于 4 个数),计算 $\sum_{n=0}^{17} \text{Min}(P_n \times D_i^n)$。

(3) 计算最优解。基于最短路程以及距离方差,根据相应的权重,按照建立的模型公式,从中选出最优解。根据表 3 - 19 的排序结果可以知道,图中排序是 0、2、7、15,因为程序中的循环从 0 开始,对应到实际公园在社区里面选址的时候需要在各自的数字序号上加上 1。因此,4 个公园选址的最优结果是公园建在第 1、3、8、15 个社区。

表 3‑19　最优解部分计算结果

点 0 和 2 和 7 和 14	1 709.9	4 547	0.182 6
点 0 和 3 和 7 和 14	1 715.3	4 716.5	0.183 8
点 0 和 2 和 7 和 10	1 728.0	4 613.4	0.184 6
点 0 和 3 和 7 和 10	1 742.4	4 816.3	0.186 8
点 0 和 1 和 7 和 10	1 742.4	4 839.3	0.186 9
点 0 和 3 和 7 和 12	1 739.4	5 156.6	0.187 8
点 0 和 3 和 7 和 8	1 773.6	4 593	0.189 0
点 0 和 2 和 7 和 9	1 779.0	4 571.9	0.189 4
点 0 和 7 和 8 和 10	1 773.6	5 025	0.190 6
点 0 和 1 和 3 和 7	1 798.2	4 500.7	0.191 0

（4）对原公园选址进行分析评估。接下来就是对原来的 4 个公园选址情况进行评估，评估的时候我们采用了优劣解距离法（TOPSIS）。这种方法通过构造评价问题的正理想解和负理想解，即各指标的最大值和最小值，通过计算每个方案到理想方案的相对贴近度，即靠近正理想解和远离负理想解的程度，来对方案进行排序，从而选出最优方案。正理想解是指设想的最优解（理想方案），将各方案的正理想解和负理想解作比较，若某一方案最接近正理想解，同时又远离负理想解，则这个方案最好，反之则最差。我们可以通过这种方法评价原来的选址是否合理。本题的正理想解是指选址最优的情况下目标函数的值，负理想解是指选址最差的情况下目标函数的值，所以可以利用原选址的解与正理想解和负理想解的比来进行选址效果评估。评估思路为：

优劣解距离值＝（原选址的解－正理想解）/（负理想解－正理想解）×100%。

其计算结果越小越接近选址的完美。根据第三步的最优解计算结果，可以知道原选址的值为 0.212 6，最优解的值为 0.182 6，最差解的值为 0.990 9，从而求得优劣解距离值为 3.7%。这个值很小，比较接近最优解，也就是说题目中给到的第 2、4、7、15 的 4 个公园选址总体还是较优的。

......

环节五：模型的检验与优化

对所作的数学模型,我们可以作多方面的讨论。例如,可以就不同的情景,探索模型将如何变化;或可以根据实际情况,改变一开始所作的某些假设,指出由此数学模型的变化;还可以用不同的数值方法进行计算,并比较所得的结果。有时不妨拓宽思路,考虑由于建模方法的不同选择而引起的变化。通常,我们应该对所建立模型的优缺点加以讨论比较,并实事求是地指出模型的使用范围。

以模型的敏感性分析为例。敏感性分析主要是分析建立的模型中的一些不确定因素的变化对结果产生影响的敏感程度。如果某个参数变化会导致结果发生较大变化,那么这个因素就是敏感性因素。

【学生案例】

参数选择

对于本题建立的模型,因社区距离和社区人数等值较固定,实际计算过程中,这两个参数的变化不会影响结果,更多影响的是计算效率,故不做敏感性分析。而目标函数中的权重系数(即总路程最短、社区与公园距离分布均衡以及公园人口数量分布均衡等因素的权重系数)的选择对结果可能会产生影响,因此主要将目标函数的权重系数作为参数进行分析,分析模型中权重系数的变化对结果的影响情况。

计算结果

我们结合问题三模型中的权重系数 0.4、0.2、0.4 进行计算,依次改变这三个权重系数数字,计算权重系数不同的情况下对计算结果的影响。计算结果表明,最终计算结果受权重系数的改变产生的影响不大,尤其是总路程最短和公园人口数量分布均衡这两个因素的权重系数调整后对结果影响非常小,公园人口数量分布均衡的权重系数则会对结果带来微小的影响。

环节六：海报展示(略)。

第四章

数学建模活动实施

第一节 教学策略与方法

根据课程设计理念、原则、目标,进阶式初中数学建模课程可采用如下教学策略:实践驱动和问题导向相结合、变式教学与开放性学习相结合、评价的多元性与发展性相结合。

一、实践驱动和问题导向相结合

该教学策略旨在通过将学习置于实际问题情境中,并以问题解决为导向,激发学生的学习兴趣和主动性,培养他们的问题解决的能力和创新精神,促进其数学建模能力的培养和提升。

首先,实践驱动和问题导向相结合的教学策略将数学知识与实际生活紧密联系起来,让学生在解决实际问题的过程中理解和应用数学知识。相比于传统的教学策略,这种实践导向的教学策略更加贴近学生的生活经验和实际需求,通过真实的问题情境,学生能够更加直观地理解抽象的数学概念和方法,从而提高学习的实效性和可操作性。学生在解决实际问题的过程中,不仅能够理解数学知识的本质和意义,还能够培养实践探究和应用创新的能力。

其次,实践驱动和问题导向相结合的教学策略注重培养学生的问题意识和问题解决能力。教师通过设置富有挑战性和启发性的问题情境,引导学生从问题出发,主动探究和解决问题。在自主探究和解决问题的过程中,培养他们的探究精神和创新思维。学生在实践中不断思考、探索、实验,从错误中学习,在成功中成长,面对问题积极思考、主动探索,逐步形成自己解决问题的方法和策略。

此外,实践驱动和问题导向还能够激发学生的学习兴趣和主动性。学生通过参与真实的问题情境和实践探究的活动,能够感受到数学的实际应用和价值,增强对数学学习的兴趣和动力。同时,问题情境的设置也能够激发学生的好奇心和求知欲,促使他们主动探索和学习。

总之,在初中数学建模的教学中,教师可以通过采用实践驱动和问题导向的教学策略,将学习置于实际问题情境中,并以解决问题为导向,激发学生的学习兴趣和主动性,引导学生进行深入探究和学习,让学生在实践中感悟数学的魅力,培养解决问题的能力和创新精神,为其未来的学习和发展奠定坚实的基础。

案例:草坪面积探索

在一堂初中数学建模课上,教师希望通过实际案例操作提高学生对"不规则图形面积"计算的认识与应用,提出了如下问题:学校周围有一片草坪,学校管理者希望了解草坪的面积,以便进行合理规划和管理。

学习对象情况:六年级学生,已学过圆和扇形面积。学生已分成小组,每组约有 4～5 名学生。

【问题情境】

草坪的形状不规则,且被树木、花坛等障碍物所环绕、分割,传统的测量方法不易施行。现需要设计一种能够测量草坪面积的方法,并利用所学的数学知识进行计算。

【跨学科知识】

数学知识(不规则图形的面积计算),地理知识(地形测量),物理知识(测量工具的使用原理)。

【解决过程】

问题分析与方案设计：学生们对问题进行分析,讨论了不同的测量方案。他们考虑到草坪的不规则形状和周围的障碍物,决定采用分块测量的方法,将草坪划分成多个规则形状的小块,分别测量其面积后相加得到总面积。

实地测量与数据收集：组织小组成员前往草坪进行实地测量。使用卷尺和测量杆等工具,将草坪划分成多个小块,测量每个小块的长度和宽度,并记录下测量数据。

数据处理与计算：回到教室后,学生们对测量数据进行处理和计算。他们运用所学的面积计算方法,分别计算出每个小块的面积,并将所有小块的面积相加得到草坪的总面积。

结果展示与讨论：每个小组向全班展示了他们的测量结果和计算过程,并进行了结果的讨论和比较。学生们发现不同小组的结果可能存在一定差异,于是展开了进一步讨论,探讨可能的误差原因和改进方法。

【成果与收获】

通过这次实践活动,学生不仅掌握了实际测量和计算的方法,还培养了团队合作、问题解决和创新思维等能力,深刻体会到数学知识在实际生活中的应用价值,增强学习数学的兴趣和动力,同时意识到问题解决过程中可能遇到的困难和挑战,增加了解决问题的勇气和毅力。

二、变式教学与开放式学习相结合

变式教学与开放性学习相结合的教学策略,着眼于培养学生的创新思维、问题解决能力以及自主学习能力。这一教学策略旨在通过设计多样化的学习任务和开放性的学习环境,激发学生的学习兴趣,促进他们的深度思考和探究精神。

首先,变式教学强调设计不同形式和难度的学习任务,以满足不同学生的学习需求和水平。这些任务可以包括探究性任务、应用性任务和创新性任务等。通过提供丰富多样的学习任务,教师可以激发学生的好奇心和求知欲,促使他们积极思考和探索。例如,对于数学建模课程,通过母题教学,了解数学建模问题的结构特征、使用的基本原理、方法、规则、算法等;再通过不同的变式,设计不同难度的建模问题,让学生根据自身能力选择适合的任务,从而丰富学习的个性化和灵活性。

其次,开放性学习强调创造性和自主性,让学生在开放的学习环境中自由探索和学习。这种学习环境可以包括开放式的学习空间、资源丰富的学习工具和设备等。教师应该提供充足的学习资源和指导,但同时给予学生足够的自主权和空间,让学生根据自己的兴趣和需求进行学习,以促进学生的自主学习和合作学习。在数学建模的教学中,教师可以引导学生自主选择建模的话题和方法,鼓励他们在实践中探索和创新,从而培养其问题解决和创新思维能力。

此外,变式教学与开放性学习还可以促进学生的合作学习和交流分享。在多样化的学习任务和开放性的学习环境中,学生之间可以相互合作、交流分享,共同解决问题,促进彼此的学习和成长。教师在教学中要注意引导学生自主选择学习内容和学习方法,及时给予他们反馈和指导,引导他们克服困难和解决问题。这种自主学习、合作学习、个性化学习指导的模式可以使学生更加关注问题的本质和解决方法,从而促进其深度思考和探究学习,在面对挑战时能寻找解决问题的途径,并尝试创新的方法和思维方式,从而培养其解决问题和创新思维能力,培养他们的团队合作精神和沟通能力。

总之,变式教学与开放性学习相结合的教学策略,能够提升学习的多样性和深度,激发学生的学习兴趣和创造力,培养其解决问题和创新思维能力。在初中数学建模的教学中,教师可以通过采用这种教学策略,为学生提供丰富多彩、充满探索和挑战的学习环境,从而促进其全面发展和成长。

案例:人口增长模型

在一堂初中数学建模课上,教师设计了关于人口增长模型的基础案例,旨在通过变式教学的启发引导和变式题组训练,增强学生对百分比的认识与应用,培养他们的数学建模能力和问题解决能力。问题为:"如何研究一个城市的人口增长问题?"学习对象情况:六年级学生,已经学过相关增长率公式。

学生已分成小组,每组约有 4~5 名学生。

【问题情境】

城市的人口数量是一个复杂的系统,受到诸多因素的影响,如出生率、死亡率、迁入率、迁出率等。任务:建立一个数学模型,预测未来几年城市的人口变化趋势。

【跨学科知识】

数学知识(增长率公式、数学建模),社会科学知识(人口增长的影响因素)。

【解决过程】

启发引导:教师首先向学生介绍人口增长模型的基本概念和数学建模的方法。然后,提出了一个问题:如果一个城市的出生率增加了,会对城市的人口增长产生什么样的影响? 请学生尝试思考并提出自己的观点。

变式题组训练:接着,教师设计了一组变式题,要求学生根据给定的条件和变化规律,预测未来几年城市的人口变化情况。例如:如果城市的出生率增加了 20%,死亡率减少了 10%,那么下一年的人口增长率会是多少? 如果城市的迁入率和迁出率都增加了,人口增长会受到什么影响? 如果城市的人口密度达到了一定程度,会对人口增长产生什么限制?

讨论与解答:学生进行小组内讨论,尝试给出自己的解答和预测。教师引导学生分析问题、确定变化规律,并讨论影响人口增长的因素。学生通过讨论和解答,加深了对人口增长模型的理解,提高了数学建模的能力和水平。

【成果与收获】

通过这个案例,学生不仅了解了人口增长模型的基本原理和数学建模的方法,还培养了分析问题和解决问题的能力。他们通过变式题组训练,掌握了解决实际问题的方法和技巧,提高了数学建模的能力和水平。

这个案例充分体现了变式教学的启发引导和变式题组训练的特点。教师通过启发性的问题引导,能激发学生的学习兴趣和探究欲望,让他们主动思考和解决问题。同时,通过变式题组训练,学生得到了实践和锻炼,提高了解决问题的能力和效率。

三、评价的多元性和发展性相结合

评价的多元性与发展性相结合的教学策略,旨在通过多样化的评价方法和具有引导性的评价结果,全面地了解学生的学习情况,并为其提供有效的反馈和指导,促进学生的持续发展和进步。

一方面,评价的多元性强调进行评价时要考虑多种因素和多个维度,以全面、客观的方式对事物进行评判或判断。建构主义认为学习是学生根据自己的经验和知识构建新的理解和认知的过程。因此,评价不应仅仅注重学生的成绩,而应该更多地关注学生的学习过程和思维方式。它强调评价方法的多样性,包括形式评价、自我评价、同伴评价等,评价内容的多样性,包括但不限于笔试、口试、项目作业、小组讨论、实践操作等,还包括对学生的知识、技能、态度、价值观等多方面的评价。这种多元化的评价方法能够满足不同学生的学习需求,反映学生的多方面能力和潜力。例如,学生在数学建模的项目作业中可以展示其数学思维能力和实践操作能力,而在小组讨论中则可以体现其团队合作和沟通能力。通过多元化的评价方法,教师可以更全面地了解学生的学习状况,有针对性地进行教学调整和指导,同时也为个性化教学提供依据。

另一方面,评价的发展性注重评价结果对学生学习的指导作用。评价不仅仅是对学生学习成果的总结,更应该提供具体的反馈和建议,帮助学生了解自己的学习情况,找到改进的方向。评价结果应该具有引导性,能够激发学生的学习兴趣,促进其自主学习和深度思考。例如,教师在评价学生的数学建模作业时,不仅仅给出成绩,还要指出学生的错误和不足之处,并提供具体的建议和指导,帮助学生改正错误,提高学习水平。

具体地,在初中数学建模教学中,可以通过以下方式将评价的多元性与发展性相结合。

多元化评价方法:教师可以采用多种评价方法,如项目作业、小组讨论、实践操作、口头报告等,全面了解学生的学习情况和能力发展。这些评价方法不仅可以反映学生的数学建模能力,还可以考查其团队合作、沟通交流等综合能力。

形成性评价实践：教师可以及时对学生的学习过程进行观察和记录，通过反馈和建议帮助学生改进学习方法和提高学习效果。形成性评价强调的是持续的、循序渐进的评价过程，重视对学生学习过程的引导和支持。

个性化评价反馈：教师可以根据学生的个性特点和学习需求，提供个性化的评价反馈和指导，帮助学生找到适合自己的学习方式和策略。个性化评价反馈有助于激发学生的学习动机，促进其主动学习和思考。

同伴评价和自我评价：教师可以鼓励学生之间进行同伴评价和自我评价，让学生相互学习、相互启发，培养他们的合作精神和自我反思能力。通过同伴评价，学生可以从不同角度看待问题，从而更全面地理解和掌握知识。而自我评价则能够让学生更深入地反思自己的学习过程和成果，及时调整学习策略，提高学习效率。

以上评价方式既能够体现评价的多元性，又能够发挥评价的发展性。多元化的评价方法使教师能够更全面地了解学生的学习情况，从而更有针对性地进行教学设计和指导。而发展性的评价结果则能够激发学生的学习动机，促进其持续发展和进步。评价的多元性和发展性相结合，有助于促进学生全面发展和提高教学质量。通过建立多元化的评价体系，结合形成性评价理念，能够更好地引导学生的学习，促进其个性化发展，实现教育教学的双赢。评价的发展性不仅仅是提供反馈，更重要的是能够引导学生改进和提高。在教学实践中，教师应当灵活运用评价的多元性与发展性相结合的教学策略，根据具体的教学内容和学生的实际情况进行调整和完善。同时，教师还应不断反思和总结教学经验，不断提高评价水平，为学生的学习提供更有效的支持和指导。通过不断改进和创新，评价的多元性与发展性相结合的教学策略将更好地发挥作用，为学生的学习和成长提供更加丰富和有益的教育环境。

案例：人口增长模型（续）

在初中数学建模课上，教师设计了一个关于人口增长模型的实际案例，旨在通过对人口增长模型的探讨，引导学生运用数学方法分析人口增长趋势，并思考人口政策的制定和实施。通过这个案例，学生将学会如何运用数学建模方法解决实际问题,并获得跨学科素养和综合能力的提升。

【问题情境】

学生面临的问题情境是某国的人口增长问题。他们需要分析该国的人口数据,预测未来的人口增长趋势,并提出合理的人口政策建议。这个问题情境具有一定的现实意义和挑战性,能够激发学生的思维和创新能力。

【跨学科知识】

在解决人口增长问题的过程中,学生需要运用多种跨学科知识,包括数学、统计学、社会学等方面的知识。他们需要利用数学方法对人口数据进行分析和建模,同时也需要了解人口政策和社会经济发展等方面的知识,以制定合理的人口政策建议。

【问题解决】

学生可以通过以下步骤解决人口增长问题:首先,他们需要收集该国的人口数据,包括出生率、死亡率、迁入率、迁出率等信息。然后,他们利用所学的数学知识和方法,对人口数据进行分析和建模,预测未来的人口增长趋势。接着,他们可以根据分析结果提出人口政策建议,比如调整生育政策、优化人口流动政策等措施。最后,通过数学建模和模拟实验,他们评估不同政策的效果,选择最合适的政策方案。

【成果与收获】

通过这个案例,学生将获得以下成果和收获:一是掌握数学建模的方法和技巧,提高他们的数学应用能力和解决问题的能力;二是培养跨学科素养,学会运用多种学科知识解决复杂问题;三是培养社会责任感和公民意识,通过制定人口政策为国家社会发展做出贡献。

【评价】

多元化评价方法:教师可以利用不同形式的评价方法来全面了解学生的学习情况。比如,在案例的初步分析阶段,可以组织小组讨论或课堂问答,了解学生对人口增长问题的认识和观点。在方案设计阶段,可以要求学生提交书面方案或进行口头展示,并提供同伴评价和教师评价。在解决方案评估阶段,可以组织小组讨论或模拟演练,评估不同方案的优劣并进行集体讨论。通过这些多元化的评价方法,教师可以从不同角度全面了解学生的学习情况,为他们提供更加有针对性的指导和支持。

形成性评价实践:教师可以定期对学生的工作进行检查和评估,并提供及时的反馈。在建模的不同阶段,通过观察学生的表现、查阅学生的书面材料、听取学生的口头汇报等方式,给予学生鼓励和肯定,以激发他们的学习兴趣和动力。同时也可以指出学生的不足之处,并提出具体的改进建议,引导他们持续改进和提高。通过这种形式性的评价实践,学生能够及时发现和纠正问题,提高他们的学习能力和水平。

个性化评价反馈:教师可以根据学生的个性特点和学习需求,给予个性化的评价反馈和指导。在评价过程中,教师可以重点关注每个学生的学习表现和进步情况,针对性地提供具体的反馈和建议。比如,对于学习能力较强的学生,可以提出更高水平的问题和挑战,以激发他们的学习动力和创造力。对于学习能力较弱的学生,则可以提供更加详细的辅导和指导,帮助他们克服困难,提高学习效果。通过这种个性化的评价反馈,教师能够更好地满足学生的学习需求,促进他们的全面发展和个性化成长。

发展性评价途径:教师可以定期跟踪学生在案例解决过程中的学习进展。通过观察学生在不同阶段的表现和成果,了解他们的学习情况和学习进度。根据学生的学习情况和表现,教师可以及时调整教学策略,针对性地提供帮助和指导。鼓励学生自主探索和思考,引导他们在解决问题的过程中不断反思和总结经验教训,以促进他们的学习发展。通过以上方式,教师可以在学生的发展轨迹和成长路径上实现对学生的发展性评价,帮助他们在学习过程中的持续成长和发展。

综上所述,评价的多元性与发展性相结合的教学策略能够促进学生的综合素养和学习发展。通过多种评价方法的运用、形成性评价实践的实施,以及个性化评价反馈,教师可以全面了解学生的学习情况,帮助他们克服困难,提高学习效果,从而更好地实现教育教学目标。

四、构建个性化初中数学建模教学实施路径

从面向全体学生的初阶课程,到指向拔尖创新人才早期培养的高阶课程,初中数学建模教学的实施均以项目化学习为主要教学活动方式,其实施路径如图4-1所示。

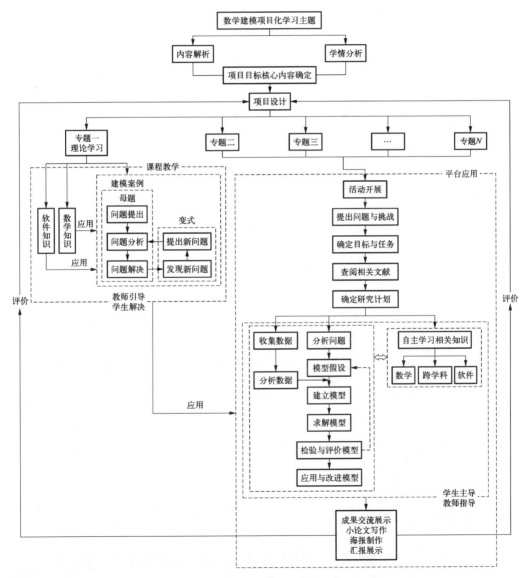

图4-1 初中数学建模教学实施路径

在确定项目化学习主题后,图 4 - 1 展示了从项目设计、活动开展到成果展示和评价的初中数学建模教学完整教学过程,主要有以下 4 个步骤。① 内容解析和学情分析:通过内容解析和学情分析,确定项目目标核心内容。② 项目设计:根据项目化学习主题,选择适合的专题作为母体(专题一),相关联专题(专题二至专题 N)作为变式(如以"物种增长问题"为项目化学习主题,母题可设计为"实验室酵母菌增长",相关联专题可设计为"人口增长问题""传染病问题""社交媒体信息传播问题"等),变式内容可以教师设计也可学生自行开发设计。③ 专题一(母题),旨在给予学生理论学习指引,包含软件知识、数学知识、相关案例操作及基本变式等。④ 活动开展:学生基于专题一的学习提出与之相关的研究项目,通过提出问题与挑战,进而确定目标与任务、查阅相关文献、确定研究计划。通过分析问题,自主学习相关知识,包括所涉及的数学、跨学科和软件知识等。利用所学知识探索解决所提出的问题,完成该项目后进行成果交流展示。在活动进程中,教学模式有教师引导学生解决问题和学生主导、教师指导,活动评价嵌入进程中。

第二节　活动平台与资源建设

初中数学建模活动平台是促进学生数学素养和跨学科能力发展的有效平台。构建平台旨在结合学习进阶理论和布迪厄场域理论,借助现代技术手段和教学方法,提供丰富多样的学习资源和活动,激发学生的学习兴趣、培养解决问题的能力和促进合作交流。以下将从平台构建的目标、内容、形式和实施策略等方面进行阐述。

一、目标

初中数学建模活动平台的构建目标是:提供促进学生数学素养和跨学科能力发展的学习环境,培养学生的创新思维、实践能力和合作精神,提升学生解决实际问题的能力和应用数学知识的能力，引导学生探索数学的美和应用，激发学生对数学的兴趣。

二、内容

初中数学建模活动平台的内容包括但不限于以下几个方面。① 实际问题的选取：选择与学生生活密切相关的实际问题，如环境保护、交通规划、经济发展等，以激发学生的兴趣和参与度。② 数学模型的构建：引导学生运用数学知识和方法构建数学模型，分析问题、提出假设和解决方案。③ 实践探究的展开：组织学生参与实际调查和实验，收集数据、分析数据，验证模型的有效性和可行性。④ 结果呈现与分享：要求学生将研究成果进行呈现和分享，通过报告、展示或论文等形式，让更多人了解并受益于他们的研究成果。

三、形式

初中数学建模活动平台的形式多样，可以包括以下几个方面。① 线上学习资源：提供在线学习平台，包括视频教学、教学文档、模拟软件等，让学生随时随地进行学习和实践。② 线下实践活动：组织学生参与实地考察、实验和调查，加深对问题的理解和对解决方案的验证。③ 合作交流平台：建立学生、教师和专家之间的合作交流平台，通过讨论论坛、在线会议等形式，促进信息共享和经验交流。

四、实施策略

为了有效构建初中数学建模活动平台，需要以下实施策略。① 教师角色转变：教师应转变为学习的引导者和组织者，引导学生主动参与和探索，激发其学习兴趣和动力。② 学生参与度提升：通过多种方式引导学生参与，如游戏化设计、案例教学等，激发其学习兴趣和主动性。③ 资源整合与共享：充分利用网络资源和学校资源，整合优质教学资源，实现资源共享和优势互补。④ 过程评价与反馈：注重对学生学习过程的评价和反馈，通过多种方式记录学生的学习轨迹和成长历程，及时给予肯定和指导。

五、预期效果

通过初中数学建模活动平台的构建,预期可以取得以下效果:提高学生数学素养和跨学科能力,增强其实践能力和创新能力;激发学生对数学的兴趣和热情,增强学生对数学学科的认同感和归属感;培养学生的团队合作精神和社交能力,促进学生的综合素养和全面发展。

综上所述,初中数学建模活动平台的构建是复杂的系统工程,需要多方合作、精心设计和持续改进,但其所带来的积极效果将为学生的全面发展和未来的成长提供有力支撑。

目前我们基于跨学科融合的理念,已构建了一个多样化、丰富而有趣的数学建模活动平台。这样的平台旨在激发学生的学习兴趣,培养其问题解决和创新思维的能力,为他们的全面发展奠定坚实基础。

(一)组织"虹实杯'模'力无极限数学建模比赛"

该比赛是我校数学建模的一项重要活动,旨在通过实际问题的建模与解决,培养学生的科学研究能力和团队合作精神。学生有机会在比赛中应用数学知识,运用科学方法解决现实生活中的问题,从而提升他们的创新思维和实践能力。

(二)指导参加各类数学建模科技类比赛

教师指导学生参加各类数学建模科技类比赛,如生态文明探究论文比赛、明日科技之星比赛、青少年科技创新大赛、创客新星大赛等。学生将有机会在不同领域展示他们的研究成果和创新成果,进一步培养他们的创新思维和科技创造力。

(三)参与跨学科比赛

通过参与跨学科比赛,如科技无极限比赛,将数学与其他学科知识相结合,促进学生跨学科思维的发展。这种跨学科的比赛形式不仅能够拓展学生的学科视野,还能够培养他们解决复杂问题的能力和创新精神。

(四)注重创客教育与科技创新

开展创客教育和科技创新活动,鼓励学生利用现代技术手段,如 3D 打印、编程等,进行创新性实践和科技项目设计。通过这些活动,学生将有机会将数学知识与实际问题相结合,提升其创新能力和实践能力。

(五)其他实践性学习与思维创新活动

注重实践性学习和思维创新提升,组织学生参与各种实践活动,如实地考察、调研、实验等,培养他们解决实际问题的能力和创新思维。

具体活动平台内容如表4-1所示。

表4-1 初中数学建模常态化综合活动平台功能

序号	教学活动平台	平 台 功 能
1	课程实施平台	根据数学建模、数学实验教学活动、创客科技教学的需要,创建数学实验室,开展数学建模教学及活动,主要功能是培养和发展学生实践创新能力,为学生提供数学应用与创新的交流场所
2	活动展示平台	(1)组建数学建模社团,供学有余力学生自发参与,每周一、三、五课后服务时间段开展社团活动 (2)每年暑假,面向全体学生开设数学建模讲座,组织数学建模活动,普及数学建模教育
3	竞赛检测平台	组织参加各项建模类、科技类比赛,形成"以赛促学-以评促改"的动态优化机制,促进拔尖创新人才早期培养

上述活动的组织与指导,使得初中数学建模社团成为充满活力、创新意识强的团队。这样的平台构建不仅能够丰富学生的课外生活,拓宽他们的学科视野,还能够培养他们的创新思维、团队合作精神和实践能力。同时,这样的平台也将为学生的未来学习和职业发展提供有力支持,培养出更多具有创新精神和实践能力的人才。

第三节 数学建模活动组织方案设计

初中数学建模活动的组织策略至关重要,它直接影响学生的学习效果和活动的实施效果。跨学科素养视域下初中数学建模活动的组织策略应该充分考虑学生的兴趣、实践能力、创新意识和团队协作精神。以下将从活动背景、活动目标、活动形式、活动流程、资源支持等方面进行阐述。

一、活动背景

活动背景是组织初中数学建模活动的起点，提供了活动开展的基础和动力，有助于明确活动的目标和意义。在组织初中数学建模活动时，活动背景的设定应该充分考虑学生的学习需求、学校的教育目标以及社会的发展需求。

二、活动目标

活动组织者应明确活动的目标，如提高学生数学素养、培养创新思维、促进团队合作等，以确保活动的开展有针对性和有效性。活动目标要符合学生的发展需求和学校的教育目标，既能激发学生的学习兴趣，又能提高他们的学科能力和跨学科素养。

三、活动形式

活动形式应该多样化，既包括课内活动，也包括课外拓展活动。课内活动可以通过课堂讲解、案例分析、实验探究等形式，引导学生学习数学建模的基本方法和技巧；课外拓展活动可以组织学生参加数学建模比赛、科技创新项目等，拓宽学生的学科视野。

四、活动流程

制订活动的详细流程和计划，包括活动的时间安排、任务分配、责任人确定等。活动流程应该具有一定的灵活性和可操作性，以便根据实际情况进行调整和改进。

五、资源保障

为了保障活动的顺利开展，活动组织者需要提供充足的资源支持，包括教学设备、学习材料、活动场地等。同时，还可以充分利用社会资源和校外资源,引入行业专家和相关机构的支持,为活动的开展提供更多的帮助。

六、活动评价

建立有效的学生激励机制,激发学生的学习积极性和参与热情。可以通过设立奖励制度、表彰优秀学生、举办学术交流会等方式,激励学生积极参与活动,提高活动的效果。

七、成果展示

及时对活动成果进行展示与分享,让更多的人了解和认可活动的意义和成果。可以通过举办成果展览、发表研究论文、举办学术交流会等形式,让学生有机会展示他们的研究成果和创新成果,促进学术交流和经验分享。

通过以上策略的实施,初中数学建模活动的组织将更加有序、高效,活动的参与度和效果也将得到进一步提升。这将为学生的综合素养和未来的发展奠定坚实基础,培养出更多具有创新思维和实践能力的人才。

第四节　活动开展的实践案例

以"虹实杯'模'力无极限展示活动"为例,在活动组织开展过程中阐述初中数学建模活动组织策略。

【设计意图】

"模"力无极限,强调数学建模的力量和无限潜能。活动旨在展示数学建模在解决实际问题、推动创新和促进跨学科发展方面的重要作用。同时,活动也是对参与者无限创新潜能的期待和鼓励,激励他们勇于挑战、超越自我,在数学建模领域中发挥出无限的创造力和能量。

【活动背景】

随着科技和工程领域的迅速发展,各行各业对于能够跨越学科边界、具备综合素养的创新人才需求日益迫切。数学建模作为一种重要的创新方法，能够培养学生的问题解决能力、创新意识以及跨学科思维能力。为贯彻落实《国家关于新时代推进育人方式改革的意见》要求，探索义务教育阶段创新人才培养模式，为更大范围的有效实施数学建模能力的培养探索一条可行的路径，为学生提供一个展示他们数学建模能力、培养跨学科素养和创新思维的平台，以应对未来社会的挑战和需求，现举办虹实杯"模"力无极限展示活动。

【活动主题】

"模"力无极限，以数学知识应用为基本线索，以跨学科融合为教育理念，以项目化探究学习为主要活动方式，开展以数学为融通语言的跨学科主题学习活动。

【活动目标】

通过提供展示平台，激发学生的数学建模兴趣，培养其跨学科思维能力和创新意识。

具体目标包括：

● 通过活动引导学生对数学建模的兴趣，让他们认识到数学建模在解决实际问题中的重要性。

● 通过活动的参与，培养学生的数学建模能力，包括问题抽象、建模方法选择、数据分析、模型求解等方面的能力。

● 提供学术交流和合作的平台，让学生与他人分享自己的建模成果，从他人的建模经验中学习，拓宽视野。

● 发掘和培养学生的创新潜力，鼓励他们在建模过程中提出新的思路和方法，不断尝试和探索。

● 通过活动提升学生的综合素养，包括数学素养、科学素养、创新素养等，为他们未来的学习和职业发展奠定基础。

【活动形式】

在跨学科素养视域下，将 STEAM 跨学科融合的教育理念融入数学建模活动中，创新课程形式，强化实践动手能力、合作能力、创新能力。具体的活动形式包括以下几种：

● 竞赛展示：学生可以以个人或团队形式提交他们的数学建模作品，并在展示会上进行展示和评比。评委将根据作品的创新性、解决问题的深度和完整性等因素进行评定，表彰优秀作品。

● 主题讲座：就数学建模的方法、技巧和应用领域举办讲座，为学生提供学术指导和启发。

● 研讨会与小组讨论：组织学生参与主题为数学建模的研讨会和小组讨论，让他们就特定问题展开深入探讨，分享各自的见解和经验，促进学术交流与合作。

● 实践项目：鼓励学生参与实践项目，围绕特定主题或实际问题展开深入研究和探索，并将研究成果在展示会上展示。

【活动流程】

活动遵循"理论学习—团队组建—建模活动—成果展示"的问题解决路线。具体流程如下：

1. 常态化理论学习

在七、八两个年级的课后服务时间段，针对学有余力的学生和有创新潜质的学生开展社团活动。根据初中生的现有知识结构、认知水平、年龄特点，基于PBL视角构建STEAM教育融入初中数学建模活动设想，从"数学基础知识拓展""计算机软件应用"以及"数学建模实际案例分析"三个维度开展理论学习，给学生提供问题解决的指引。课程具体安排如表4-2、表4-3所示。

表4-2 数学建模社团课程(中阶课程)

序号	数学拓展	案 例 分 析	软 件
1	实数及其计算(幂指对)	认识数学建模	Excel中的数据处理1
2	代数与方程1	如何发现与提出问题	Excel中的数据处理2
3	代数与方程2	如何制定研究问题的计划	简单的几何画板应用1
4	代数与方程3	问卷调查初步1	简单的几何画板应用2

（续表）

序号	数学拓展	案 例 分 析	软 件
5	统计初步及数据分析 1	问卷调查初步 2	简单的几何画板应用 3
6	统计初步及数据分析 2	差分方程建模 ——单物种增长问题探究（酵母菌增长问题）	MATLAB 入门 1：软件介绍
7	平面直角坐标系	差分方程建模 ——单物种增长问题探究（人口增长问题 1）	MATLAB 入门 2：常量变量及常用函数
8	函数的相关概念	差分方程建模 ——单物种增长问题探究（人口增长问题 2）	MATLAB 入门 3：M 文件与编程运行
9	正比例函数	差分方程建模 ——多物种增长问题探究 1	MATLAB 入门 4：关系与逻辑运算
10	反比例函数	差分方程建模 ——多物种增长问题探究 2	MATLAB 入门 5：程序控制结构
11	一次函数	如何撰写建模论文 1	MATLAB 入门 6：MATLAB 帮助

表 4-3　数学建模社团课程（高阶课程）

序号	数学拓展	案 例 分 析	软件（Python 编程）
1	幂指对函数 1	层次分析法 1	从 0 开始
2	幂指对函数 2	层次分析法 1	和它对话
3	幂指对函数 3	如何撰写建模论文 2	让它计算
4	幂指对函数 4	差分方程建模 ——市场经济中的蛛网模型	是非判断
5	常微分 1	初等模型 ——贷款问题	周而复始
6	常微分 2	初等模型 ——双层玻璃功效问题	重复劳动

（续表）

序号	数学拓展	案 例 分 析	软件（Python 编程）
7	常微分 3	初等模型 ——交通路口红绿灯时长问题	万物皆对象
8	常微分 4	微分法建模 ——一元函数微分模型	站在巨人肩膀上
9	概率与统计 1	微分法建模 ——多元函数微分模型	计算专家
10	概率与统计 2	微分方程建模 ——人口预测问题	任务专家
11	概率与统计 3	微分方程建模 ——交通流通模型	让它显示

在暑期借助腾讯会议平台，面向全体有意向参与数学建模学习的学生提供问题解决的指引，主要内容包括数学建模入门、案例分析、论文撰写、建模软件简介及数学建模竞赛指导等。以 2023 年暑期为例，具体课程安排如表 4－4 所示。

表 4－4　数学建模暑期课外活动研习讲座（2023 年）

虹实数学建模　暑期课外活动讲座			
活动序号	活 动 时 间	活 动 内 容	主 讲
1	7 月 3 日（周一） 18:00—21:00	赛事解读	＊＊老师
		什么是数学建模	＊＊老师
		如何发现与提出问题	＊＊老师
		Word 与 Excel 的基本操作	＊＊老师
2	7 月 6 日（周四） 18:00—21:00	数学建模论文写作指导 1	＊＊老师
		初中数学建模入门案例与方法 1	＊＊老师
		初中数学建模入门案例与方法 2	＊＊老师

（续表）

活动次数	活动时间	活动内容	主讲
3	7月9日（周日）18:00—21:00	如何进行问卷调查	＊＊老师
		初中数学建模入门案例与方法3	＊＊老师
		如何进行文献研究与综述	＊＊老师
4	7月12日（周三）18:00—21:00	MATLAB基本操作1	＊＊老师
		MATLAB基本操作2	＊＊老师
		数学建模入门案例与方法4	＊＊老师
5	7月15日（周六）18:00—21:00	如何运用SPSS统计软件进行数据分析1	＊＊老师
		如何运用SPSS统计软件进行数据分析2	＊＊老师
		数学建模论文写作指导2	＊＊老师

备注：
(1) 指导教师将于7月5日根据学生报名情况进行安排。
(2) 论文选题和问题提出请7月8日前与指导教师沟通。
(3) 作品初稿上交最晚时间为7月25日，二稿上交最晚时间为8月10日，三稿上交最晚时间为8月20日。
（建议：请多和指导教师交流，多修改多完善！）

2. 团队组建

指导教师队伍组建，以跨学科建模教学团队为宜：数学教师若干名，理综教师若干名，计算机教师若干名。常态课程及暑期讲座均由建模教学团队指定教师负责指导管理。

学生队伍组建：活动开展可以以个人或团队合作的形式进行。一支队伍2—3人，自由组队。队长主要负责协调、安排任务。最为合理的队伍设置为：1名队员擅长计算机，1名队员擅长数学，1名队员擅长写作。

3. 建模活动

活动开展按照以下流程进行：问题的发现与提出—问题的分析与假设—模型的建立与求解—模型的检验与分析—模型的评价与应用。指导教师在建模活动开展过程中实时跟进指导。

4. 成果展示

研究项目活动结束以后，以论文、海报或视频形式展示活动成果。海报要体现出问题分析的主要思路、模型建立的过程与方法、模型的主要结论（图、表、公式）、模型的检验与敏感性分析、算法设计与程序实验、假设建立的理由与作用、参考文献及其在问题解决中的作用。视频可作为海报的有效补充。

【活动重难点】

1. 难点

建模活动中的"问题分析"环节是将具体问题抽象为数学模型的桥梁，是活动的难点。在该环节需要查阅文献，厘清相关信息的关联，学习解决问题所需学科的相关知识，明确破题的入手点，如何把现实问题转化为数学模型的基本思路，即现实问题抽象化。这是"破冰"的重要阶段，反映了学生对现实问题的认识程度，是解决问题的思维雏形，起承上启下的作用。

2. 重点

建模活动中的"模型建立求解"环节是活动的重点。团队需要依据"问题分析"的思路对现实问题进行因素分析得出假设，收集数据并对数据进行整理，在整理过程中综合多学科知识，以数学知识为工具找到数学模型，建立数学模型、求解并进行合理解释得出结论。这是活动的重要组成部分，也是重点。

【活动创新点】

1. 构建基于学科交叉融合的常态化活动方式

本活动基于数学学科和其他科技学科核心素养的共性，根据初中学生知识水平和年龄特点,构建 PBL 视域下 STEAM 教育融入初中数学建模活动方式,为中学数学创新人才的培养提供保障。这是初中数学建模活动的一项创新,也是构建基于学科交叉融合常态化活动方式,探索创新教育新思想、新观点的创新实践。

2. 构建基于跨学科融合理念的数学建模活动平台

数学建模不是简单的数学计算或数学应用题,需要面对现实生活中纷繁复杂的实际问题。本活动构建基于跨学科融合的数学建模社团活动平台,通过开展针对现实生活热点问题的数学建模活动,以科学简约的数学模型来解决实际问题,撰写数学建模论文,并进行成果展示。遴选优秀数学建模作品参加数学建模竞赛及科技创新大赛,在活动和比赛中挖掘学生创新潜质,提升学生动手能力、数学应用意识及数学建模素养。这是中学数学建模活动实践形式上的创新,是初中数学学科的育人机制创新。

【活动预案】

1. 突发情况处理

不能开展线下活动时,可改为线上活动。可录制相关微课,供学生学习。

2. 加强对团队合作的引导

团队合作是数学建模活动的重要方式,数学建模团队基本是由 2～3 人组成。该团队理想组合是由擅长数学、擅长编程、擅长写作的组员以及擅长协调的队长组成。但是并不是每个团队都有如此好的组合,就算有好的搭档,也需要磨合。要在短短几天内完成数学建模任务,从完全陌生的问题到找到入手点,再到开始解决问题、创作作品,每一步的完成都是磕磕碰碰、跌跌撞撞,对学生而言都是繁重且似乎不可能完成的。那么这时教师要引导好团队,如何发挥团队的合作精神,如何在他们感到倦怠、暴躁、想要放弃的时候给予支持、鼓励、方向尤为重要。

3. 加强学术规范的引导

数学建模的最终作品大部分是以论文的形式呈现,教师在论文的写作上要引导学生注意学术规范。在查阅参考文献,借鉴他人研究成果时要学会正确引用、转述，要引导学生重视注释的重要性。

【资源保障】

硬件条件：网络计算机机房、教室 2 间、腾讯会议平台。

软件条件：跨学科建模教学团队。

【活动评价】

学生自评、互评表格，以简单易操作为主旨，教师将第二章表 2-2 初中数学建模素养水平评价总表进行调整，如表 4-5 所示。

活动评价分为三个阶段：

第一阶段，以团队成员自评、互评为主，具体评价要求如表 4-5 所示。

表 4-5　活动完成情况自评互评表

团队成员	问题的发现与提出	问题的分析与假设	模型建立与求解	模型检验与分析	模型评价与应用	海报制作环节	交流展示环节	总分

说明：比赛每个环节满分均为 100 分。请依据自己在比赛每个环节中的表现，以自评＋互评形式核定自己完成任务情况占该环节的比重分值。示例："问题的发现与提出"，队员 A 32 分，队员 B 50 分，队员 C 18 分，该队该环节满分 100 分。

第二阶段，以海报展示和现场答辩两种方式进行，具体安排如表 4-6 所示。

表 4-6　活动评价安排表

时　间	活动内容	地　点	参 加 对 象
＊＊＊	海报展示	校宣传栏	全校师生
＊＊＊	参赛小组答辩初赛	三楼报告厅	6—9 年级学生

时 间	活 动 内 容	地 点	参 加 对 象
* * *	参赛小组答辩复赛	三楼报告厅	6—9年级学生
* * *	决赛即优秀小组展示	三楼报告厅	6—9年级学生

1. 海报展示

学生完成数学建模论文撰写后,根据自己的论文内容设计海报并进行展示,在为期一周的展示结束后,由全体学生对各小组的展示海报进行投票,结果将计入优秀小组评价标准中。

规则:宣传栏中展示不记名海报易拉宝,设置投票箱,每位学生一张票1分,教师一张票5分,均可以把自己的票投给喜欢的海报。(以各班数学教师为主导,引导学生观看、学习、点评建模海报,需占用两节数学课时间。)

2. 参赛小组答辩

(1) 答辩初赛规则:每支队伍5分钟陈述,不问辩。建模班级教师、学生投票,每人投5票,需投5支队伍。学生每票2分,教师每票10分。海报评分占40%,答辩初评占60%,取前10名参加答辩复评。

(2) 答辩复赛规则:每支队伍陈述5分钟,问辩10分钟。评委由学生代表5人、特邀评委教师5人组成。每人投3票,需投3支队伍。学生每票2分,教师每票10分,取前3名参加答辩决赛。

(3) 答辩决赛规则:每支队伍陈述5分钟,现场评委问辩6分钟。评委由全部学生及特邀评委教师组成。教师每人投2票,每票10分,需投2支队伍,按分数高低排名。观看学生每人投1票,每票1分,各班数学课代表统计好分数交给现场计分教师,按分数高低排名。排名后原评分清零,按照1、2、3名次赋100分、80分、60分。教师评委给出排名记60%权重,学生评委给出排名记40%权重,相加得出最后分数,如表4-7、表4-8所示。

表 4-7 答辩决赛给分规则案例

	甲	乙	丙
教师给出排名分数	100	80	60
学生给出排名分数	60	100	80
最后排名分数	100×0.6＋60×0.4 ＝84	80×0.6＋100×0.4 ＝88	60×0.6＋80×0.4 ＝68
最后名次	第 2	第 1	第 3

表 4-8 虹实杯"模"力无极限活动答辩评分表

指　　　标	水平 0	水平 1	水平 2	水平 3
发现问题				
提出问题				
分析问题				
查阅文献				
模型假设				
建立模型				
求解模型				
优化模型				
验证模型				
应用模型				
评价模型				
文本表达				
工具开发				
问辩交流				
自主探究度				

(续表)

指 标	水平 0	水平 1	水平 2	水平 3
协作自律度				
创新自信度				
知识整合度				
见识应用度				
胆识决断度				
总 分				

说明:在符合的水平对应空格中打√,水平 0 为 0 分,水平 1 为 1 分,水平 2 为 2 分,水平 3 为 3 分,水平 4 为 4 分,以此计算总分,并将其换算为百分制。

第三阶段,选送优秀个人作品参加上海市青少年"科技无极限"实践活动比赛,选送优秀团队作品参加上海市青少年科技创新大赛、上海市虹口区"彩虹杯"初中生研究性学习成果评选等赛事。

第五章

单元教学设计案例

第一节 "旋转的齿轮"单元教学设计

【单元设计背景说明】

该项目源于沪教版新教材六年级第二学期综合与实践"旋转的齿轮"。在实际生活中,从航天航空器、工业机械到日常的自行车变速系统、机械手表等,齿轮传动和调速技术广泛应用,其背后蕴含着丰富的数学原理。同时,在物理学科中的机械运动相关知识与齿轮的转动原理紧密相连,技术设计课程中也涉及齿轮组合在机械结构设计里的应用。基于这些内容的关联性,教师设计了此项目的单元教学方案:研究齿轮个数与转动方向、齿数与转速之间的数学关系,让学生在观察、动手实践、操作齿轮模具的过程中,发现、提出并解决与齿轮组合相关的问题;引导学生运用数学知识理解齿轮传动原理,为将来设计实用的齿轮组合奠定基础,同时培养学生跨学科运用知识的能力,提升学生对机械设计和数学应用的兴趣。

【单元整体规划】

单元整体规划设计依据有以下几点。

●《义务教育数学课程标准(2022年版)》要求:单元设计须紧密贴合《义务教育数学课程标准(2022年版)》综合与实践板块的相关规定,通过一系列实践活动,让学生充分体会数学在机械传动领域的重要应用。本单元着重培养学生的综合素养和实践能力,引导学生运用数学知识去探索齿轮传动中隐藏的规律。学生在学习过程中,将掌握利用数学方法分析齿轮齿数、转速、转动方向之间的关系,学会运用数学模型解决齿轮组合相关的实际问题,以此提升逻辑思维能力和问题解决能力,同时培养学生对数学应用于实际生活的敏锐感知。

● 跨学科整合理念:齿轮在机械领域应用广泛,涉及物理学科中机械运动、力学等知识以及技术设计中机械结构搭建等内容。本单元以数学作为核心纽带,将数学知识与其他学科相关内容有机整合,让学生体会不同学科知识的相互关联,提升跨学科学习能力,增强学生综合运用多学科知识解决实际问题的意识。

● 实践性学习需求:学生正处于知识积累和实践能力培养的关键时期,需要通过丰富多样的实践项目将理论知识转化为实际操作技能。"旋转的齿轮"这一实践活动,具有很强的操作性和实践性,学生能够在亲自动手制作齿轮模具、观察齿轮转动过程中,深入理解齿轮传动原理,学习运用数学方法分析齿数与转速、转动方向的关系,切实提高解决实际问题的能力。

● 学生个性化发展需求:每个学生都有独特的思维方式和兴趣爱好,在拓展活动中,学生可自行设计复合轮系,根据自身想法探索不同齿轮组合的特点和效果。这种自主设计的环节,为学生提供了发挥个性和创新思维的空间,满足学生个性化发展需求,激发学生对机械设计和数学探究的兴趣,提高学生学习的主动性和积极性。

● 课程教学方法:本单元教学采用主题式探究学习、合作学习相结合的方式,契合学生的学习特点和课程目标。在活动过程中,教师引导学生自主探究齿轮组合的规律,鼓励学生小组合作交流,共同完成各项操作任务和问题探究。通过项目化学习,让学生从提出问题、设计方案到解决问题,全方位锻炼实践能力和团队协作精神,培养学生的创新意识和科学态度。

依据上述分析设计表 5-1。

表 5 - 1 "旋转的齿轮"单元规划

单元名称	旋转的齿轮
单元内容	旋转的齿轮 探究两个齿轮组合的运行特点 探究多个齿轮组合的运行特点 探索复合轮系的运行特点
单元类型	☐基于内容主题的单元　　☑基于学习专题的单元
单元结构	☑线性结构　☐并列结构　☐中心结构 专题一：探究两个齿轮组合的运行特点 专题二：探究多个齿轮组合的运行特点 专题三：探索复合轮系的运行特点
单元总课时	3 课时

【单元内容解析】

（一）内容解析

1. 核心内容分析与说明

探究两个齿轮组合的运行特点：通过操作齿轮模型，观察两个齿轮组合时的转动方向、齿数比与圈数比、齿数比与转速比关系。同时，在操作过程中初步认识齿轮的基本结构和传动原理，包括齿轮的齿、轴、啮合等概念。

探究多个齿轮组合的运行特点：在两个齿轮组合的基础上，引入多个齿轮组合。重点观察多个齿轮组合时，中间齿轮（如惰轮）对整个传动系统转动方向和转速比的影响。对比两个齿轮组合和多个齿轮组合在运行上的差异，进一步加深对齿轮传动规律的理解。

探索复合轮系的运行特点：学生深入研究复合轮系的结构，理解复合轮系中同轴齿轮等特点。学会计算复合轮系中首尾齿轮的转速比，掌握相关计算方法。同时，根据所学知识设计不同转速比的复合轮系，并在课堂上展示交流自己的设计成果，包括设计思路、计算过程和预期运行效果等。

2. 教学价值分析与说明

逻辑思维与实践能力：学生在探究齿轮组合运行特点的过程中，需要通过操作、观察、记录和分析，逐步得出齿轮间转动方向、齿数比和圈数比、齿数比与转速比的关系。这种从实践操作到逻辑推理的过程，能有效锻炼学生的逻辑思维能力和动手实践能力，使学生能够将理论知识与实际操作相结合。

数学原理与机械知识融合：研究齿轮传动过程涉及齿轮齿数比与转速比等数学关系，以及齿轮结构、传动原理、惰轮作用等机械知识。通过本内容的学习，学生能够深入理解数学在机械领域的应用，提升跨学科学习能力，掌握用数学知识解决机械问题的方法。

科学探究方法：学生在探究两个、多个齿轮组合和复合轮系运行特点时，会经历提出问题（如不同齿轮组合会有怎样的运行效果）、做出假设（如惰轮会改变转动方向但不改变转速比）、设计实验（操作不同齿轮组合模型）、收集数据（记录齿轮转动方向和速度等）、分析数据（总结齿轮传动规律）和得出结论（归纳不同齿轮组合运行特点）的科学探究过程，从而掌握科学研究方法。

创新与交流能力：在探索复合轮系运行特点时，学生需要自主设计不同转速比的复合轮系，这激发了学生的创新思维和创造力。同时，通过在课堂上展示交流自己的设计成果，包括设计思路、计算过程和预期运行效果等，能够提升学生的表达能力和学术交流能力。

3. 教学重点的分析与说明

齿轮组合运行特点分析：重点教授学生如何通过操作齿轮模型来观察和分析不同齿轮组合的运行特点。例如，在探究两个齿轮组合时，引导学生准确记录齿轮的齿数、转动方向和圈数等数据，进而分析得出齿数比和圈数比、齿数比与转速比的关系。对于多个齿轮组合，着重让学生理解惰轮对转动方向和转速比的影响。在复合轮系中,帮助学生分析其复杂结构下的齿轮运行关系。

齿轮传动原理与数学关系推导:深入讲解齿轮传动原理,包括齿轮的啮合方式、啮合转动重合的齿轮数相同等。同时,重点推导齿轮组合中的数学关系,如两个齿轮组合中,齿数比和圈数比、转速比与齿数比成反比等数学规律。在多个齿轮和复合轮系中,指导学生运用已有的数学关系进一步推导复杂组合下的转速比和转动方向规律。

复合轮系的设计与实践:在复合轮系部分,将教学重点放在引导学生设计不同转速比的复合轮系上。包括如何根据给定的转速比要求,选择合适的齿轮齿数和组合方式。同时,鼓励学生动手实践,制作自己设计的复合轮系模型,并通过实际操作来验证设计的有效性,观察模型运行过程中的特点和可能出现的问题。

4. 教学难点的分析与说明

齿轮运行特点的抽象理解:在探究齿轮组合传送原理时,需要从具体的操作实验中观察出齿轮间转动方向,探究齿数比和圈数比、齿数比与转速比等关系。例如,从两个齿轮的啮合操作中总结出转速比与齿数比的反比关系,这对于部分学生来说可能较难,因为这需要他们在直观操作的基础上进行逻辑思维和归纳总结。

复合轮系运行规律的掌握:复合轮系结构较为复杂,其中涉及同轴齿轮等概念,在分析复合轮系运行特点时,往往难以理清各个齿轮之间的传动关系和转速比计算方法。需要综合考虑多个齿轮的相互作用,这对学生的空间想象能力和逻辑分析能力都提出了较高要求。

跨学科知识的融合应用:本单元涉及机械原理和数学知识的融合。在理解齿轮传动原理时,需要学生具备一定的物理知识基础;在推导齿轮间的数学关系时,又要求学生熟练运用数学运算。学生需要将这两方面的知识有机结合起来,对于那些在不同学科知识转换和融合方面存在困难的学生来说,这是学习难点。

（二）学情分析

表 5 - 2　"旋转的齿轮"学情分析要点和主要方法

分 析 要 点	主 要 方 法
☑认知基础　☑学习特点	☑经验判断法　☑观察法　☑调查访谈法 ☐资料分析法　☐测试法

1. 认知水平

六年级下学期的学生已经掌握了基础的数学运算,如乘除法、比例关系等,在空间认知方面也有了一定发展。然而,对于齿轮组合运行所涉及的较为复杂的数学关系,如多个齿轮组合下的转速比推导以及复合轮系中复杂的传动关系理解上可能存在困难。他们虽具备一定的逻辑思维能力,但在抽象概括齿轮运行规律方面还需进一步引导。

2. 学习特点

（1）好奇心强:这个阶段的学生对身边的机械装置充满好奇,齿轮作为常见的机械零件,容易引起他们的兴趣。他们渴望知道齿轮是如何运作的,不同齿轮组合会产生怎样的效果。

（2）偏好实践性学习:学生更乐于通过动手操作来学习新知识。在"旋转的齿轮"学习中,他们会对操作齿轮模型、观察齿轮转动等实践活动表现出较高的积极性。通过亲身体验,他们能更好地理解齿轮的传动原理和运行特点。

（3）初步具备团队合作能力:学生已经有了一定的团队合作意识,能够在小组中分工协作。在探究齿轮组合特性和设计复合轮系的过程中,小组合作可以让他们相互交流想法、分享操作经验,共同解决遇到的问题,讨论如何设计满足特定转速比要求的复合轮系。

（4）注意力持久度不足:尽管学生对新鲜有趣的事物会有较高的专注度,但整体注意力集中时间有限。在教学过程中,教师需要采用多样化的教学方式,例如穿插有趣的齿轮应用视频、开展小组竞赛等,以保持学生在课堂上的积极性和注意力。

（三）教法分析

基于之前的学情分析和内容解析合理选择教法,具体的教法分析如表5-3所示。

表5-3 "旋转的齿轮"教法分析

核心内容	教学方法	分 析 与 说 明
探究两个齿轮组合的运行特点	实验操作与观察	通过实验操作齿轮组合,让学生亲身参与对两个齿轮组合的观察活动。在操作过程中,学生可以直观地看到齿轮的转动方向、齿数比与转速比关系,激发学生的学习兴趣,培养其实践能力和观察能力
探究多个齿轮组合的运行特点	小组合作与讨论	小组合作学习可以让学生分组对多个齿轮组合进行操作和分析。通过合作操作齿轮、收集数据、讨论运行特点,培养学生的团队合作精神和对多个齿轮组合运行规律的探究能力
探索复合轮系的运行特点	问题引导与自主探究	问题引导式教学能够让学生通过解决实际问题来学习。在探索复合轮系运行特点时,教师提出相关问题,学生自主探究,在设计不同转速比的复合轮系过程中,培养学生的解决问题能力和创新思维

（四）课时划分

表5-4 "旋转的齿轮"课时划分

单元课时	专 题	课 时
3课时	专题一:探究两个齿轮组合的运行特点	1课时
	专题二:探究多个齿轮组合的运行特点	1课时
	专题三:探索复合轮系的运行特点	1课时

【单元目标设计】

通过观察、操作齿轮模具进行实验,能够准确描述齿轮的结构特点,深入理解齿轮传动的基本原理,掌握齿轮转动方向的规律,探究齿数比与圈数比、齿数比与转速比之间的数学关系,提高观察能力和对机械原理的认知水平。

在探究不同齿轮组合(两个齿轮、多个齿轮及复合轮系)运行特点的过程中,能够运用控制变量法,自主设计实验、记录数据、分析结果,探究齿轮个数、大小等变量对齿轮组合性能的影响,培养科学探究能力和逻辑思维能力。

基于对齿轮传动数学关系的理解,学生能够运用所学公式解决如计算特定转速比下齿轮齿数等实际问题,提出并尝试解决关于齿轮组合优化的问题,提升运用数学知识解决实际问题的能力和创新思维。

通过小组合作完成齿轮实验、讨论惰轮作用、设计复合轮系等活动,学生能够共同制定活动方案、分工协作、交流分享,提高团队合作和沟通能力,增强团队协作意识和责任感。

在成果展示环节,学生能够清晰阐述齿轮实验结论、复合轮系设计思路与特点,倾听他人意见并反思改进,加深对齿轮知识的理解和应用,提升表达能力和批判性思维。

表 5-5 "旋转的齿轮"专题目标设计

专　　题	专题教学目标
专题一:探究两个齿轮组合的运行特点	1. 能够清晰识别齿轮的结构组成部分,包括齿、齿数、齿间距、轴等,准确理解齿轮啮合传动 2. 通过操作两个齿轮组合的模具,正确分析得出两个齿轮组合中齿数比与圈数比、转速比的关系,提高观察和分析数据的能力,并能解决简单的齿轮组合应用问题,增强运用数学知识解决实际问题的能力 3. 在实验探究过程中,培养学生独立思考、勇于探索的科学精神,激发对齿轮传动知识的学习兴趣
专题二:探究多个齿轮组合的运行特点	1. 通过操作多个齿轮组合模具,深入理解惰轮在齿轮组合中的作用,明确其对转动方向和转速比的影响机制 2. 对比两个齿轮组合和多个齿轮组合在转动方向、转速比方面的差异,总结齿轮传送原理,并能够运用多个齿轮组合的运行规律,分析实际机械中齿轮传动系统的工作原理 3. 在小组合作探究多个齿轮组合的过程中,增强学生的团队协作意识和沟通交流能力,学会分享观点和共同解决问题

（续表）

专　题	专题教学目标
专题三：探索复合轮系的运行特点	1. 分析复合轮系的结构特点，理解同轴齿轮在复合轮系中的传动关系；掌握复合轮系中首尾齿轮转速比的计算方法，能够运用不同解法进行准确计算，提升计算能力和对复杂数学关系的理解能力 2. 根据给定的转速比要求，自主设计不同转速比的复合轮系，绘制设计图并说明设计思路，培养创新设计和实践动手能力 3. 在展示和交流复合轮系设计成果时，能够清晰表达自己的设计理念，倾听他人意见并进行改进，增强表达能力和批判性思维，深化对复合轮系运行特点的理解

【单元教学问题的诊断】

单元教学问题 1

学生对齿轮传动原理的理解不足。某些学生可能无法理解齿轮是如何通过啮合进行动力传递的，在探究齿轮组合运行特点时，可能不明白齿轮间转动方向、齿数比与转速比的关系。

针对性教学措施：对于齿轮传动原理理解不足的问题，教师可以在课程开始阶段，通过展示简单的齿轮传动实物模型（如玩具齿轮组），并进行演示操作，让学生直观地看到齿轮是如何啮合和传递动力的，进而逐步讲解齿轮传动的基本概念和原理。

单元教学问题 2

学生对多个齿轮组合规律掌握困难。由于多个齿轮组合结构相对复杂，尤其是涉及惰轮时，学生可能难以总结出多个齿轮组合在转动方向、转速比方面的运行规律。

针对性教学措施：为帮助学生更好地掌握多个齿轮组合规律，教师可以安排更多的小组操作实践活动，让学生亲自动手操作多个齿轮组合的模型，在操作过程中引导学生观察、记录和对比不同组合的运行情况，并给予及时的指导和总结，帮助学生归纳出规律。

单元教学问题 3

学生在复合轮系设计与计算上存在障碍：学生可能在理解复合轮系的结

构特点和计算其首尾齿轮转速比时遇到困难,难以根据要求设计出不同转速比的复合轮系。

针对性教学措施:为解决学生在复合轮系设计与计算上的问题,教师可以先详细讲解复合轮系的典型结构和分析方法,通过逐步拆解复合轮系的结构,让学生明白其运行原理。同时,提供一些简单的复合轮系设计案例供学生模仿练习,并逐步增加难度,引导学生掌握设计与计算方法。

【单元教学评价】

本单元为主题式和项目式相结合的综合实践类课程。该评价设计表涵盖了在该单元教学中评价学生综合能力的各个方面,包括知识掌握、分析能力、问题解决能力、合作能力、创新能力和口头表达能力。每个评价项都有相应的评价标准、评价方法,以确保评价的全面性和准确性,如图 5-6 所示。

表 5-6 "旋转的齿轮"评价设计

评价项	评 价 标 准	评 价 方 法
知识掌握	能够准确识别齿轮的结构组成部分,包括齿、齿数、齿间距、轴等;能清楚阐述齿轮传动的基本原理,如啮合原理;掌握两个齿轮组合中齿数比与圈数比、转速比的关系	观察学生在课堂上的回答和讨论情况,考察其对相关知识的掌握情况
分析能力	能够运用数学知识和逻辑思维分析多个齿轮组合中惰轮对转动方向和转速比的影响,能对比不同齿轮组合(两个齿轮、多个齿轮、复合轮系)运行特点的差异	分析学生在小组讨论、课堂演示等活动中的表现,检验其分析问题的能力
问题解决能力	学生能够利用所学的齿轮传动知识解决实际问题,如根据给定的转速比要求设计复合轮系,提出有效的解决方案,并能积极参与小组合作,解决项目中的困难和挑战	评估学生在小组项目中提出的问题解决方案的合理性和实用性
合作能力	观察学生在小组活动中的互动情况,包括是否积极参与讨论、分享观点、合理分工等	评估其合作态度和能力
创新能力	学生能够提出创新的齿轮组合设计方案,如设计具有特殊功能或独特结构的复合轮系,在设计过程中体现独立思考和创造能力	评估学生在项目中提出的创造性想法和解决方案的创新程度

（续表）

评价项	评 价 标 准	评 价 方 法
口头表达能力	学生能够清晰、流畅地表达自己对齿轮传动知识的理解、设计思路和想法；能够有效地同他人沟通和交流	评估学生在课堂演示、小组讨论等场合中的口头表达情况
评分备注：很好为4分，较好为3分，一般为2分，需改进为1分。		

【跨学科知识】

数学知识：包含几何图形知识（如圆形、轮轴等）、比例关系（如齿数比与转速比）以及简单的代数运算。学生将运用这些知识来分析齿轮的结构和运行特点，如通过齿数比计算齿轮的转速。

物理知识：涉及简单机械原理。学生需要了解齿轮是如何通过啮合实现改变运动方向与速度的，这对于理解齿轮的工作原理至关重要。

工程知识：包括机械设计的基础知识（如零件结构设计、装配关系）和工程制图（如绘制齿轮传动示意图）。这些技能将帮助学生设计简单的齿轮传动装置，并能够通过图形来表达设计思路。

【跨学科素养】

逻辑推理能力：能够通过观察齿轮的运行，分析齿轮间的转动方向、齿数比与转速比等关系，对齿轮传动原理进行逻辑推理和归纳总结。

实践操作能力：掌握操作齿轮模型进行实验的技能，包括组装、调试不同齿轮组合，准确记录实验数据，以及根据实验结果对齿轮设计和应用进行实践操作。

沟通协作能力：在小组探究齿轮运行特点和设计复合轮系的过程中，能够清晰地表达自己的想法和见解，倾听并理解他人的观点，有效地与小组成员沟通协作，共同解决问题。

创新意识：在探索复合轮系运行特点时，敢于突破常规，提出创新的齿轮组合设计思路，尝试新的方法来满足不同的转速比和传动要求，培养创新思维和解决问题的能力。

问题解决能力：面对齿轮传动过程中出现的复杂问题，如多个齿轮组合的转速计算、复合轮系的设计优化等，能够运用所学知识和经验，寻找合适的解决方法，提高解决实际问题的能力。

【教学设计】

旋转的齿轮——多齿轮组合探究（长课时 2 课时 1/3—2/3）

教学目标

能够准确描述齿轮的结构特点，理解齿轮传动的基本原理；掌握齿轮转动方向、齿数比与圈数比、转速比之间的数学关系，并能运用该关系进行简单的计算和应用。

通过观察不同齿轮组合的运作过程，初步感受控制变量的研究方法，即通过改变齿轮的个数、大小等变量，探究其对齿轮组合性能的影响。

经历从具体的齿轮实验到抽象出数学关系的过程，发展抽象思维能力和逻辑推理能力，在探索齿轮奥秘的过程中，激发学生对机械原理和数学知识的浓厚兴趣，培养学生主动探索、勇于创新的科学精神。

教学重点

理解齿轮传动原理，掌握齿轮齿数与转速的关系。

教学难点

深入理解惰轮在齿轮组合中的作用机制，不仅要明白惰轮改变转动方向的功能，还要理解其对转速比无直接影响的原理。

教学过程

一、认识齿轮，探索新知

1. 齿轮

齿轮是一种有齿的机械构件，它们通常以两个或者多个为一组。

齿：齿轮上的每一个凸起部分。

齿数：齿轮整个圆周上齿的总数。

齿间距：齿轮上两个齿之间的距离。

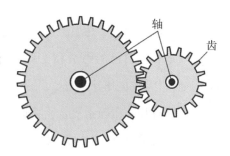

图 1　齿轮结构简图

轴：穿在齿轮中间的物件。

啮合是指两个机械构件间的传动关系。

主动轮是指有动力驱动的齿轮，**从动轮**是跟着主动轮转动的齿轮。

2. 看一看

拨动两个大小相同、齿数相同的齿轮组合，你会有什么发现？（旋转方向、圈数、转速、时间）

【设计意图】通过拨动两个大小相同、齿数相同的齿轮组合，让学生直观地观察齿轮的运动情况，帮助学生理解在这种特定齿轮组合下旋转方向、圈数、转速、时间之间的关系，培养学生的观察能力和对齿轮传动基本规律的认知。

二、大胆推测、实践验真

活动1：齿轮传动原理探究——两个大小不同齿轮的转速关系

大小不同的齿轮组合啮合传动时，它们的旋转方向、圈数、转速、时间是否会发生变化？如果有变化，那么发生了什么样的变化？

活动1-1：操作并记录

操作1：顺时针转动大齿轮，观察大、小齿轮的旋转方向及速度，并填写表1。

操作2：顺时针转动小齿轮，观察大、小齿轮的旋转方向及速度，并填写表1。

表1

操作	齿轮	齿数(NG)	齿数比	方向	速度
操作1	大齿轮A		$NG_A : NG_C =$ ___		
	小齿轮C				
操作2	大齿轮A		$NG_A : NG_C =$ ___		
	小齿轮C				

注：方向填"顺时针"或"逆时针"，速度填"快"或"慢"。

【设计意图】① 强化直观体验与观察能力：让学生亲自动手操作,分别顺时针转动大齿轮和小齿轮,在这一过程中,学生能直观地观察到不同情况下大、小齿轮的旋转方向及速度变化,增强对齿轮传动现象的感性认识,培养他们敏锐的观察能力,学会捕捉关键信息。② 促进知识建构与规律发现：学生在操作和记录的过程中,会对齿轮传动有更深入的思考。对比操作1和操作2的数据,有助于他们发现大、小齿轮在不同驱动方式下旋转方向和速度的变化规律,从而逐步构建起齿轮传动的知识体系,理解齿轮传动中转动方向和速度变化与齿轮大小、驱动方式之间的内在联系。③ 提升实践操作与问题解决能力：实际操作齿轮模型,锻炼了学生的动手实践能力,让他们熟悉实验操作流程。在操作过程中,学生可能会遇到各种问题,如齿轮啮合不顺畅等,这促使他们思考并解决问题,提升实践操作和应对实际问题的能力。

活动1-2：思考并计算。

问题1-1：观察表1,你有什么发现?

问题1-2：两个齿轮在传动过程中,它们的齿数比与转动的圈数比会有什么样的关系?

问题1-3：除了转动圈数,齿轮的转动速度与齿数又有什么关系?

【设计意图】① 培养数据分析与归纳能力：通过让学生观察记录的表格数据,引导他们从具体的实验数据中提炼关键信息,发现其中的规律,培养学生数据分析的能力。学生在回答问题1-1时,需要对数据进行比较、分析,进而归纳出齿轮传动的相关特点,这有助于提升他们归纳总结的思维能力。② 深化对数学关系的理解与应用：提出关于齿数比与转动圈数比、转动速度与齿数关系的问题,促使学生深入思考齿轮传动中蕴含的数学原理。在探究这些关系的过程中,学生将数学知识与实际的齿轮运动相结合,加深对比例关系等数学概念的理解,学会运用数学方法解决实际问题,提高知识迁移和应用能力。③ 强化逻辑思维与推理能力：思考这些问题需要学生运用逻辑思维,从观察到的现象和数据出发,进行合理的推理和论证。通过分析齿轮转动圈数、速度与齿数之间的内在联系,学生能够逐步构建起逻辑严密的思维体系,培养逻辑推理能力,为今后学习更复杂的知识和解决更具挑战性的问题奠定基础。④ 完善知识体系与原理认知:这一系列问题围绕齿轮传动的核心要素展开,学生在思考和解答的过程中,将进一步完善对齿轮传动原理的认知,明确不同要素之间的相互关系,使所学知识更加系统化、结构化。这不仅有助于学生深入理解齿轮传动的本质,还能为后续学习多个齿轮组合以及复合轮系等知识做好铺垫。

问题 1-4:现在有一个齿数为 35 的小齿轮要配一个齿数合适的大齿轮,使得这个齿轮组合可使小齿轮的转速从 3 600 圈/分钟降为 1 000 圈/分钟。计算出大齿轮的齿数。

【设计意图】模拟实际工程或机械设计场景,给出具体的齿轮齿数和转速要求,使学生学会将抽象的知识应用到具体情境中,培养学生分析问题、建立数学模型、运用公式计算求解的能力,提升学生解决实际问题的素养,让学生体会知识的实用性。该问题的解决为学生后续学习复杂齿轮系统设计,如复合轮系的设计等内容提供实践经验和思维基础,帮助学生更好地理解和应对在实际机械设计中可能遇到的类似问题,激发学生对更深入的机械原理知识的探索欲望。

活动 2:齿轮传动原理探究——大小相同的多个齿轮的转速关系。

活动 2-1:猜测并通过视频操作验证。

三个相同的齿轮组合啮合传动时,它们的旋转方向、圈数、转速、时间是否会发生变化?如果有变化,那么发生什么样的变化?

活动 2-2:猜测并通过视频操作验证。

四个相同的齿轮组合啮合传动时,它们的旋转方向、圈数、转速、时间是否会发生变化?如果有变化,那么发生什么样的变化?

结论:增加一个或多个惰轮,无法进一步降速或加速,但可以改变最后一个齿轮的转动方向。

【设计意图】① 激发主动思考与探索精神:让学生先进行猜测,调动他们已有的知识经验和对齿轮传动的初步理解,激发学生主动思考和探索的热情,促使学生积极参与到学习过程中,培养主动学习的习惯。② 培养科学探究方法与思维：通过猜测、视频操作验证的方式，让学生体验科学探究的基本过程。猜测环节培养学生的假设能力，而视频操作验证则培养学生依据事实判断假设是否正确的能力，引导学生学会观察、分析实验现象，进而得出结论，提升科学探究思维。③ 深化对齿轮传动规律的理解：探究多个相同齿轮组合的传动情况，有助于学生进一步理解齿轮传动的复杂性和多样性。与之前两个齿轮组合的探究对比，学生能更全面地掌握齿轮传动规律，明确不同齿轮组合方式对旋转方向、圈数、转速和时间等因素的影响，完善知识体系。④ 提升观察与分析能力：在观看视频操作过程中，学生需要仔细观察多个齿轮的运动状态，分辨旋转方向、圈数和转速的变化，并分析这些变化产生的原因。这有助于提高学生的观察敏锐度和分析问题的能力，学会从复杂的现象中提取关键信息。

活动 3：齿轮传动原理探究——三个大小不同齿轮的转速关系。

在两个齿轮组的基础上加入第三个不同大小的齿轮，请猜测转动方向、转速会发生什么改变？

活动 3-1：操作并记录。

请将三个齿数不同的齿轮组装在一起。

操作 1：顺时针转动大齿轮，观察大、中、小齿轮的旋转方向及速度，并填写表 2。

操作 2：顺时针转动小齿轮，观察大、中、小齿轮的旋转方向及速度，并填写表 2。

表 2

操 作	齿 轮	齿数(NG)	齿 数 比	方 向	速 度
操作 1	大齿轮 A		$NG_A : NG_B : NG_C$ = _____		
	中齿轮 B				
	小齿轮 C				

（续表）

操作	齿轮	齿数(NG)	齿数比	方向	速度
操作2	大齿轮 A		$NG_A : NG_B : NG_C$ = _____		
	中齿轮 B				
	小齿轮 C				

注：方向填"顺时针"或"逆时针"，速度填"快""中""慢"。

活动 3-2：思考并计算。

问题 3-1：观察表2，你有什么发现？

问题 3-2：三个齿轮在传动过程中，它们的齿数比与转动的圈数比会有什么样的关系？

问题 3-3：除了转动圈数，齿轮的转动速度与齿数又有什么关系？

【设计意图】① 拓展知识深度与广度：在两个齿轮组合、多个相同齿轮组合探究的基础上，引入三个不同大小的齿轮，增加了齿轮传动系统的复杂性。学生通过探究这种更复杂的组合，能进一步拓展对齿轮传动知识的理解，深入掌握多个不同大小齿轮在传动过程中的相互作用关系，丰富知识体系，为学习更复杂的机械传动原理奠定基础。② 强化科学探究过程与方法：活动要求学生先进行猜测，再通过实际操作记录数据，最后思考分析得出结论，完整地呈现了科学探究的过程。这有助于学生熟练掌握科学探究的方法，培养他们提出假设、设计实验、收集数据、分析数据和得出结论的能力，提高科学探究素养。③ 培养综合分析与归纳能力：在操作和记录过程中，学生需要观察三个不同大小齿轮的旋转方向和速度，并填写表格。之后，对这些数据进行综合分析，比较不同操作下的差异，归纳总结出齿数比与转动圈数比、转动速度与齿数之间的关系，从而提升综合分析和归纳总结的能力，学会从复杂的数据和现象中提炼出规律。

三、回顾与总结

1. 齿轮相关知识

2. 齿轮传动原理

3. 问题研究的路线与方法——控制变量法

【设计意图】① 巩固知识体系：对齿轮相关知识、齿轮传动原理进行回顾，帮助学生梳理本单元2个课时所学的重点内容，强化记忆，使学生将零散的知识点串联起来，构建完整、系统的知识体系，加深对齿轮结构、传动机制等核心知识的理解和掌握，为后续学习更复杂的机械知识或相关学科内容筑牢基础。② 强化方法认知：回顾问题研究中运用的控制变量法，让学生清晰认识到这种科学研究方法在探索齿轮组合运行特点过程中的重要性。通过总结，学生能进一步理解如何在多因素影响的问题中，通过控制其他因素不变，只改变一个因素来研究其对结果的影响，提升学生对科学研究方法的认知水平和运用能力，培养科学思维，为今后解决各类探究性问题提供有效的方法指导。③ 培养反思与总结能力：引导学生回顾整个学习过程，促使学生反思自己在知识理解、实验操作、问题解决等方面的表现，总结经验教训。这有助于培养学生的反思意识和自我总结能力，使学生学会从学习经历中汲取成长养分，逐步提高自主学习能力，更好地应对未来的学习挑战。

四、作业

1. 创意齿轮装置设计

请利用家里现有的材料(如纸板、塑料瓶盖、牙签等)，设计并制作一个至少包含三个齿轮的传动装置. 要求装置能够实现动力的有效传递，并且从动轮转速得是主动轮的3倍，且转动方向相同。

在制作完成后，绘制装置的简易示意图，标注出各个齿轮的齿数(若使用的材料无法精确制作齿数，可自行设定并标注)，以及动力输入和输出的位置。同时，写一段200字左右的说明，阐述你的设计思路，包括为何这样安排齿轮的位置和齿数，以及装置运转过程中体现了哪些齿轮传动的特点。

2. 生活中的齿轮传动大揭秘

观察生活中至少两种不同的机械或设备，它们必须运用到齿轮传动系统，比如自行车、老式钟表、汽车变速器等。

针对每一种观察对象，详细记录以下内容。①设备名称及用途：用简单的示意图描绘出其齿轮传动部分的结构，标注出主要齿轮的类型（如直齿轮、斜齿轮等）。② 分析该设备中齿轮传动的作用：是改变速度、改变方向，还是实现动力的远距离传递等，并结合具体的使用场景进行说明。每种设备的记录内容不少于 300 字。

3. 预习复合轮系

第二节　"鼓浪屿六大景点游览路线设计"
单元教学设计

【单元设计背景说明】

本次项目化学习以"鼓浪屿六大景点游览路线设计"为主题，旨在将七年级学生所学的多学科知识融合于实际生活情境中，提升学生的综合素养与问题解决能力。在七年级第一学期，学生已积累了一定的数学基础，如比例、方程等知识，这为运用层次分析法进行游览路线优化提供了有力的工具。借助数学运算，如构造判断矩阵和一致性检验，学生能够科学地确定各景点在游览规划中的优先级，让路线设计更具合理性。地理学科的知识在项目中发挥着关键作用。学生需运用所学的地理位置、地形地貌等内容，去精准判断鼓浪屿六大景点间的实际距离和路线便捷程度。考虑到地形因素对行进速度的影响，如上下坡会改变行走速度，进而规划出更高效的游览路线。鼓浪屿承载着丰富的历史文化底蕴，这就要求学生在设计路线时，充分挖掘各景点独特的历史背景和文化价值，将具有相似或互补历史文化主题的景点巧妙组合,使整个游览过程充满文化韵味,让学生在实践中提升对历史文化的理解和感悟。信息技术在当今社会至关重要,在本次项目中也不例外。地图软件、在线旅游平台等工具能帮助学生获取全面的景点信息、精准的位置分布以及真实的游客评价数据。数据处理软件则能辅助学生对收集到的数据进行整理和分析,制作出直观的图表,从而提高路线设计的效率和科学性。通过"鼓浪屿六大景点游览路线设计"项目,学生在真实的情境中运用多学科知识解决实际问题,培养跨学科运用知识的意识和能力,提升学生对数学与生活紧密联系的认知,激发学生对数学学习的兴趣以及对其他学科知识的探索欲望,全面提高学生的综合素养。

【单元整体规划】

《义务教育数学课程标准(2022 年版)》强调培养学生运用数学知识解决实际问题的能力,要求学生能够收集、整理、分析数据,并做出合理的决策。"鼓浪屿六大景点游览路线设计"项目,让学生通过收集景点信息、分析距离、时间、景点吸引力等数据,运用层次分析法构建模型来优化路线,正是对这一要求的实践。同时,《义务教育地理课程标准(2022 年版)》要求学生需要具备对地理空间的认知和区域特征的分析能力,这有助于他们在设计路线时,结合鼓浪屿的地理位置和地形地貌,规划出合理的行程。通过此项目,学生能将数学与地理学科核心素养相结合,提高综合运用知识的能力。

七年级学生正处于从具体形象思维向抽象逻辑思维过渡的阶段,他们已具备一定的数学运算和分析能力,也对生活中的实际问题充满好奇。在之前的学习中,学生积累了一定的知识基础,能够理解比例、方程等数学概念,这为学习层次分析法奠定了基础。同时,他们在地理、语文等学科的学习中,对区域文化、文字表达有了一定的认识。"鼓浪屿六大景点游览路线设计"项目契合学生的认知发展水平,能激发他们的学习兴趣,进一步提升其逻辑思维、问题解决和表达交流能力。

在现实生活中,旅游出行是人们常见的活动。当规划旅游路线时,需要综合考虑众多因素,如景点的特色、距离远近、交通便利程度、时间安排等。设计合理的游览路线可以提高旅游效率,提升旅游体验。鼓浪屿作为著名的旅游胜地,每年吸引大量游客。通过开展此项目,学生能够了解旅游规划的实际需求,学会运用所学知识解决生活中的问题,培养他们的实践能力和社会责任感,为未来更好地适应社会生活做准备。

现代教育倡导跨学科融合,打破学科界限,培养学生的综合素养。"鼓浪屿六大景点游览路线设计"项目涉及数学、地理、历史、语文、信息技术等多个学科。数学用于数据分析和路线优化,地理帮助了解景点位置和地形,历史赋予景点文化内涵,语文用于撰写介绍和表达,信息技术辅助数据收集与处理。这种跨学科的设计,让学生在项目实践中体会不同学科知识的相互关联,培养跨学科思维和综合运用知识解决复杂问题的能力,符合现代教育的发展趋势。

依据上述分析设计表 5-7。

表 5-7 "鼓浪屿六大景点游览路线设计"单元规划

单元名称	鼓浪屿六大景点游览路线设计
单元内容	鼓浪屿六大景点游览路线设计 → 景点间距离与时间的关系 / 景点吸引力与游客偏好 / 设计最优游览路线
单元类型	☑基于内容主题的单元　□基于学习专题的单元
单元结构	☑线性结构　☑并列结构　□中心结构 专题一:景点间距离与时间的关系 专题二:景点吸引力与游客偏好 专题三:设计最优游览路线
单元总课时	4 课时

【单元内容解析】

(一) 内容解析

1. 核心内容分析与说明

景点间距离与时间的关系(专题一):通过地图软件和实地调研(若条件允许),收集鼓浪屿六大景点两两之间的实际步行距离数据。同时,依据正常步行速度(可设定一个平均速度值),估算出在景点间行走所需的时间。观察不同路线的距离长短对整体游览时间的影响,如比较从景点 A 直接到景点 B 和经过景点 C 再到景点 B 这两条路线在距离和时间上的差异。在这个过程中,初步了解鼓浪屿的地理布局和路线分布情况,包括主干道、支路等概念对距离和时间的影响。

景点吸引力与游客偏好(专题二):在两个景点吸引力比较的基础上,引入多个景点吸引力的综合评估。重点分析当考虑游客不同偏好时(如文化爱好者、自然景观爱好者等),不同景点对各类游客的吸引力差异。对比单个景点和多个景点组合在吸引力方面的不同,如对于历史文化爱好者,单独的菽庄花园和包含菽庄花园、风琴博物馆的景点组合在吸引力上有何不同。进一步加深对景点吸引力构成因素(如历史背景、文化内涵、自然景观等)的理解。同时,通过问卷调查或者小组讨论等方式收集游客偏好信息,为后续的路线设计综合考虑提供依据。

综合设计最优游览路线(专题三):深入研究各景点的综合属性,包括距离、吸引力和预计游览时间等。理解如何根据这些属性来平衡整个游览路线的合理性。学会运用层次分析法或者其他数学方法计算不同景点组合下的游览效率值(类似齿轮中的转速比概念),确定最优的景点顺序和路线。同时,根据所学知识设计多条游览路线,并在班级内展示交流自己的设计成果,包括设计思路、计算过程和预期游览体验等,如一条路线侧重于短时间内游览较多高吸引力景点,另一条路线则侧重于深度体验部分极具特色的景点。

2. 教学价值分析与说明

逻辑思维与实践能力:在分析景点间距离与时间关系的过程中,学生需收集鼓浪屿六大景点的位置信息,运用地图测量或实地考察获取距离数据,并结合步行速度估算时间。这要求学生依据收集的数据进行分析,如对比不同路线的距离和时间差异,从实际操作中归纳出距离与时间的关系,进而选择更高效的路线。这种从实践到逻辑推理的过程,锻炼了学生的逻辑思维能力,同时培养了他们收集数据、处理信息的动手实践能力,让学生学会将地理知识与数学计算相结合,提高解决实际问题的能力。

多学科知识融合与应用:考虑景点吸引力与游客偏好时,涉及历史文化、地理、心理学等多学科知识。从历史文化角度评估景点吸引力,需要学生了解各景点的历史背景、文化内涵;地理知识帮助分析景点的地理位置和环境特色对吸引力的影响;而游客偏好则涉及心理学领域对不同人群兴趣倾向的理解。通过整合这些多学科知识,学生能够全面评估景点的吸引力,理解不同学科知识在旅游规划中的相互关联,提升跨学科学习能力,掌握运用多学科知识解决实际旅游规划问题的方法。

科学探究方法:在综合设计最优游览路线的过程中,学生经历了完整的科学探究过程。首先提出问题,如何设计出既能游览所有景点,又能满足时间和游客偏好的最佳路线;然后做出假设,例如,假设按照景点吸引力从高到低依次游览能得到最佳体验;接着设计实验,即规划不同的游览路线方案;再收集数据,包括各景点的相关信息、路线距离和时间、游客对不同方案的反馈等;之后分析数据,对比不同方案的优缺点;最后得出结论,确定最优游览路线。通过这一系列环节,学生掌握了科学研究的方法,提高了科学探究能力。

创新与交流能力:在设计游览路线时,学生需要根据景点的各种信息和不同游客的需求,创新地规划出独特的游览路线。这激发了学生的创新思维,让他们尝试从不同角度思考问题,设计出满足多样化需求的路线。在课堂展示交流环节,学生要向同学和老师阐述自己的设计思路、计算过程以及预期的游览效果。这不仅锻炼了学生的表达能力,还促进了学生之间的学术交流,让学生学会倾听他人的意见,从交流中获取新的思路和启发,进一步完善自己的设计方案。

3. 教学重点的分析与说明

景点间距离与时间的关系分析：重点教授学生如何运用地图工具和实地考察手段来收集鼓浪屿六大景点间的距离数据，引导学生根据正常步行速度合理估算在景点间移动所需的时间。例如，指导学生使用电子地图测量两点间的直线距离，并结合实际道路情况进行修正，准确记录距离数据。同时，帮助学生理解距离与时间的关联，如距离越长所需时间一般越多，以及道路的坡度、人流量等因素对时间的影响。在分析过程中，引导学生总结距离与时间关系的规律，为后续游览路线规划提供基础数据支持。

景点吸引力评估与游客偏好分析：深入讲解如何从历史文化、自然风光、特色建筑等多维度评估景点吸引力。例如，对于鼓浪屿上具有历史意义的景点，引导学生了解其背后的故事、文化价值，从历史文化角度分析其吸引力；对于自然风光优美的景点，让学生关注其景观特色和观赏价值。同时，重点教授学生通过问卷调查、访谈等方式收集游客偏好信息，分析不同类型游客对各景点的喜好差异。例如，针对文化爱好者和自然景观爱好者，分别研究他们对六大景点的兴趣倾向，总结出不同游客群体的偏好特点，为设计满足不同游客需求的游览路线提供依据。

最优游览路线的设计与实践：在综合设计最优游览路线部分，将教学重点放在引导学生综合考虑景点间距离、时间、景点吸引力和游客偏好等因素，设计出合理的游览路线。包括如何根据给定的游览时间和游客偏好，选择合适的景点顺序和路线组合方式。例如，对于时间有限且喜欢文化景点的游客，设计一条集中游览文化类景点且路线紧凑的方案；对于时间充裕且追求多样化体验的游客，设计包含多种类型景点且劳逸结合的路线。同时，鼓励学生动手绘制路线图，并通过小组讨论、模拟游览等实践方式来验证设计的可行性，观察路线设计在实际模拟过程中的优缺点，对设计方案进行优化和完善。

4. 教学难点的分析与说明

景点多因素综合分析的复杂性：在设计鼓浪屿游览路线时，学生需要综合考虑景点间距离、游览时间、景点吸引力以及游客偏好等多个因素。例如，要在距离较远但吸引力大的景点和距离近但吸引力稍小的景点之间做出选择，平衡游览时间和景点体验。这对于七年级学生来说具有一定难度，因为他们需要在众多信息中进行筛选、权衡和整合，在多因素相互影响的情况下进行逻辑分析和决策，部分学生可能难以把握各因素间的关联并做出合理规划。

层次分析法的理解与运用：运用层次分析法确定游览路线的优先级，涉及建立层次结构模型、构造判断矩阵、计算权重等步骤。对于七年级学生而言，理解这种多准则决策分析方法的原理较为困难。比如，在构造判断矩阵时，需要学生根据主观判断对不同因素的相对重要性进行量化，这要求学生具备一定的抽象思维和数学基础。此外，计算权重并进行一致性检验的过程也较为复杂，学生可能在理解计算逻辑和实际操作上遇到障碍，难以将该方法准确应用到游览路线设计中。

跨学科知识的协调运用：本项目涉及数学、地理、历史、文化等多学科知识。在分析景点间距离与时间关系时，需要运用数学中的计算和地理中的地图知识；评估景点吸引力则要结合历史文化知识；设计最优路线还需考虑游客心理偏好等知识。学生需要将这些不同学科的知识协调运用。对于部分在知识迁移和融合方面能力较弱的学生来说，在不同学科知识间灵活切换并综合运用以解决实际问题是教学难点之一。例如，在结合地理知识确定路线时，同时考虑历史文化景点的分布和游客对文化体验的偏好，对学生的综合能力提出了较高要求。

（二）学情分析

表 5-8 "鼓浪屿六大景点游览路线设计"学情分析

分 析 要 点	主 要 方 法
☑认知基础　☑学习特点	☑经验判断法　☑观察法　☑调查访谈法 ☑资料分析法　☐测试法

1. 认知水平

七年级第一学期的学生在数学方面已经进一步巩固了基础运算能力,并且对数据的收集、整理和分析有了初步的认识,能够进行简单的数据处理和图表绘制。在地理学科中,他们学习了地图的阅读和运用,具备一定的空间概念,能理解地理位置和距离的基本含义。然而,在鼓浪屿六大景点游览路线设计中,运用层次分析法来综合考虑多个因素(如景点吸引力、距离、时间等)并进行量化分析,学生可能存在理解上的困难。他们虽然能够理解单一因素对路线的影响,但在将多个因素有机结合,构建复杂的决策模型方面,逻辑思维和抽象概括能力还不够成熟,需要进一步引导和培养。

2. 学习特点

(1)好奇心旺盛:这个阶段的学生对旅游出行相关的话题充满兴趣,鼓浪屿作为知名的旅游胜地,其六大景点各具特色,容易激发学生的好奇心。他们渴望了解如何规划一条既有趣又高效的游览路线,对于探索不同景点之间的联系和游览顺序有着强烈的求知欲。

(2)实践操作倾向:学生更倾向于通过实践活动来获取知识。在设计游览路线时,他们对实地考察(如果条件允许)、模拟游览等实践环节会表现出较高的热情。通过亲身体验和实际操作,如在地图上标注景点位置、计算路线距离等,能让他们更好地理解路线设计的原理和方法。

(3)具备团队协作基础:经过之前的学习和活动,学生已经积累了一定的团队合作经验,具备基本的团队合作意识。在设计游览路线的过程中,他们能够在小组内分工合作,如有的学生负责收集景点信息,有的负责计算距离,有的负责绘制路线图等。通过团队协作,他们可以相互交流想法,共同探讨如何设计出满足不同需求的游览路线,解决遇到的问题,如平衡景点吸引力和时间限制等矛盾。

(4)注意力易分散:尽管学生对感兴趣的话题能保持一定的专注度,但由于他们的注意力持久度仍在发展阶段,在面对复杂的数据处理、长时间的讨论分析等较为枯燥的环节时,容易出现注意力不集中的情况。因此,在教学过程中,需要采用多样化的教学方法,如引入生动的多媒体资料、开展趣味竞赛活动等,以维持学生的学习热情和注意力,提高学习效果。

(三) 教法分析

基于之前的学情分析和内容解析合理选择教法,具体的教法分析如表 5 - 9 所示。

表 5 - 9 "鼓浪屿六大景点游览路线设计"教法分析

核心内容	教学方法	分 析 与 说 明
景点间距离与时间的关系	调研与数据计算	通过实地考察鼓浪屿(若条件允许)或利用地图软件获取景点间距离数据,并根据平均步行速度计算行走时间。这一过程让学生亲身体验数据收集过程,培养他们的实践操作能力和对地理空间的感知能力
景点吸引力与游客偏好	问卷调查与小组讨论	小组合作进行问卷调查收集游客偏好信息,并对鼓浪屿六大景点从文化、历史、景观等方面讨论分析吸引力。通过小组合作,培养学生团队协作精神,通过讨论深入了解景点特点,提升综合分析能力
设计最优游览路线	项目式学习与案例分析	采用项目式学习,让学生综合考虑距离、时间、景点吸引力和游客偏好等因素设计游览路线。同时展示优秀游览路线案例供学生分析学习,在设计过程中培养学生解决复杂问题能力,通过案例分析启发创新思维

(四) 课时划分

表 5 - 10 "鼓浪屿六大景点游览路线设计"课时划分

单元课时	专 题	课 时
4 课时	专题一:景点间距离与时间的关系	1 课时
	专题二:景点吸引力与游客偏好	1 课时
	专题三:设计最优游览路线	2 课时

【单元目标设计】

通过收集鼓浪屿景点相关资料,包括地理位置、历史文化背景等,能够准确描述六大景点的特色,深入理解各景点在鼓浪屿旅游文化中的价值,提高对旅游资源的认知水平。

在分析景点间距离与时间关系、景点吸引力与游客偏好的过程中,能够运用数据收集与分析方法,自主设计调研方案、记录相关数据、分析结果,探究各因素对游览路线设计的影响,培养科学探究能力和逻辑思维能力。

基于对各景点相关因素的分析,学生能够运用数学方法(如层次分析法)解决如设计满足时间和景点体验需求的游览路线等实际问题,提出并尝试解决关于游览路线优化的问题,提升运用多学科知识解决实际问题的能力和创新思维。

通过小组合作完成景点资料收集、讨论景点组合方案、设计游览路线等活动,学生能够共同制定活动计划、分工协作、交流分享,提高团队合作和沟通能力,增强团队协作意识和责任感。

在成果展示环节,学生能够清晰阐述游览路线设计思路、特色与优势,倾听他人意见并反思改进,加深对旅游规划知识的理解和应用,提升表达能力和批判性思维。

表 5 - 11 "鼓浪屿六大景点游览路线设计"专题目标设计

专 题	专题教学目标
专题一:景点间距离与时间关系	1. 能够熟练运用地图软件和通过实地考察(若条件允许)获取鼓浪屿六大景点间的距离数据,准确理解距离与时间在游览路线中的关系 2. 通过对距离和时间数据的分析,正确评估不同路线的可行性,提高对地理空间数据的处理能力,并能解决简单的路线距离与时间相关问题,增强运用数学知识解决实际问题的能力 3. 在数据收集与分析过程中,培养学生独立思考、严谨认真的科学精神,激发对旅游路线规划知识的学习兴趣
专题二:景点吸引力与游客偏好	1. 能够全面收集鼓浪屿六大景点的文化、历史、景观等方面的信息,准确理解各景点的吸引力构成因素 2. 通过问卷调查、小组讨论等方式,正确分析不同游客群体对景点的偏好,提高对人文数据的综合分析能力,并能解决简单的景点吸引力评估与游客偏好匹配问题,增强运用多学科知识解决实际问题的能力 3. 在景点吸引力与游客偏好分析过程中,培养学生的调查研究、归纳总结的科学精神,激发对旅游规划中人文因素的学习兴趣

（续表）

专 题	专题教学目标
专题三：综合设计最优游览路线	1. 能够综合考虑景点间距离、时间、景点吸引力和游客偏好等因素，准确理解各因素在游览路线设计中的权重 2. 通过运用层次分析法或其他数学方法，正确设计出满足不同需求的鼓浪屿六大景点游览路线，提高综合运用多学科知识解决复杂问题的能力，并能对设计的路线进行优化和调整，增强实践操作能力 3. 在游览路线设计过程中，培养学生的创新思维、团队协作的科学精神，激发对旅游路线规划实践的学习兴趣

【单元教学问题的诊断】

单元教学问题 1

学生对景点间距离与时间关系的分析存在困难。部分学生可能无法准确地从地图软件或实地考察中获取景点间的实际距离数据，也不能合理地根据步行速度估算行走时间，进而难以理解距离与时间在游览路线设计中的关系。

针对性教学措施：针对距离与时间关系分析困难的问题，教师可以在教学开始时，带领学生进行一次简单的实地距离测量演示（若条件允许），或者详细地讲解如何使用地图软件中的测距功能。同时，给出不同步行速度在不同路况下的参考值，让学生通过实际操作和计算来熟悉距离与时间的转换关系。

单元教学问题 2

学生对景点吸引力与游客偏好的综合评估存在不足。由于景点吸引力涉及多方面因素，如历史文化、自然景观等，而游客偏好又具有多样性，学生可能难以全面地评估景点吸引力并将其与游客偏好进行匹配。

针对性教学措施：为帮助学生更好地评估景点吸引力与游客偏好，教师可以组织小组讨论活动，让学生针对每个景点的不同特点进行分析，并通过问卷调查、访谈等方式收集游客偏好数据。在小组讨论过程中，教师要引导学生从多个维度思考景点吸引力，同时分享和交流收集到的游客偏好信息，帮助学生总结出评估方法和匹配策略。

单元教学问题 3

学生在综合设计最优游览路线时存在思维障碍。学生可能在综合考虑景点间距离、时间、景点吸引力和游客偏好等多因素时感到无从下手,无法合理地运用数学方法(如层次分析法)设计出科学合理的游览路线。

针对性教学措施:为解决学生在设计最优游览路线时的思维障碍,教师可以先详细讲解层次分析法的基本原理和操作步骤,通过简单的案例让学生初步了解如何综合考虑多个因素进行决策。随后,将鼓浪屿六大景点游览路线设计任务分解成多个步骤,引导学生逐步收集数据、构建层次结构、计算权重和确定路线,在学生实践过程中给予及时的指导和反馈,帮助学生掌握综合设计方法。

【单元教学评价】

本单元为主题式和项目式相结合的综合实践类课程。该评价设计表涵盖了在该单元教学中评价学生综合能力的各个方面,包括知识掌握、分析能力、问题解决能力、合作能力、创新能力和口头表达能力。每个评价项都有相应的评价标准、评价方法,以确保评价的全面性和准确性。

表 5–12 "鼓浪屿六大景点游览路线设计"评价设计

评价项	评 价 标 准	评 价 方 法
知识掌握	1. 了解鼓浪屿六大景点相关的历史文化、自然景观等知识 2. 能分析影响游览路线设计的因素,如距离、时间、景点吸引力、游客偏好等 3. 准确理解并能运用相关数学方法(如层次分析法)进行路线设计	1. 课堂知识问答 2. 查看学生撰写的景点知识总结和路线设计相关理论阐述
分析能力	1. 能对鼓浪屿六大景点的吸引力从多维度进行深入分析 2. 准确分析景点间距离与时间的关系及其对路线设计的影响 3. 能够综合考虑各种因素,分析不同游览路线的优缺点	1. 查看景点分析报告和路线分析过程 2. 课堂讨论中观察学生对相关问题的分析思路

（续表）

评价项	评 价 标 准	评 价 方 法
解决问题能力	1. 在给定时间和游客偏好等条件下,能够设计出合理的游览路线解决实际的旅游规划问题 2. 能够应对在数据收集(如距离不准确、游客偏好数据不全)过程中出现的问题 3. 对设计过程中出现的路线冲突(如时间过长、景点遗漏)等问题有解决策略	1. 查看路线设计中遇到问题的解决记录 2. 模拟实际旅游场景,观察学生解决问题的表现
合作能力	1. 在小组收集景点资料、分析景点吸引力、设计游览路线过程中积极参与,有明确分工 2. 能够与小组成员和谐沟通,有效整合不同意见,共同推进项目进展 3. 在小组展示成果时,能够体现团队协作成果	1. 观察学生在小组活动中的表现 2. 对小组合作成果进行评估,包括小组展示的协调性等
创新能力	1. 能够提出独特的景点分析角度或方法 2. 在游览路线设计中,有创新的思路,如结合特色文化活动设计路线 3. 能对传统的旅游规划理念提出合理的改进建议	1. 查看学生的作品中是否有创新元素 2. 在小组讨论和个人展示中,观察学生提出的创新想法
口头表达能力	1. 在小组讨论中能够清晰、有条理地表达自己对景点分析和路线设计的观点 2. 在成果展示时,能够准确、生动地向全班介绍设计的游览路线及其特色 3. 能够准确地回答老师和同学在展示过程中提出的问题	1. 观察学生在小组讨论和课堂展示中的表现 2. 根据学生回答问题的情况进行评估

评分备注:很好 4 分,较好 3 分,一般 2 分,需改进 1 分。

【跨学科知识】

数学知识:包含数据统计与分析(如收集景点间距离数据、游客停留时间数据)、比例知识(如景点吸引力权重比例)、优化算法(如运用层次分析法进行路线优化)等。学生将运用这些数学知识来分析景点相关数据,计算各因素的权重,进而设计出合理的游览路线。

地理知识:涉及地理位置与空间关系(如鼓浪屿六大景点的地理分布)、地形地貌(如考虑鼓浪屿的地形对游览路线的影响)等。通过地理知识,学生能够更好地把握景点间的实际路线情况,合理规划行走路线。历史文化知识:包括鼓浪屿的历史背景(如各景点所承载的历史事件)、文化内涵(如建筑风格所体现的文化特色)等。了解这些历史文化知识有助于学生评估景点吸引力,将具有相似或相关文化主题的景点进行合理组合。

语文知识:涵盖文字表达与描述(如撰写景点介绍、导游词)、逻辑组织(如在阐述游览路线设计思路时的逻辑连贯性)等。学生可以运用语文知识更好地呈现自己的设计成果,让游览路线介绍更具吸引力和可读性。

信息技术知识:包括数据获取(如通过地图软件获取景点位置和距离数据)、数据处理(如利用软件对收集的数据进行整理和分析)、图形设计(如使用绘图软件制作美观的游览路线图)等。借助信息技术,学生能够高效地收集和处理数据,直观地展示设计的游览路线。

【跨学科素养】

逻辑推理能力:能够综合考虑鼓浪屿六大景点的距离、时间、吸引力及游客偏好等因素,对这些信息进行梳理、分析和整合,从而逻辑清晰地规划出游览路线,并对路线设计的合理性进行推理和判断。

数据处理与分析能力:掌握实地考察(若可行)或借助地图软件、信息平台收集景点信息的技能,能够运用数学方法计算距离、时间和权重等数据,根据分析结果实际绘制出游览路线图,并能在实践中根据实际情况调整路线。

沟通协作能力:在小组开展景点调研、讨论景点吸引力评估标准、设计游览路线方案等活动时,能流畅地阐述自己的观点和发现,认真倾听并吸收小组成员的建议,高效协同合作,共同完成各项任务。

创新意识:在设计游览路线时,突破传统游览模式,结合鼓浪屿的特色文化活动、小众景点等,创新规划出别具一格的游览路线,满足不同游客的个性化需求,展现创新思维。

问题解决能力:在路线设计过程中,遭遇如景点开放时间冲突、路线距离过长、游客需求难以平衡等问题时,能灵活运用各学科知识,从多维度思考并制定有效的解决方案,切实提升解决实际问题的水平。

【教学设计】

鼓浪屿六大景点游览路线设计

（长课时 2 课时 3/4—4/4）

教学目标

能综合考量鼓浪屿六大景点间的距离、游览时间、景点吸引力以及游客偏好等要素，运用层次分析法，构建游览路线设计模型。通过数据收集、处理与分析，准确计算各因素权重，设计出合理且符合特定游客需求的游览路线，并能清晰阐释设计思路与依据，提升解决实际旅游规划问题的能力。

借助小组合作完成游览路线设计任务，在探究过程中学会运用"和法""积法"计算权重，掌握一致性检验方法，培养数据处理、逻辑推理和数学建模能力。通过对不同游客需求的分析，增强对多因素综合考量的分析能力，同时提升团队协作、沟通交流和自主学习能力。

在设计游览路线的实践中，激发对旅游规划的兴趣，培养创新思维和探索精神。深入了解鼓浪屿的旅游资源，增强对文化和自然风光的热爱，树立正确的旅游规划和资源保护意识。

教学重点

层次分析法中各步骤的原理及操作，尤其是"和法""积法"计算权重和一致性检验。

教学难点

深入理解层次分析法中一致性检验的原理及意义，并能在实际运用中，准确判断和处理判断矩阵的一致性问题，以确保基于多因素设计的游览路线具备可靠性和合理性。

教学过程

一、回顾旧知，提出问题

1. 回顾专题一和专题二的主要内容，提问学生景点间距离、时间、景点吸引力和游客偏好对游览路线设计的影响。

2. 展示一些风格各异的鼓浪屿游览路线图，引导学生思考这些路线设计的依据,从而引出本节课综合设计最优游览路线的主题。

【设计意图】回顾专题一和专题二内容,提问学生相关因素对游览路线设计的影响,意在强化新旧知识的衔接,让学生明白前期所学是综合设计的基石,加深对知识体系连贯性的理解。展示风格各异的游览路线图,并引导学生思考设计依据,能够激发学生的好奇心与探索欲,促使他们主动思考路线设计背后的逻辑,培养其分析问题的能力。通过这种方式自然引出本节课主题,既为新知识的学习做好铺垫,又能让学生快速聚焦核心内容,明确学习方向,以积极的状态投入到最优游览路线设计的学习中。

二、知识讲授,方法引导

1. 多因素综合分析

了解景点间距离、时间、景点吸引力和游客偏好等因素在游览路线设计中的相互关系。

问题1-1:规划游览路线时,景点间的距离远近会对我们的行程产生哪些直接影响?

问题1-2:时间因素又会给游览路线带来什么限制?

问题1-3:每个景点都有它独特的魅力,也就是景点吸引力。那些有美丽海景的景点和充满历史故事的景点,它们吸引的游客群体可能会有什么不同?

问题1-4:如果有一位游客特别喜欢拍照打卡,那他在选择景点时,会更看重景点的哪些方面呢?

问题1-5:各因素之间的关系如何? 想一想距离、时间、景点吸引力和游客偏好这四个因素之间的关系。

思考:假设现在有一个家庭带着小朋友来鼓浪屿游玩,小朋友喜欢有趣的活动和自然景观,家长又想体验当地文化,而且他们只有一天时间,那在设计游览路线时,我们应该先确定哪个因素作为主要考虑点呢? 又该如何协调其他因素呢?

【设计意图】这一教学环节设计,旨在全面提升学生对游览路线设计的理解与实践能力。通过剖析各因素在路线设计中的相互关系,让学生深化对知识的理解,明白游览路线设计并非由单一因素决定,而是多因素交织的结果。系列问题从距离、时间、景点吸引力、游客偏好等不同维度切入,引导学生深入思考各因素的影响。例如,思考距离对行程的直接影响,能让学生在规划时合理安排景点顺序;探讨不同景点吸引的游客群体差异,有助于依据游客偏好设计路线。而最后的假设性思考,将抽象知识置于实际情境中,让学生学会在复杂条件下,确定主要考量因素,并协调其他因素,提升解决实际问题的能力,为设计出科学合理、满足不同游客需求的游览路线奠定坚实基础。

2. 层次分析法

布置任务:每个小组根据给定的游客类型(如亲子家庭、年轻背包客、老年旅游团等),综合考虑景点间距离、时间、景点吸引力和游客偏好等因素,设计一条鼓浪屿六大景点游览路线。

问题 2-1:我们的目标是什么? 影响目标的因素有哪些?

要设计鼓浪屿游览路线,涉及距离、时间、景点吸引力和游客偏好等好多因素,怎么知道哪个因素对路线设计影响更大呢? 比如,对一个假期很短的游客,是景点间距离重要,还是景点吸引力更重要呢?

追问:假设我们要比较距离和游客偏好这两个因素,怎么确定它们谁更重要,重要多少呢? 有没有什么好办法把这种重要程度表示出来?

【设计意图】此教学环节意在锻炼学生解决复杂问题的能力。布置小组设计游览路线任务,促使学生综合运用知识。通过提问引导,让学生明确目标及影响因素,思考各因素对路线设计的权重。追问则启发学生探索量化因素重要程度的方法,引入层次分析法概念,培养学生逻辑思维与决策能力,使其学会在多因素交织下,权衡考量,设计出符合不同游客需求的游览路线。

活动 1:构建层次结构模型

给每个小组发放鼓浪屿六大景点的资料,包括景点介绍、位置信息,以及卡片,上面分别写着"设计最优游览路线""距离""时间""景点吸引力""游客偏好""六大景点名称"。让学生分组讨论,将卡片按照层次分析法的层次结构进行摆放,构建层次结构模型。教师引导学生思考,大家先确定目标是什么,然后想想哪些是影响目标的准则,最后确定方案。摆放的时候要讨论清楚每个卡片为什么放在这个位置,如果有不同意见,看看能不能找到合理的解释。

问题2-2:构建层次结构模型问题

我们把设计游览路线当作目标,距离、时间、景点吸引力和游客偏好这些因素可以放在一起,作为影响我们实现这个目标的准则。那六大景点应该放在什么位置呢?

追问1:在构建这个层次结构时,如果还有其他因素,如门票价格,它应该放在哪个层次呢?为什么?

追问2:如何将复杂的游览路线设计问题分解为目标层(设计最优游览路线)、准则层(距离、时间、景点吸引力、游客偏好等)和方案层(六大景点)?

【设计意图】此教学活动旨在助力学生深度理解并运用层次分析法。发放资料与卡片,引导小组讨论构建层次结构模型,促使学生将抽象知识与实际景点信息相结合,锻炼知识应用能力。通过提问与追问,启发学生思考各因素在模型中的合理位置,如六大景点、门票价格等因素所属层次,培养其逻辑思维与问题分析能力。在讨论不同意见、寻找解释的过程中,提升学生批判性思维能力,让学生学会将复杂的游览路线设计问题有条理地拆解,为后续准确运用层次分析法奠定基础。

活动2:构造判断矩阵。

每个小组选择距离、时间、景点吸引力和游客偏好中的两个因素,使用1—9标度法(1表示两者同等重要,9表示一个比另一个极端重要),在小组内讨论并确定它们之间的重要性分值,填写在表格里,构造部分判断矩阵。

教师引导:在打分的时候,大家要充分讨论。比如距离和时间,想想在设计游览路线时,它们对你们的决策影响程度到底怎么样。打分之后,互相说说自己打分的依据,看看小组内能不能达成一致。

问题2-3:构造判断矩阵问题

要比较各个准则之间的重要性,比如比较距离和时间,用1—9标度法,大家觉得距离和时间相比,给它们打几分合适呢?说说你们的理由。

追问：假设我们已经确定了距离和时间的重要性分值,那距离和景点吸引力相比,又该打几分呢?

【设计意图】这一教学活动设计,旨在让学生深入掌握层次分析法中的关键环节——构造判断矩阵。安排小组运用1—9标度法对因素重要性打分,将抽象概念转化为具体实践,加深对因素权重确定方法的理解。引导学生充分讨论,阐述打分依据并达成一致,有效提升团队协作与沟通能力。通过问题与追问,如对距离和时间、距离和景点吸引力重要性的打分探讨,激发学生思考各因素在游览路线设计中的影响力,培养其量化分析与决策思维,助力学生后续精准运用层次分析法,设计出更科学合理的游览路线。

活动3:用"和法""积法"计算权重

教师给出一个简单的判断矩阵示例,带领学生一起按照和法的步骤计算权重。先让学生自己尝试完成每一步计算,然后小组内互相检查计算过程和结果。

教师引导:大家在计算的时候,要理解每一步的意义。归一化的时候,看看数据变化是不是符合我们之前讲的原理。按行求和后,再想想这个和与权重有什么联系。如果计算过程中遇到问题,先在小组内讨论,看看能不能解决。

问题2-4:计算权重问题(以和法为例)

我们构建好判断矩阵后,接下来要计算权重。第一步是把判断矩阵每一列归一化。大家想想,为什么要先做这一步呢? 归一化之后数据会发生什么变化?

追问1:完成归一化后,再按行求和并再次归一化得到权重向量。再按行求和这一步,和之前归一化的数据有什么联系呢?

追问2:再次归一化又起到什么作用呢?

【设计意图】这一教学活动,旨在让学生掌握计算权重的方法。给出示例并引导学生实操,使抽象计算变得直观,强化知识吸收。通过小组内互查,促进学生交流与纠错。问题与追问,如对归一化、按行求和及再次归一化的探讨,激发学生思考计算步骤背后原理,培养逻辑思维。让学生在理解基础上运算,提升数学运算与分析能力,为利用层次分析法设计游览路线筑牢根基。

问题2-5:一致性检验问题

在构造判断矩阵的时候,可能会出现一些不合理的判断。比如说,我们认为距离比时间重要,时间比景点吸引力重要,按照此逻辑距离应该比景点吸引力更重要,可要是判断矩阵里不是这样,那会怎么样呢?

追问:计算一致性指标CI和一致性比例CR,当CR<0.1时,我们认为判断矩阵具有满意的一致性。那如果CR≥0.1,这说明什么问题呢?我们应该怎么调整判断矩阵让它满足一致性要求呢?

一致性检验的原理:判断矩阵的一致性是指判断结果是否具有逻辑一致性,比如A比B重要,B比C重要,那么A就应该比C重要。如果判断矩阵不一致,计算出的权重就不可靠。

判断的时候要注意保持逻辑一致,如果距离比时间稍微重要一点,那和景点吸引力比的时候,这个判断也要符合整体的重要性逻辑。

【设计意图】该教学内容设计意图如下:通过提出一致性检验相关问题,引导学生关注判断矩阵的合理性与逻辑一致性。让学生明白不一致的判断矩阵会使权重计算不可靠,从而理解一致性检验的重要性。追问中关于CI和CR的讨论,能促使学生深入思考判断矩阵一致性的量化标准及处理方法,培养其批判性思维和解决问题的能力,确保学生在运用层次分析法时能得到科学、可靠的结果。

问题2-6:层次总排序

如何确定最终每个景点在整个游览路线中的优先级?只知道每个准则的权重够吗?各个景点在不同准则下表现也不一样,该怎么综合考虑这些信息呢?

追问1:假设我们已经算出了距离、时间、景点吸引力、游客偏好的权重,怎么通过这些数据计算出这个景点对于"设计最优游览路线"目标的综合得分呢?

追问2:每个景点在不同准则下的得分可能是我们主观判断的,比如景点吸引力,有人觉得这个景点吸引力是 8 分,有人觉得是 7 分,这样会不会影响最终的综合得分呢? 怎么让这个综合得分更合理、更准确呢?

追问 3:用这个方法算出每个景点的综合得分后,就能给六大景点进行排序了。这个排序结果有什么意义呢? 它对我们设计游览路线有什么帮助呢? 是不是综合得分高的景点就一定要先去游览呢?

追问 4:在实际设计路线时,还需要考虑哪些因素呢?

追问 5:现在假设我们已经根据综合得分排好了景点顺序,在实际规划游览路线时,如果出现了两个景点综合得分很接近的情况,我们该怎么选择先去哪个景点呢?

追问 6:如果改变了某些准则的权重,比如游客更看重景点吸引力,提高了景点吸引力的权重,景点的综合排序会发生变化吗? 这又说明了什么呢?

【设计意图】这部分教学内容通过一系列问题与追问,层层深入,旨在全面提升学生综合运用知识解决实际问题的能力。提出如何确定景点优先级,引导学生思考多准则下综合考量的必要性,避免单一准则的片面性。追问关于综合得分计算、主观判断影响、排序意义及实际应用中的各类问题,促使学生深入理解层次总排序原理,锻炼其逻辑思维与数据处理能力。让学生明白权重变化对结果的影响,培养其灵活应对不同游客需求、优化游览路线设计、对复杂现实情境进行分析与决策的能力。

三、小组合作、展示汇报

各小组依次展示设计的游览路线,讲解设计思路、考虑的因素、运用的数学方法以及路线的特色。

其他小组进行提问和评价,指出优点和改进建议。

教师进行总结评价,肯定各小组的努力和创新点,同时指出存在的问题和改进方向。

【设计意图】该教学环节设计,旨在全方位促进学生成长。小组展示能锻炼表达与团队协作,借讲解梳理思路,加深知识理解。其他小组提问评价,激发思维碰撞,培养批判性思维。教师总结,既认可学生努力,又指明问题,助力学生认识自身不足。整个环节促使学生完善方案,提升综合素养,深化对游览路线设计知识与方法的掌握。

四、总结与作业

1. 总结本节课重点内容

强调综合考虑多因素设计游览路线的关键要点和方法,回顾层次分析法及"和法""积法"的运用以及一致性检验的重要性。

2. 作业布置

(1) 设计优化任务:根据课堂讨论和评价结果,完善自己小组设计的游览路线,并撰写一份详细的设计报告,包括设计思路、数据计算过程、路线特色和改进措施等,重点阐述在层次分析法中如何构建模型、计算权重以及进行一致性检验。

(2) 生活应用调研:观察生活中至少一种涉及多因素决策的场景(如选择出行方式、购买电子产品等),尝试运用层次分析法进行分析,并记录分析过程和结果,不少于300字。

【设计意图】总结部分的意图是强化学生对课程核心内容的理解与记忆,梳理知识脉络,巩固层次分析法等关键方法的运用。作业布置,一方面让学生通过完善游览路线及撰写报告,提升知识应用与实践能力,深入掌握层次分析法的流程;另一方面,生活应用调研促使学生将所学拓展到生活场景,培养其发现问题、解决问题的能力,实现知识的迁移,强化学生对多因素决策分析方法的运用,提升学生综合素养。

第三节 "教室里的照明"单元教学设计

【单元设计背景说明】

该项目来源于沪教版《高中数学》选择性必修第三册"教室里的照明"。但这并不是只能由高中生完成的建模任务。对于初中生而言,他们已经学习了一些基础的数学和物理知识,如简单的几何图形、光的传播等。这些知识为理解教室照明问题提供了一定的基础,但缺乏将这些知识整合应用的机会。通过学习教室照明内容,学生能把数学里的空间计算、比例关系与物理的光传播相结合,深入理解知识间的内在联系,开阔知识视野,构建更完整的知识体系。从初高中一体化视角看,初中阶段的学习为高中打基础。初中通过教室照明初步接触实际问题中的数学建模和物理应用,能让学生熟悉分析和解决复杂问题的思路,为高中深入学习数学建模、物理光学等知识积累经验,实现平稳过渡和能力进阶。

【单元整体规划】

课程标准要求:初中数学课程标准注重培养学生运用数学知识解决实际问题的能力,要求学生掌握数据的收集、整理和分析方法,并能运用相关知识进行计算和决策。学习"教室里的照明",学生需要收集教室尺寸、灯具参数等数据,计算所需灯具数量和布局,这是对数学课程标准要求的实践。同时,初中物理课程标准强调学生对光学知识的理解和应用,学生要了解光的传播、反射等概念,这对于理解教室照明原理和标准至关重要。通过该单元学习,学生能将数学与物理学科核心素养相结合,提升综合运用知识的能力。

学生认知发展特点:初中生正处于从形象思维向抽象思维过渡的关键时期。他们已具备一定的数学运算、空间想象和逻辑分析能力,对生活中的现象充满好奇,渴望探索背后的科学原理。在之前的学习中,学生积累了简单的数学计算、几何图形认知以及物理光学的基础知识,能够理解面积、距离等概念,这为学习教室照明设计中的计算和布局规划奠定了基础。同时,他们在语文、美术等学科的学习中,具备了一定的文字表达和审美能力,有助于对教室照明方案进行阐述和优化。"教室里的照明"单元契合学生的认知发展水平,能激发他们的学习兴趣,进一步提升其逻辑思维、实践操作和表达交流能力。

现实生活与社会需求:在现实生活中,良好的照明环境对于学习、工作和生活至关重要。教室作为学生学习的主要场所,照明条件直接影响学生的视力健康和学习效果。当前,学生近视率不断上升,其中教室照明不合理是重要因素之一。通过学习"教室里的照明"单元,学生能够了解科学的照明标准和设计方法,学会根据教室实际情况设计合理的照明方案。这不仅能改善学习环境,还能培养学生的实践能力和社会责任感,为未来更好地适应社会生活做准备。

跨学科融合的教育理念:现代教育倡导跨学科融合,强调打破学科界限,培养学生的综合素养。"教室里的照明"单元涉及数学、物理、美术、语文等多个学科。数学用于数据计算和灯具布局规划,物理帮助理解照明原理和照度标准,美术涉及照明设计的美学考量,语文用于撰写照明方案报告和表达设计思路。这种跨学科的设计,让学生在项目实践中体会不同学科知识的相互关联,培养跨学科思维和综合运用知识解决复杂问题的能力,符合现代教育的发展趋势。

依据上述分析设计表 5-3。

表 5-13 "教室里的照明"单元规划

单元名称	教室里的照明
单元内容	教室里的照明 → 教室照明情况调研 / 照明影响因素分析 / 设计合理的教室照明方案
单元类型	☑基于内容主题的单元　　☑基于学习专题的单元
单元结构	☑线性结构　☑并列结构　☐中心结构 专题一:教室照明情况调研 专题二:照明影响因素分析 专题三:设计合理教室照明方案
单元总课时	4 课时

【单元内容解析】

(一) 内容解析

1. 核心内容分析与说明

教室照明情况调研(专题一)：通过光照度计和卷尺等工具,对教室不同区域(如讲台、教室角落、学生座位区等)进行光照强度测量,并记录相应位置数据。同时测量教室的长、宽、高,统计教室中灯具的类型、数量、功率和安装位置。观察不同灯具布局对教室整体光照强度和均匀度的影响,如比较灯具均匀分布和集中分布时教室各区域光照情况的差异。在这个过程中,学生初步了解教室的空间结构和当前照明布局情况,包括灯具安装高度、间距等因素对光照效果的影响。

照明影响因素分析(专题二)：在分析单个照明影响因素(如灯具功率)的基础上,引入多个影响因素进行综合评估。重点分析考虑不同因素(如灯具类型、教室墙面颜色等)对教室照明效果影响的差异。对比单个因素和多个因素组合在照明效果方面的不同,如仅改变灯具功率和同时改变灯具功率、教室墙面颜色在照明效果上有何不同。进一步加深对照明影响因素构成(如灯具光通量、墙面反射率等)的理解。同时,通过物理原理分析、数据对比分析或简单实验模拟等方式收集相关信息,为后续的照明方案设计综合考虑提供依据。

设计合理教室照明方案(专题三)：深入研究教室照明的综合属性,包括光照强度、均匀度和眩光控制等,理解如何根据这些属性来平衡整个照明方案的合理性。学会运用相关标准(如教室桌面平均照度不低于300 lx,照度均匀度不低于0.7;黑板面平均照度不低于500 lx,照度均匀度不低于0.8)和数学方法(如根据教室面积和灯具光通量计算灯具数量)确定合适的灯具类型、数量和布局。同时,根据所学知识设计多种照明方案,并在班级内展示交流自己的设计成果,包括设计思路、计算过程和预期照明效果等。例如,一种方案侧重于高均匀度照明,另一种方案则侧重于节能和低成本。

2. 教学价值分析与说明

逻辑思维与实践能力：在调研教室照明情况时，学生需使用照度计和卷尺等工具测量教室不同区域的光照强度、教室的长、宽、高，并统计灯具的相关数据。通过对这些数据的分析，比如对比不同灯具布局下的光照差异，学生能从实际操作中总结出灯具布局与光照效果的关系，进而选择合理的照明布局。这一过程从实践操作到逻辑推理，锻炼了学生的逻辑思维能力，同时培养了学生收集数据、处理信息的实践能力，让学生学会将物理知识与实际测量相结合，提升解决实际照明问题的能力。

多学科知识融合与应用：在分析照明影响因素时，涉及物理、数学、美术等多学科知识。从物理角度来看，学生需要运用光的传播、反射等知识来理解光线在教室中的分布；数学知识帮助进行数据计算，如根据教室面积和灯具光通量计算灯具数量；而从美术角度来看，要考虑照明对教室环境美观的影响。通过整合多学科知识，学生能够全面分析照明的影响因素，理解不同学科知识在教室照明设计中的相互关联，增强跨学科学习能力，掌握运用多学科知识解决实际照明设计问题的方法。

科学探究方法：在设计合理教室照明方案过程中，学生经历完整的科学探究过程。首先提出问题，即如何设计出满足国家照明标准且节能的教室照明方案；然后做出假设，如假设采用某种类型的灯具和特定布局能达到最佳照明效果；接着设计方案，即规划不同的照明方案；再收集数据，包括灯具参数、模拟或实际测量的光照数据等；之后分析数据，对比不同方案的优缺点；最后得出结论，确定最优照明方案。通过这一系列环节，学生掌握了科学研究的方法，提高了科学探究能力。

创新与交流能力：在设计教室照明方案时，学生需要根据教室的实际情况和照明标准，创新地规划出独特的照明方案。这能激发学生的创新思维，使他们从不同角度思考问题，设计出满足不同需求的方案。在课堂展示交流环节，学生要向同学和老师阐述自己的设计思路、计算过程以及预期的照明效果。这不仅锻炼了学生的表达能力，还促进了学生之间的学术交流，让学生学会倾听他人的意见,从交流中获得新的思路和启发,进一步完善自己的设计方案。

3. 教学重点的分析与说明

教室照明情况调研:重点教授学生如何运用光照度计、卷尺等工具对教室不同区域进行测量,包括光照强度、教室尺寸等数据的采集。例如,指导学生在教室的各个角落、讲台、学生座位区等位置准确测量光照强度,并详细记录数据。同时,引导学生观察灯具的类型、数量、功率和布局情况,帮助学生理解灯具布局与光照效果的关联,如灯具分布不均可能导致光照不均匀,灯具功率大小对光照强度的影响等。在调研过程中,引导学生总结当前教室照明的现状特点,为后续照明方案设计提供基础数据支持。

照明影响因素分析:深入讲解如何从灯具参数、教室空间结构、墙面反射率等多维度分析对照明的影响。例如,对于灯具参数,引导学生了解灯具的光通量、显色指数等对光照质量的影响;对于教室空间结构,让学生关注教室的长、宽、高以及门窗位置对光线传播的影响;对于墙面反射率,通过对比不同颜色墙面(如白色和深色)对光线反射的差异来分析其对室内光照的作用。同时,重点教授学生通过物理原理分析、数据对比分析和简单实验模拟等方式研究各因素对照明效果的影响。例如,通过改变模拟实验中灯具的数量、位置来观察光线分布的变化,总结出不同因素对照明效果影响的规律,为设计合理照明方案提供依据。

合理教室照明方案设计与实践:在设计合理的教室照明方案部分,将教学重点放在引导学生综合考虑光照强度、均匀度、眩光控制以及节能等因素,设计出科学的照明方案,包括如何根据教室的实际面积、形状和国家相关照明标准,选择合适的灯具类型、数量和布局。例如,对于面积较大的教室,设计一种能确保光照均匀度达标的方案;对于注重节能的需求,设计采用节能灯具且合理控制灯具数量的方案。同时,鼓励学生动手绘制照明方案设计图,并通过实际安装测试(若条件允许)或模拟评估等实践方式来验证设计的可行性,观察照明方案在实际应用或模拟过程中的优缺点,对设计方案进行优化和完善。

4. 教学难点的分析与说明

多因素对照明效果影响的综合分析复杂性:在研究教室照明时,学生需要综合考虑灯具类型、数量、功率、布局、教室空间结构、墙面反射率等多个因素。例如,要在灯具功率大但可能产生眩光与功率小但光照强度可能不足的灯具之间进行选择,同时平衡灯具布局和教室空间结构对光照均匀度的影响。这对于八年级学生来说具有一定难度,因为他们需要在众多信息中梳理出各因素的主次关系、相互影响机制,在多因素共同作用的情况下进行逻辑分析和决策,部分学生可能难以把握各因素间的复杂关联并做出合理判断。

照明标准与实际设计的结合运用:依据国家教室照明标准进行照明设计,涉及理解标准内涵、将标准转化为实际设计参数等步骤。对于八年级学生而言,理解这些标准的具体含义和实际应用场景较为困难。比如,在根据教室面积和形状确定灯具数量和布局时,既要满足照度要求,又要保证照度均匀度达标,这要求学生具备一定的空间想象能力和数学计算能力。此外,实际操作中可能会遇到各种特殊情况,如教室存在异形结构等,学生可能在将标准灵活应用到具体设计中遇到障碍,难以设计出完全符合标准的照明方案。

跨学科知识在照明设计中的协调运用:教室照明设计涉及物理、数学、美术等多学科知识。在分析照明原理时,需要运用物理中的光学知识;计算灯具数量和布局时,要用到数学中的几何和代数知识;考虑照明对教室环境美观的影响时,则涉及美术方面的审美知识。学生需要将这些不同学科的知识协调运用,对于部分在知识迁移和融合方面能力较弱的学生来说,在不同学科知识间灵活切换并综合运用以解决实际照明设计问题是教学难点。例如,在结合物理知识确定灯具布局时,同时考虑美术方面对教室整体视觉效果的要求,对学生的综合能力提出了较高要求。

（二）学情分析

表 5－14　"教室里的照明"学情分析

分　析　要　点	主　要　方　法
☑认知基础　☑学习特点	☑经验判断法　☑观察法　☑调查访谈法 ☑资料分析法　☐测试法

1. 认知水平

八年级第二学期的学生在数学方面,已经掌握了一定的代数运算和几何知识,能进行面积、体积的计算,也具备初步的函数概念,这为计算教室照明相关数据,如根据教室面积确定灯具数量提供了基础。在物理学科中,他们学习了光的直线传播、反射等知识,对光的基本特性有所了解,但对于将这些知识运用到教室照明设计的复杂情境中,如分析灯具布局与光线反射对整体照明效果的影响,还存在一定困难。他们虽能理解单个物理原理,但在综合运用多个物理知识解决实际照明问题时,知识迁移和整合能力有待提高。此外,学生在之前的课程学习中对数据处理有一定基础,但对于在教室照明设计中涉及的多因素(如灯具类型、功率、教室空间结构等)综合分析以及依据国家照明标准进行量化设计,逻辑思维和分析判断能力还不够完善,需要教师引导和强化。

2. 学习特点

（1）好奇心与探索欲强:这个阶段的学生对生活中的物理现象充满好奇。教室照明作为每天接触的场景,他们渴望了解其背后的科学原理和设计方法。对于如何改善教室照明环境,提高学习舒适度,他们有着浓厚的兴趣和探索欲望。他们积极关注教室照明中存在的问题,如光线过暗或过亮、眩光等,希望通过学习找到解决问题的办法。

（2）实践动手能力增强:八年级学生在经历了一定的实验课程学习后,实践动手能力有所提升,更愿意通过实际操作来验证理论知识。在教室照明学习过程中,他们对使用光照度计测量光照强度、搭建简单照明模型等实践活动热情较高。亲自动手操作能更好地理解照明设计的要点和难点,如灯具布局变化对照明效果的直观影响。

(3)团队合作有进步:经过前期的学习和实践,学生的团队协作能力有了进一步发展。在教室照明设计任务中,他们能够更有效地进行小组分工。例如,有的学生负责收集不同灯具的参数信息,有的学生负责测量教室尺寸,有的学生负责分析数据和设计初步方案。在团队讨论中,他们也能积极交流想法,共同探讨如何优化照明设计方案,解决遇到的问题,如平衡照明效果和成本。

(4)抽象思维仍需提升:虽然八年级学生的抽象思维开始发展,但在面对复杂的照明设计概念和原理时,如光通量、照度均匀度等,理解起来仍有一定难度。在综合考虑多个因素进行照明方案设计时,可能会出现顾此失彼的情况,难以构建完整的逻辑框架。因此,在教学中需要借助直观的实验、案例和图像等方式,帮助学生理解抽象概念,逐步培养他们的抽象思维能力。

(三)教法分析

基于之前的学情分析和内容解析合理选择教法,具体的教法分析如表 5-15 所示。

表 5-15 "教室里的照明"教法分析

核心内容	教学方法	分 析 与 说 明
教室照明情况调研	调研与数据收集整理	使用光照度计测量教室不同位置的光照强度,并使用卷尺测量教室的长、宽、高,记录灯具类型、数量和功率等数据。这一过程让学生亲身体验数据收集过程,培养他们的实践操作能力和对物理知识的感知能力
照明影响因素分析	实验与小组讨论	进行简单的光线模拟实验,分析不同灯具布局、教室墙面颜色等因素对光照的影响,并进行小组讨论。实验操作可以培养学生科学探究精神,通过小组讨论深入了解照明影响因素,提升综合分析能力
设计合理教室照明方案	项目式学习与案例分析	采用项目式学习,让学生综合考虑光照强度、均匀度、眩光控制和节能等因素设计照明方案。同时展示优秀照明方案案例供学生分析学习,在设计过程中培养学生解决复杂问题能力,通过案例分析启发创新思维

（四）课时划分

表 5 - 16　"教室里的照明"课时划分

单元课时	专　　题	课　时
4 课时	专题一：教室照明情况调研	1 课时
	专题二：照明影响因素分析	1 课时
	专题三：设计合理的教室照明方案	2 课时

【单元目标设计】

对教室照明现状进行观察，包括灯具类型、布局和当前光照强度等，能够准确描述教室照明的实际情况，深入理解良好照明对学习环境的重要性，提高对教室照明相关问题的认知水平。

在调研教室照明情况和分析照明影响因素的过程中，能够运用测量工具（如光照度计、卷尺）和数据分析方法，自主设计调研方案、记录和处理相关数据、分析结果，探究各因素对教室照明效果的影响，培养科学探究能力和逻辑思维能力。

基于对教室照明相关因素的分析，学生能够运用物理和数学知识（如光的传播原理、根据教室面积和灯具光通量计算灯具数量）解决实际问题，提出并尝试解决关于教室照明优化的问题，提升运用多学科知识解决实际问题的能力和创新思维。

通过小组合作完成教室照明情况调研、讨论照明影响因素、设计照明方案等活动，学生能够共同制定活动计划、分工协作、交流分享，提高团队合作和沟通能力，增强团队协作意识和责任感。

在成果展示环节，学生能够清晰阐述照明方案设计思路、特色与优势，倾听他人意见并反思改进，加深对教室照明设计知识的理解和应用，提升表达能力和批判性思维。

表 5 - 17 "教室里的照明"专题目标设计

专 题	专题教学目标
专题一：教室照明情况调研	1. 能够熟练运用光照度计、卷尺等工具获取教室不同区域光照强度、教室尺寸和灯具相关数据，准确理解照明情况与教室环境的关系 2. 通过对测量数据的分析，正确评估不同照明布局的可行性，提高对物理空间数据的处理能力，并能解决简单的照明与空间相关问题，增强运用物理知识解决实际问题的能力 3. 在数据收集与分析过程中，培养学生独立思考、严谨认真的科学精神，激发对教室照明知识的学习兴趣
专题二：照明影响因素分析	1. 能够全面收集灯具类型、功率、教室空间结构、墙面反射率等方面的信息，准确理解各因素对照明效果的影响机制 2. 通过实验模拟、小组讨论等方式，正确分析不同因素对照明的影响，提高对数据的综合分析能力，并能解决简单的照明影响因素分析问题，增强运用多学科知识解决实际问题的能力 3. 在照明影响因素分析过程中，培养学生的调查研究、归纳总结的科学精神，激发对教室照明中物理因素的学习兴趣
专题三：设计合理的教室照明方案	1. 能够综合考虑光照强度、均匀度、眩光控制和节能等因素，准确理解各因素在照明方案设计中的权重 2. 通过运用相关标准和数学方法，正确设计出满足不同需求的教室照明方案，提高综合运用多学科知识解决复杂问题的能力，并能对设计的方案进行优化和调整，增强实践操作能力 3. 在照明方案设计过程中，培养学生的创新思维、团队协作的科学精神，激发对教室照明方案设计实践的学习兴趣

【单元教学问题的诊断】

单元教学问题 1

学生对教室照明情况的调研存在困难。部分学生可能无法正确地使用照度计和卷尺等工具测量教室不同区域的光照强度和教室尺寸，也不能准确地记录和统计灯具的类型、数量、功率和布局等数据，进而难以理解教室照明现状。

针对性教学措施：针对教室照明情况调研困难的问题，教师可以在教学开始时，进行一次工具使用的示范操作，详细地讲解光照度计的测量方法和注意事项以及卷尺测量教室尺寸的技巧。同时，给出数据记录的规范格式，让学生通过实际操作来熟悉测量和记录过程。

单元教学问题2

学生对照明影响因素的综合分析存在不足。由于照明影响因素包括灯具参数、教室空间结构、墙面反射率等多方面,学生可能难以全面地分析这些因素对照明效果的影响并理解它们之间的相互关系。

针对性教学措施:为帮助学生更好地分析照明影响因素,教师可以组织实验模拟活动,让学生通过改变灯具数量、位置和教室墙面颜色等变量进行简单的光线模拟实验,并观察光线分布的变化。在实验过程中,引导学生从多个维度思考照明影响因素,同时分享和交流实验结果,帮助学生总结出分析方法和规律。

单元教学问题3

学生在设计合理教室照明方案时存在思维障碍。学生可能在综合考虑光照强度、均匀度、眩光控制和节能等多因素时感到无从下手,无法合理地运用物理和数学知识(如根据教室面积和灯具光通量计算灯具数量)设计出科学合理的照明方案。

针对性教学措施:为解决学生在设计照明方案时的思维障碍,教师可以先详细讲解相关物理和数学知识在照明方案设计中的应用原理和方法,通过简单的示例让学生初步了解如何综合考虑多个因素进行设计。然后,将教室照明方案设计任务分解成多个步骤,引导学生逐步收集数据、进行计算、选择灯具和规划布局,在学生实践过程中给予及时的指导和反馈,帮助学生掌握设计方法。

【单元教学评价】

本单元为项目式综合实践类课程。该评价设计表涵盖了在该单元教学中评价学生综合能力的各个方面,包括知识掌握、分析能力、解决问题能力、合作能力、创新能力和口头表达能力,如表5-18所示。每个评价项都有相应的评价标准、评价方法,以确保评价的全面性和准确性。

表 5-18 "教室里的照明"评价设计

评价项	评 价 标 准	评 价 方 法
知识掌握	1. 能阐述光照强度、照度均匀度、眩光等概念 2. 了解国家教室照明标准 3. 掌握光照度计和卷尺的使用方法 4. 能根据相关参数进行灯具数量和布局计算 5. 掌握照明影响因素及其对效果的影响机制	课堂知识问答
分析能力	1. 准确整理和记录测量数据 2. 能通过数据对比分析找出照明问题 3. 能分析照明影响因素间的相互关系 4. 能判断各因素对效果影响的主次	1. 数据分析报告 2. 课堂提问与小组讨论观察
问题解决能力	1. 准确识别教室照明实际问题并提出可行思路 2. 所提照明问题解决措施合理、有效 3. 设计照明方案能综合考虑多因素并优化 4. 能根据实际情况灵活调整照明方案	1. 照明方案设计作业 2. 方案实施与评估(若条件允许也可模拟)
合作能力	1. 小组分工合理,成员能承担相应任务 2. 小组成员间协作良好,共同完成任务 3. 小组内沟通顺畅,能有效协调分歧 4. 小组合作氛围良好,促进团队目标实现	1. 小组自评与互评 2. 教师观察
创新能力	1. 在分析照明问题和设计方案时能提出新颖思路 2. 能从不同角度思考照明问题 3. 照明方案有创新性亮点(节能、美观等) 4. 解决照明问题尝试新手段或工具	1. 查看学生的作品中是否有创新元素 2. 在小组讨论和个人展示中,观察学生提出的创新想法
口头表达能力	1. 阐述照明知识、分析问题和介绍方案时表达准确 2. 口头表达具有逻辑性,顺序合理 3. 表达流畅,无过多停顿和重复 4. 表达有感染力,能吸引听众	1. 观察学生在小组讨论和课堂展示中的表现 2. 根据学生回答问题的情况进行评估

评分备注:很好 4 分,较好 3 分,一般 2 分,需改进 1 分。

【跨学科知识】

数学知识:包含数据测量与计算(如使用卷尺测量教室尺寸、运用公式计算灯具数量)、函数关系分析(如灯具功率与光照强度的函数关系)、概率统计(在分析不同照明方案的效果时可运用概率统计知识评估其稳定性)等。学生将运用这些数学知识来处理教室照明中的各类数据,确定合适的照明参数,为设计合理的照明方案提供数据支撑。

物理知识:涉及光学原理(如光的直线传播、反射与折射等用于理解光线在教室中的传播路径和分布)、电学知识(如灯具功率与电能消耗的关系,以实现节能设计)等。通过物理知识,学生能够深入理解照明的本质,分析影响照明效果的物理因素,从而优化照明设计。

美术知识:涵盖色彩与视觉效果(如教室墙面颜色对光线反射和视觉感受的影响)、空间布局与美观(如灯具布局在满足照明需求的同时兼顾教室空间的美观性)等。了解美术知识有助于学生在设计照明方案时,综合考虑照明与教室整体环境的协调性,提升视觉舒适度。

信息技术知识:包括数据采集(如使用光照度计等设备采集教室不同区域光照强度数据并记录到电子表格)、模拟软件应用(如利用简单光线模拟软件分析不同灯具布局下的光照效果)、方案展示(通过演示文稿软件展示照明设计方案)等。借助信息技术,学生能够更高效地收集、分析数据,直观地呈现设计成果,优化照明方案。

语文知识:涵盖文字表达与说明(如撰写照明方案报告、解释照明设计原理)、逻辑组织(在阐述照明方案设计思路和实施步骤时保持逻辑连贯)等。学生运用语文知识可以清晰、准确地表达自己的设计理念和成果,使照明方案更具说服力和可读性。

【跨学科素养】

逻辑推理能力:能够综合考量教室照明中的灯具类型、功率、数量、布局,以及教室空间结构、墙面反射率等多种因素。对这些因素所产生的数据和现象进行梳理、分析与整合,进而逻辑清晰地判断当前教室照明存在的问题,并基于此推理出优化照明方案的方向与可行性。

数据处理与分析能力:熟练掌握运用光照度计、卷尺等工具采集教室照明相关数据的技能,运用数学方法对测量所得的光照强度、教室尺寸等数据进行处理与分析。依据分析结果设计出合理的灯具布局方案,并在后续实践

(如模拟安装或实际调整)中根据新出现的情况灵活调整方案。

沟通协作能力：在小组进行教室照明情况调研、讨论照明影响因素、设计照明方案等活动时，能够清晰地阐述自己对于照明问题的看法、数据测量结果以及设计思路。认真倾听并充分吸收小组成员的意见和建议，通过高效的协同合作，共同完成各项任务，推动照明方案的不断完善。

创新意识：在设计教室照明方案时，突破传统照明设计思路，结合新型节能灯具、智能照明控制系统等创新元素，或者利用独特的空间布局和装饰材料来改善照明效果，设计出别具一格且符合教室使用需求的照明方案，展现创新思维，提升教室照明的质量与效率。

问题解决能力：在照明方案设计过程中，遇到如灯具选择与预算冲突、教室特殊结构导致照明死角、既要保证照明效果又要实现节能等问题时，能够灵活运用物理、数学、美术等多学科知识，从不同维度思考并制定切实有效的解决方案，切实提高解决实际照明问题的能力。

【教学设计】

教室里的照明方案设计

（长课时 3/4—4/4）

教学目标

能综合考虑教室空间结构、灯具参数（类型、功率、光通量等）、照明标准（如桌面及黑板面的照度与均匀度要求）以及节能、成本等要素，运用物理原理和数学计算方法，构建教室照明方案设计模型。通过实地测量、数据收集与分析，精准确定灯具数量、布局及选型，设计出满足教室照明需求且符合各项标准的照明方案，并能条理清晰地阐述设计思路、计算过程及方案优势，切实提升解决实际教室照明设计问题的能力。

能依托小组合作完成教室照明方案设计任务，在实践探究中学会运用数学公式计算灯具相关参数，掌握根据不同因素对照明效果影响进行分析的方法，培养数据测量、整理与深度分析能力，以及逻辑推理和工程设计建模能力。通过对不同照明影响因素的剖析，强化对多因素综合权衡的分析能力，同时显著提升团队协作、沟通表达和自主学习能力。

在设计教室照明方案的实践过程中,激发学生对物理知识在生活中应用的浓厚兴趣,培养创新思维和勇于探索的精神。深刻认识良好的教室照明对学习环境的重要性,增强对学习环境优化的关注,树立科学设计、节能环保和合理规划的意识。

教学重点

学会综合考虑多种因素选择灯具类型,确定灯具数量和布局。

教学难点

在设计中平衡照明效果、节能和成本等多方面因素。

教学过程

一、回顾旧知,提出问题

回顾前两个专题所学内容,展示一些教室照明效果不佳的图片,引导学生思考存在的问题。

问题1:之前了解了教室照明的现状和影响因素,看看这些图片,你们能指出其中照明存在哪些问题吗?

追问:这些问题对我们的学习和生活有什么影响?

思考:我们今天要怎么设计一个合理的照明方案来解决这些问题呢?

【设计意图】此教学环节设计,意在全方位助力学生学习。回顾前两个专题知识,让新旧知识串联,助学生构建完整知识体系。展示照明不佳图片,借直观情境迅速抓住学生眼球,使他们直观感知照明问题,引发思考。而问题引导则层层递进,先让学生指出问题,锻炼观察力;再谈影响,加深对问题的认知。最后抛出设计方案的疑问,点燃学生探索热情,激发他们解决问题的欲望,主动投身到合理照明方案设计的学习中,为后续教学筑牢基础。

二、知识准备,问题引导

活动1:教师简要回顾国家教室照明标准,如教室桌面平均照度不低于300 lx,照度均匀度不低于0.7;黑板面平均照度不低于500 lx,照度均匀度不低于0.8等。同时介绍常见灯具的类型、特点、光通量和功率等参数。

问题2：谁能说说，教室桌面和黑板面的照度标准分别是多少？

追问1：不同类型的灯具，比如LED灯和荧光灯，它们在光通量和节能方面有什么区别？

追问2：知道了这些标准和灯具参数，对我们设计照明方案有什么帮助呢？

【设计意图】该教学内容围绕照明标准与灯具参数展开，加强学生对关键指标的记忆，确保方案设计有规可依。介绍常见灯具参数，丰富学生知识储备。提出"教室桌面和黑板面照度标准"问题，检验学生对标准的掌握程度。追问不同灯具在光通量和节能方面的区别，促使学生对比分析，为合理选型奠基。最后询问标准和参数对设计方案的作用，引导学生将理论与实践结合，明晰知识运用方向，为后续设计出科学合理的教室照明方案筑牢根基。

三、小组讨论，初步设计

活动2：学生分成小组，根据教室的实际尺寸(提前测量好告知学生)，结合照明标准和灯具参数，开始讨论并初步设计照明方案。教师巡视各小组，给予适当指导。

问题3-1：根据我们所处的教室，按照标准，需要多少光通量的灯具才能满足照度要求？

问题3-2：你们打算选择哪种类型的灯具，为什么？

问题3-3：灯具要怎么布局，才能保证照度均匀度呢？

【设计意图】这一教学活动旨在多方面促进学生成长。组织学生分组设计照明方案，锻炼团队协作能力，让学生学会交流想法、相互配合。教师提供教室实际尺寸，引导学生依据照明标准与灯具参数开展设计，推动知识从理论迈向实践，提升知识运用能力。提出系列问题，像计算满足照度的灯具光通量，促使学生进行数据运算；探讨灯具选型原因及布局方法，培养学生分析与决策能力。教师巡视指导，确保小组活动有序推进，及时解决学生困惑，助力学生逐步形成科学合理的照明设计思路。

四、方案展示，交流汇报

活动3：每个小组派代表展示初步设计的照明方案，包括灯具类型、数量、布局图等,并阐述设计思路。其他小组认真倾听,提出疑问和建议。

问题4-1:你们小组选择这种灯具的依据是什么?

问题4-2:从你们的布局图来看,教室的角落能达到照度标准吗?

问题4-3:有没有考虑过节能问题,这样的方案能耗高吗?

活动4:各小组根据其他小组的建议和教师的点评,对初步方案进行优化。思考如何在保证照明效果的同时,降低成本、提高节能性。

问题5:刚才其他小组提出了关于节能的建议,你们打算怎么调整方案?成本方面,有没有更经济实惠的灯具选择或者布局方式?

追问:怎样进一步优化布局,让照度均匀度更好?

【设计意图】此教学环节设计目的多元。小组代表展示照明方案,能锻炼学生表达能力,使其清晰呈现设计思路,巩固所学知识。其他小组提问,如灯具选型依据、角落照度及能耗问题,培养学生批判性思维,促使其深入思考方案合理性。各小组依据建议和点评优化方案,旨在提升方案质量,让学生在实践中掌握平衡照明效果、成本与节能的技巧。系列追问则引导学生从节能、成本、照度均匀度等多维度优化,全面提升学生解决实际照明设计问题的能力,培育其严谨务实的设计态度。

五、总结与拓展

总结本节课内容,强调合理教室照明方案设计的要点和重要性。引导学生思考在实际安装和使用照明设备时还需要注意哪些问题。

问题6-1:今天我们设计照明方案时,最关键的几个因素是什么?

问题6-2:在实际安装灯具时,可能会遇到哪些问题,我们要怎么解决?

问题6-3:课后大家可以思考一下,如果教室要进行改造,照明方案又该怎么调整?

【设计意图】这一教学环节总结本节课内容,突出合理教室照明方案设计要点,强化学生对核心知识的理解与记忆,明晰设计关键所在。通过提问引导学生思考实际安装和使用照明设备的问题,如灯具安装可能遭遇的空间限制、线路连接等难题,让学生将课堂知识与实际应用紧密相连,提升知识运用能力。课后布置思考教室改造时照明方案的调整，拓展学生思维，促使其从动态发展角度看待照明设计，培养学生举一反三、灵活应对不同场景的能力，为今后解决更多复杂照明问题奠定基础。

六、作业

1. 照明方案计算与分析

假设一间新教室的长为 10 米，宽为 8 米，高为 3 米。请根据国家教室照明标准（教室桌面平均照度不低于 300 lx，照度均匀度不低于 0.7；黑板面平均照度不低于 500 lx，照度均匀度不低于 0.8），计算所需灯具的总光通量。已知选用的某款 LED 灯具单灯光通量为 2 000 lm，发光效率为 100 lm/W。

分析该灯具的功率，并计算在每天使用 8 小时，一个月（按 22 天计算）的情况下，该教室照明的耗电量。

要求：详细列出计算过程，说明每一步的计算依据，并阐述在计算过程中如何考虑照度均匀度的问题。

2. 小组灯具选型对比报告

调研市场上至少三种不同类型的教室照明灯具，从灯具的光通量、显色指数、眩光控制、使用寿命、价格等方面进行对比分析。

制作一个对比表格，清晰呈现各灯具的参数差异。并根据对比结果，结合教室照明的实际需求，撰写一份 500 字左右的灯具选型推荐报告，说明推荐某一款灯具的理由。

3. 模拟教室照明方案设计与展示

以小组为单位（每组 4—5 人），利用纸盒、小型 LED 灯珠、电池盒、开关、电线等材料，制作一个模拟教室照明模型。模型需按照一定比例（如 1：50）还原教室的空间结构，并合理布置灯具，展示设计的照明方案。

在模型制作完成后，拍摄一段 3—5 分钟的视频，小组成员在视频中介绍模拟教室的尺寸、所采用的照明方案（包括灯具选型、数量确定、布局设计的思路）以及通过模型展示该方案如何满足教室照明的各项要求（光照强度、均匀度、眩光控制等）。

将视频上传至班级指定的在线平台,并在视频下方附上小组共同撰写的设计说明文档,详细阐述设计过程中遇到的问题和解决方案,以及对教室照明方案设计的进一步思考。

【设计意图】本次作业设计涵盖多方面意图。照明方案计算与分析,旨在让学生运用国家照明标准和灯具参数进行运算,巩固知识,培养数据处理与逻辑思维能力,且在过程中深入理解照度、均匀度概念。小组灯具选型对比报告,促使学生调研市场,拓展知识面,通过对比分析锻炼综合考量与决策能力,依据实际需求推荐灯具,强化理论联系实际的应用能力。模拟教室照明方案设计与展示,借助模型制作与视频介绍,提升学生动手实践、团队协作及表达能力,学生在实践中切实解决照明设计问题,深化对教室照明方案设计的理解,全方位提升综合素养。

第六章

数学建模论文写作指导与学生成果展示

第一节 数学建模论文撰写指导

数学建模是一项复杂的学术任务,数学建模论文是将研究成果系统化、完整地呈现出来的重要载体。通过论文,研究者可以清晰地展示他们所解决的问题、所构建的模型、使用的方法和得到的结果,分享新的思想、方法和技术。同时,论文中详细描述的问题分析、模型建立、方法选择以及结果验证等,可以帮助他人理解和评价研究的质量和价值,是学术交流和合作的重要媒介。

大部分初中生从未撰写过类似的科技类论文,不知道要写什么、怎么写。尤其是对于初次参加建模比赛的团队成员而言,他们要在短短的四天时间解决比赛主办方提出的问题并将其研究成果以数学建模论文的形式进行展示,更是一项艰巨的任务。指导教师该如何指导学生完成这项看似不可能完成的任务?

指导教师要明确以下三点:首先,撰写数学建模论文是将研究成果以系统化、可复现的形式展示给同行和学术界的重要途径,因此需要遵循学术规范和标准的写作方式,撰写结构合理、逻辑清晰、符合学术规范的论文,有助于提高论文的质量和可读性。其次,在论文写作过程中,研究者需要深入分析问题、提出合理的假设、构建有效的模型并对结果进行解释,需要记录研究过程中的思考、决策和实验结果,使得研究工作更加系统和可追溯。同时通过论文写作,研究者能够更系统地审视问题,准确地描述问题的背景和需求,从而在建模过程中更加有效地进行问题分析、模型构建和结果解释,提升解决问题的效率和准确性。最后,数学建模论文写作不仅是如何撰写论文,还包括如何查找文献、引用他人研究、处理数据等学术素养的培养,这对于培养研究者的学术道德和职业素养具有重要意义。

下面就数学建模论文结构、各要素撰写要求来谈谈如何规范写作。

一、数学建模论文的基本结构

数学建模论文由论文题目、摘要、关键词、正文、参考文献和附录等六个部分组成,其中正文部分包括问题重述、模型假设、符号说明、模型建构、模型检验、模型评价、模型应用等七个环节,具体如图 6-1 所示。

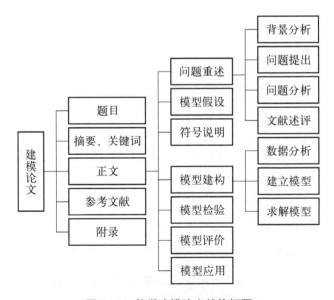

图 6-1 数学建模论文结构框图

二、数学建模论文各要素的撰写要求

下面结合数学建模论文模板,介绍数学建模论文的基本结构与内容。

图6-2　数学建模论文模板

(一) 论文题目

论文题目是读者第一眼接触到的内容,吸引人的题目能够引起读者的兴趣,促使其进一步阅读论文,增加论文的可见性和影响力。论文题目拟定应注意以下几点:首先,应该简洁明了地概括出研究的主题、内容和目的,使读者能够一眼了解到论文的主要方向,有助于读者在浩如烟海的文献中找到感兴趣的内容。其次,题目可以突出论文的独特性、创新性或重要性,让读者对论文产生兴趣。最后,论文题目应该简洁明了,避免使用过长、晦涩或不清晰的词汇和句子,简洁的题目更容易被记住和引用。论文题目是论文中心论点的高度概括,是揭示论文主题的生动新颖表达,要求精炼、准确、亮点突出、表达符合规范。

指导初中生拟定数学建模论文题目应遵循六个原则。① 简明易懂:题目应该简单明了,易于初中生理解和记忆。避免使用过于复杂或晦涩的词汇和句子。② 直接表达主题:题目应该直接表达论文主要研究对象、方法、目的、结果和范围,让读者一目了然地知道论文要讨论的问题和内容。③ 切合生活实际:数学建模论文通常涉及解决实际生活中的问题,因此题目应切合生活场景,让读者感到身临其境。④ 突出研究特点:如果论文有独特的研究方法、创新的思路或重要的发现,可以在题目中突出这些特点,让读者对论文产生兴趣。⑤ 符合学术规范:即使是初中生的数学建模论文,也应该符合基本的学术规范,避免使用夸张、庸俗或不当的用语。⑥ 与读者年龄段相符:题目的内容和表达方式应该与初中生的认知水平和年龄段相符合,不要过于复杂或超出他们的理解范围。

综上所述,初中生数学建模论文的题目应该简明易懂,直接表达主题,切合生活实际,突出研究特点,并符合学术规范,同时考虑到读者的年龄特点和认知水平。

表 6-1 展示了学生拟定的数学建模论文题目,虽然比较稚嫩,但基本符合上述原则,从这些题目中可以快速查找到研究对象、方法、工具和范围等。

表 6-1　学生拟定的数学建模论文题目

数学建模论文题目
交通路口红绿灯的时长设置问题研究
基于层次分析法的 NBA 常规赛 MVP 评选方案设计与应用
基于 keras 模型的气温预测研究
暑期国内旅游城市选择

(续表)

数学建模论文题目
碳中和与碳达峰的预测
关于留学建议指数模型的研究
基于比例函数的商场公共充电桩数量研究
基于弹性回归模型的亏损状态下商家的最优改善方式研究——以三家中小型百货商店为例
基于人工智能的社区疫情物资配送系统研究
基于三角函数的大型车辆转弯内轮差的研究
基于 TF－IWF 算法的网页标记问题研究

（二）摘要

撰写数学建模论文摘要的意义是提供对整篇论文内容的简要概述，为读者提供快速了解论文主题、研究方法、关键结果和结论的途径。摘要字数一般在 500—800 字，包括研究问题的背景、研究的工具或者方法、所建模型的主要特点和主要结论等。

以 2020 年七年级赵某等三位同学撰写的《基于 TF－IWF 算法的网页标记问题研究》摘要为例。

随着互联网的蓬勃发展，网页的数量急剧上升，清晰的标记（如网页公司名，以下简称"网页标记名"）有助于我们快速了解网页的归属。网页标记名常包含在网页 HTML 文件中＜title＞等位置，可以通过爬取网页的 HTML 文件来获得这些内容，然后通过编程计算分析出我们所需要的网页标记名。

针对问题一，主要通过爬虫技术来解决。通过 Python 语言编写程序爬取网页 HTML 信息，主要使用的是 urllib 库和 re 库，成功爬取网页＜title＞，初步了解到可能的网页标记名。我们设计的程序除了无法突破那些有反爬虫系统的网站，其余均能很好地完成爬取任务并成功返回网页＜title＞内容。我们发现有些情况下＜title＞里包含的词语较多，并不能迅速反映网页真正的网页标记名。而问题一的方法对一些＜title＞中仅包含网页标记名的网页有效，但对于＜title＞词语内容较多的网页，则需要进一步爬取＜meta name＞信息来帮助我们进一步计算分析网页标记名。

针对问题二，在 Python 语言编写程序成功爬取网页的＜title＞及＜metaname＞内容基础上，使用 jieba 分词库拆分词语，而后基于 TF－IDF 模型进行核心关键词的计算分析，选出重要程度最高的关键词作为所要寻找的网页标记名。实验发现 TF－IDF 算法虽可以爬取并计算得到网页标记名，不过却常因为非网页标记名在各文本中出现的频率太高导致计算精度不高。采用了 TF－IWF 算法则可以解决该问题。TF－IWF 算法模型用每个词的词频作为权重，有效地缓解了 TF－IDF 模型过分排斥文本导致高频词的不足，该算法更注重协调词频和逆文本频率的协调，改进后的 TF－IWF 模型很好地提升了准确度。

针对问题三，我们随机选取了 100 个网页进行测试，完全准确率达到 59％，基本准确率更是达到 92％，对于大部分网页的应用效果都很好。改进后的 TF－IWF 算法相比 TF－IDF，更加精确地表达了关键词在分析中的重要程度，准确度更高。该算法对于政府类网站效果最好，其次为综合型的网站。而对于那些综合型网站的子类以及专业类网站的网页标记名的爬取计算则有一定的局限性。

通过研究发现：本文建立的 TF－IWF 算法模型具有简单、快速、准确度高的优点。输入网页地址后，很快地便可以利用程序爬取并计算到网页标记名。此模型可以很好地实现本文的网页标记名爬取及计算识别功能，还可以用于进行检索文档或聚类分析等，效果同样会比较显著。

【评析】上述摘要第一段给出研究背景、目的、研究内容、方法和简要研究路径。从第二段开始到第四段则是针对比赛主办方提出的三个问题，简明扼要给出演讲工具、过程、所建立模型的特点及研究结果。最后一段则点出所建模型的优点。摘要表述清晰易懂，直接回答所研究问题。通过该摘要，读者能快速了解论文主体内容,模型特点等关键信息。

结合上述摘要,指导初中生撰写数学建模论文摘要时有以下五个原则: ① 简明扼要:摘要应该简洁明了,用简练的语言概括论文的主题、目的、方法和结论,避免冗长和复杂的句子。② 清晰表达:摘要的内容应该清晰易懂,使用初中生容易理解的词汇和表达方式,符合他们的认知水平和写作能力,避免使用专业术语或复杂的数学公式,确保摘要的内容易于理解。③ 直击问题:摘要应该直接回答论文研究的问题,包括问题陈述、解决方法和结论,不要过多展开背景介绍或讨论。④ 突出重点:突出论文的研究重点、主要方法和最重要的结果,让读者快速了解论文的核心内容,但不要在摘要中涉及过多的细节。⑤ 避免引用:摘要中不应该引用其他文献或参考资料,应该是对论文独立的总结和概述。

综上所述,初中生数学建模论文摘要的撰写原则是简明扼要、清晰表达、直击问题,避免引用,核心信息优先。这些原则能够帮助初中生撰写出易于理解和接受的摘要内容。

(三) 关键词

关键词是为了便于读者快速理解论文的主题、内容和研究方向,让读者在快速了解论文的核心内容,有助于他们更好地理解论文的内容和研究方法。同时,关键词是学术文献检索的重要依据之一,通过关键词可以更快速地找到相关文献,同时也有助于他人引用该论文时正确标注关键信息。

指导初中生撰写数学建模论文的关键词时,需要考虑他们的认知水平和数学知识水平,引导学生了解撰写数学建模论文关键词的四个原则。① 简洁明了:关键词应该简洁明了,使用常见的、容易理解的词汇,避免使用过于复杂或专业化的术语。② 与论文内容密切相关:关键词应该与论文的主题和内容密切相关,能够准确反映论文所涉及的研究对象、研究方法、研究结果等。③ 不宜过多:关键词的数量不宜过多,通常选择 3—5 个关键词即可,确保关键词的精准度和重要性。④ 避免缩写和缩略词:避免使用缩写和缩略词作为关键词,以免造成理解上的困难。

综上所述,撰写数学建模论文关键词时,应该简洁明了、与论文内容密切相关、数量适中、避免缩写和缩略词。这些原则有助于促进关键词准确反映论文的主题和内容,提高论文的可读性和可检索性。

建议其中一个关键词涉及待解决问题,一个涉及所构建的模型,一个涉及所使用的方法工具,还有 1—2 个可根据实际情况确定。如在《基于 TF‑IWF 算法的网页标记问题研究》一文中,其关键词为:网页标记;爬取;TF‑IDF 算法;TF‑IWF 算法。这四个关键词中,"网页标记"涉及所研究问题,"爬取"涉及所使用的研究方法,"TF‑IDF 算法;TF‑IWF 算法"则涉及所建构的模型。

(四) 正文

1. 问题重述

问题重述部分包括背景分析、问题提出、问题分析和文献述评四个部分。

(1) 背景分析

以《基于 TF‑IWF 算法的网页标记问题研究》一文的"背景分析"为例。

随着互联网的蓬勃发展,越来越多的网页出现在我们的面前。如今,互联网上已有超过十亿个网页。如果能够快速有效地获得这些网页的核心信息(如网页标记名或功能等信息,以下简称"网页标记名"),网页标记名将有助于我们快速地了解网页的归属。随着爬虫技术的发展,人们可以通过一些软件自动登录网页地址 URL。URL 就是网页的网址。再通过爬取的 HTML 文件来了解网页所对应的网页标记名是什么。所以如何爬取网页 HTML 文件,在 HTML 文件里到底要选取什么部分,以及用什么方法来根据这些数据给网页找出网页标记名,就是我们需要解决的问题。

【评析】该文的问题背景分析简洁明了,既交代了所研究问题的情境也提出了所要解决的大致问题方向,很好地反映了作者对所研究问题的动机和意义的了解程度。

结合上述"问题背景分析",指导初中生撰写该部分内容时有以下三个要求：① 背景重述应该简洁明了交代研究问题的情境,以通俗易懂的语言解释问题的来龙去脉,让读者能够了解研究的背景和动机,避免使用过于专业化或复杂的术语;② 背景重述的目的是为了清晰和简化问题,使之更易于理解,因此要确保语言简洁、表述清晰、逻辑连贯,使读者能够顺利理解问题的背景和提出的研究目标;③ 切忌重复题目的文字或其他文献的内容,要通过自己的语言重新表述问题,以保持论文的原创性和学术诚信。

（2）问题提出

以《基于 TF–IWF 算法的网页标记问题研究》一文的"问题提出"为例。

问题一：给定一个网页地址 URL,编写程序使其能够爬取这个网页的 HTML,返回网页的＜title＞,通过＜title＞的内容得到网页标记名的第一个版本。

问题二：需要优化程序,并爬取除＜title＞之外更多的信息,使爬取信息更广,结合这些信息进行分析计算,最后输出一个准确的网页标记名。

问题三：分析并列出上面算法的效果与不足,找到一个相对容易的网页子集来提升效果。

【评析】该问题提出环节表述准确、简洁、与问题背景描述相符合。问题结构有层次且指向清晰、符合逻辑。对研究对象的关键信息也有所涉及,能清晰明确地列出研究的目标和重点,体现了作者对所研究问题的理解程度。

结合上述"问题提出",指导初中生撰写该部分内容时有以下四种要求：① 需给出研究对象的关键信息内容,包括研究的对象、范围和特点,列出必要的数据或信息,以支撑问题的提出和研究的开展,但不要过于繁琐,只需列出关键数据即可;② 提出的问题是否与背景描述相符,是否具有合理性和可解决性;③ 提出的问题是否简明扼要,是否清晰明了,各个问题之间是否有内在的逻辑联系;④ 提出的问题是否具体而明确,是否能够明确指出研究的重点和目标,是否能够为后续研究提供明确的方向。

（3）问题分析

以《基于 TF－IWF 算法的网页标记问题研究》一文的"对问题二的分析"为例。

问题一中爬取网页的＜title＞内容虽然可以快速获得＜title＞的信息，从而初步了解到可能含有网页标记名的信息，但＜title＞里面包含的词语较多，＜title＞里可能不仅含有网页标记名，还有些其他的内容（如网站主要功能），很难一下子判断哪个词语是对应着网页标记名，快速从＜title＞里提取出网页标记名就比较困难，具有一些局限性，于是需要想办法分析 HTML 文件中＜head＞里面的其他内容，如＜metaname＞内容，通过这些内容并结合一些模型算法进一步分析计算，从而得到更准确的网页标记名。同时，也需要我们把问题一中的计算机程序升级到第二版，以帮助我们通过爬取网页相关内容及计算分析输出得到一个更准确的网页标记名。

【评析】"问题分析"是将具体问题抽象为数学模型的桥梁，反映了对现实问题的认识程度，是解决问题的思维雏形，起到承上启下的作用。需要利用信息和条件对题目做整体分析，即打算用什么方法，通过什么路径建立模型解决问题，阐述解决问题的大致方向即可，不用详细解说。但上述"问题分析"环节并没有谈及打算用什么方法、通过什么路径建立模型解决问题，更多的是叙述问题一模型的不足，仅提到"想办法分析"，那么是什么办法？ 提到"结合一些模型"指什么模型呢？

结合上述"问题分析"，指导初中生撰写该部分内容时有以下四点要求：① 对题目进行全面的分析，包括问题的核心要素、难点和关键信息，凸显问题的重难点，为建立数学模型奠定基础；② 要充分讨论和思考各种可能的情况和解决方案，确保问题的全面性和综合性；③ 需要大致给出解决问题的方法、工具、路径，明确模型建立的思路和步骤；④ 问题分析应该逻辑清晰、条理分明，各个步骤之间应该有内在的逻辑联系，确保问题分析的过程清晰可见，不会使读者产生困惑。

（4）文献述评

撰写数学建模论文的文献综述环节是非常重要的一步。针对某研究主题,梳理整合相关领域中已被实践与研究过的信息,以合乎逻辑的方式,提取关键信息和观点,对已有的研究成果进行总结和概括,对研究的方法、结果、发现和局限性等方面进行比较和分析,以便读者了解当前研究的现状和进展。指出当前研究中存在的空白和不足之处,以及需要进一步研究的方向和问题,为自己的研究提供理论基础和动机。文献述评的过程也是为上个环节问题分析做准备,借鉴学习他人做法,为自己的问题解决提供思路,为研究提供知识储备、理论基础和概念框架,找出自己研究的创新点。

初中生撰写文献述评内容时有以下四点要求：① 客观分析本研究领域已有成果,指出贡献和不足,不能"只述不评"（无智力投入和创新）,必须给出自己的判断；② 需要通过文献查阅,证明自己要研究的课题或问题尚未得到解答或使用的方法工具与他人不同,即确定研究贡献、创新和价值；③ 关注最新研究进展,并对文献的质量进行客观评价,包括研究设计、数据分析、结论推断等方面,避免盲目追随,确保所引用的文献具有科学可信度；④ 在文献综述中,应遵循学术规范,对所引用的文献进行正确的引用和标注,确保学术诚信和版权尊重。

2. 模型假设

在数学建模过程中,模型假设包括总体假设和具体模型假设,它们分别具有不同的作用和层次。① 总体假设是对研究问题整体性质和基本前提的假设,它们通常与研究问题的背景、范围和基本特征相关。总体假设建立在对研究问题整体认识的基础上,涉及更广泛的方面,如对问题影响因素的整体性分析、问题的基本特征和约束条件等。总体假设的确定有助于在初步阶段确定研究的方向和范围,为具体模型的建立提供基础。② 具体模型假设是对建立数学模型过程中所需要的具体条件、前提和限制的假设。它们通常是基于总体假设的基础,针对具体数学模型的建立所需要考虑的因素和条件进行的具体规定。具体模型假设通常涉及模型中各个变量的关系、影响因素的量化处理、模型的简化假设等方面。这些假设的制订直接影响着最终数学模型的构建和求解过程。

以《基于 TF‑IWF 算法的网页标记问题研究》一文的"模型假设"为例。

假设 1　每个网页都可以爬取，反爬虫的网站不在我们讨论范围内。

假设 2　每个网页 HTML 文件都包含一条<title>。

假设 3　每个网页的<title>信息中都包含网页标记名。

【评析】假设 1 规定了每个网页都可以被爬取，这意味着在研究过程中，假设了能够访问所有的网页内容，不考虑反爬虫机制的网站。这个假设限定了研究的范围是可以自由获取的网页。假设 2 规定了每个网页的 HTML 文件都包含一条<title>标签，这是 HTML 文件的基本结构之一。这个假设限定了研究的对象是具有标准 HTML 结构的网页。假设 3 规定了每个网页的<title>标签中都包含网页标记名，即网页标题中包含了用于标记的关键信息。这条假设规定了研究的对象在包含了相关信息的标题中。这三条假设为研究网页标记问题提供了基本的前提和限制条件。但这三条假设都属于总假设，作者并没有给出具体模型假设。TF‑IWF 结合了词频（Term Frequency）和逆网页频率（Inverse Web Frequency），用于评估单词在网页中的重要性。该模型的具体假设可以为：假设用户在进行网页标记时会更倾向于标记包含与其兴趣相关的重要关键词的网页内容。该假设可以帮助作者更好地理解 TF‑IWF算法的基本原理和应用，为他们进行相关问题的分析和建模提供了基础。

因此在撰写数学建模论文的模型假设环节，可以结合总假设与具体模型假设，以确保模型的建立与问题的解决紧密相关，同时保持简洁明了。

以下是指导初中生撰写该部分内容时的要求。

（1）总体假设陈述

简要陈述研究的总体假设，即针对研究问题的整体性质和基本前提所做的假设。① 这些假设应该与问题的背景、范围和基本特征相关联。② 简洁明了,确保总体假设能够清晰地概括研究问题,并为具体模型假设的制定提供基础。

(2)具体模型假设说明

① 根据总体假设,区分主次因素,明确研究的关键变量,列出具体模型假设,即建立数学模型所需的具体条件、前提和限制的假设。② 对每个模型假设进行合理性评估,考虑其在问题背景下的适用性和可行性。③ 每个具体模型假设应该明确、清晰地陈述。④ 根据实际情况和问题需求,评估模型假设是否合理、是否能够反映真实情况,并能够为模型的建立和求解提供有效的指导。

3. 符号说明

符号说明环节确保作者及读者对模型中使用的符号、变量以及参数有清晰准确的理解。通过明确每个符号所代表的含义,可以避免读者对符号产生歧义或误解,确保信息传递的准确性、一致性,减少阅读和理解的困难,提高论文的可读性。符号说明可通过列表的方式对相关变量的符号和重要名词进行定义和说明。

以下是指导初中生撰写该部分内容时的要求。① 使用简洁明了的语言对每个符号进行解释,确保读者能够准确理解每个符号所代表的含义。② 符号说明应该保持统一规范,确保在整篇论文中使用的符号表示方式一致。避免使用多种符号表示同一概念,以免引起混淆和歧义。③ 符号说明应该尽可能地详尽完整,包括模型中所有使用的符号、变量和参数。确保所有符号都得到了解释,避免遗漏重要的符号。④ 符号说明应该按照逻辑顺序进行排列,通常可以按照字母顺序或者符号使用的先后顺序进行排列。这样有助于读者快速找到他们需要的符号解释。⑤ 如果某些符号来源于特定文献或者其他资料,可以在符号说明中标注出处,以便读者查阅相关资料获取更多信息。

4. 模型建构

模型建构部分包括三个环节:数据分析、建立模型和求解模型。

（1）数据分析

该部分涉及数据的收集、整理和分析。数据收集、整理和分析需注意以下几点。① 在开始数据收集之前，明确研究问题，并确定所需的数据类型、来源和数量，即确定要解决的问题需要哪些数据来支持研究。例如，如果要研究学生的学习习惯，可能需要了解他们每天花多少时间在学习上。② 根据研究问题的需求，选择简单、易得、可靠的数据来源，包括通过实验观测、调查问卷、网络搜索、查阅图书馆书籍等方式收集数据。例如，可以设计一个简单的调查问卷，询问同学们每天的学习时间。③ 在收集数据时要确保数据的准确性，尽量避免数据的错误和偏差。例如，在设计问卷时，确保问题清晰明了，不会引起误解。④ 收集到数据后，对数据进行整理和清洗，删除不完整或不准确的数据，并统一数据格式。可以使用 Excel 等工具进行简单的数据整理和清洗。⑤ 根据问题和数据的特点，选择合适的分析方法。这可能包括统计分析、机器学习算法、数学建模等方法。确保所选方法能够有效地回答研究问题，并且符合数据的分布和特征。如果只是想了解数据的一般情况，可以使用简单的统计方法，如平均数、中位数等。⑥ 在进行数据分析时，保持透明和可复现性。记录分析的步骤、方法和结果，使得他人能够重新复现和验证分析的过程和结论。这有助于提高研究的可信度和可靠性。可以使用图表、图表等方式来展示数据分析结果。⑦ 对数据分析的结果进行解释和推断，得出合理的结论。确保结果与研究问题相符，并且能够清晰地传达给读者。避免对数据的过度解释和武断推测，保持客观和科学的态度。⑧ 在收集和使用数据时，要尊重他人的隐私和权利，不要收集过多的个人信息，遵守相关法律法规和伦理道德。

以下是指导初中生撰写该部分内容时的要求。① 能够清晰明确地描述研究问题，并明确所需的数据类型和来源。② 数据收集具有一定的代表性和可信度，无明显的偏差或错误。③ 能够有效地处理数据，确保数据的准确性和一致性。④ 能选择合适的分析方法，并能够运用简单的统计方法或图表展示数据分析结果。⑤ 数据分析过程透明清晰，能清晰地向读者展示数据分析结果,并且清晰地解释数据的含义。⑥ 结论与数据分析结果相符合,并且能够合理解释数据的含义以及对所研究问题作阐释。⑦ 在数据收集和使用过程中考虑到了隐私和伦理问题,是否尊重他人的隐私权和个人信息安全。

(2)建立模型

指导初中生撰写该部分内容时的要求有以下几点。① 在模型建构过程中,确保逻辑推理的严谨性。避免在推理过程中跳跃,确保论文的逻辑清晰,不会因逻辑推理不足而影响论文的说服力。② 对所建构的模型要进行分析和论证,对模型的构建过程需进行逐步解释和论证,确保读者清楚地了解模型的建立过程,让读者能够跟随作者的思路理解模型的逻辑。③ 在需要推理和论证的地方,应提供推导过程,并力求严谨。这样可以确保模型的建立是基于科学的推理和论证,提高模型的可信度和科学性。④ 在引用现成定理时,确保验证满足定理的条件,以确保引用的定理具有适用性和可靠性。⑤ 用通俗易懂的语言将得到数学模型的过程准确表达,使读者能够理解模型的建立过程,并且具备判断模型科学性的依据,要避免过于晦涩或复杂的表达方式。⑥ 在模型建构环节,应该充实论文的细节,包括参数的选择、假设条件的明确等,以确保模型的完整性和可信度。⑦ 模型的阐述要注意层次和技巧,如果使用某些已有的算法、工具和理论,则需先介绍该算法、工具、理论,再阐明为什么选择这个算法、工具和理论。

(3)求解模型

在数学建模论文中,求解模型是核心步骤之一。它涉及对建立的数学模型进行求解,得出问题的解答或结论。

指导初中生撰写该部分内容时的要求有以下几点。① 能根据建立的数学模型的性质和特点,选择合适的求解方法。这可能涉及数值方法、解析方法、模拟仿真方法等。确保所选方法能够有效地求解模型,并且能够满足精度和效率的要求。② 在进行模型求解过程中,保持透明和可复现性。要求清晰记录求解的步骤、方法和结果,使得他人能够重新复现和验证求解的过程和结果。这有助于提高研究的可信度。③ 在进行数值计算时合理设置参数,并控制计算的精度。确保参数的设置合理,不会对求解结果产生过大的影响;同时,要注意控制计算误差,保证结果的准确性。④ 对求解得到的结果进行分析和解释,得出合理的结论。确保结果与问题的要求相符合,并且能够清晰地传达给读者。避免对结果的过度解释和武断推测,保持客观和科学的态度。⑤ 在进行模型求解时,考虑模型的稳健性和可靠性。评估模型在不同参数和条件下的稳定性和表现,确保模型能够在不同情况下保持有效性。⑥ 对求解结果进行验证,以确保结果的准确性和可信度。这可能包括与实际数据对比、与已有研究结果对比、敏感性分析等方法,以验证模型的有效性和可靠性。当然这一部分也可以放到模型检验的环节。⑦ 在论文中适当地包含求解模型的技术细节和实现细节,以便读者能够理解和复现求解的过程。这有助于提高研究的可理解性和可复现性。

以上这些要求有助于确保模型求解过程的科学性和可信度,提高模型和结论的质量。

5. 模型检验

模型检验是确保模型可靠性和有效性的关键步骤之一。

模型检验的方式包括以下三种。① 实证验证:模型检验应该基于实证数据进行,而不仅是理论分析。通过与真实数据的比较,验证模型在实际情况下的预测能力和适用性。② 交叉验证:采用交叉验证的方法来验证模型的有效性。将数据集分为训练集和测试集,通过在测试集上验证模型的性能,避免过拟合和数据偏差的问题。③ 对比实验:开展对比实验,将模型的预测结果与其他模型或者基准模型进行比较。通过对比实验,评估模型的优劣和独特性。

模型检验应该从多个方面进行评估,包括模型的拟合度、预测精度和稳健性等。不应仅仅依赖于单一指标来评价模型的好坏。如果模型在检验过程中发现问题,应该及时进行修正和改进。根据检验结果,调整模型的参数或结构,可以提高模型的拟合度和预测能力。详细记录模型检验的步骤和结果,确保检验过程的可追溯性和可验证性。

指导初中生撰写该部分内容时的要求有以下几点。① 清楚模型检验的重要性,以及理解为什么需要对模型进行检验,能够清晰地解释模型检验对于确定模型可靠性的作用。② 能够根据模型的特点和问题的需求,选择合适的检验方法,如拟合度检验、交叉验证等。③ 论述具有逻辑性和条理性,清晰明了,步骤合理,推导过程严谨,能够清晰地表达自己的想法和观点。④ 能够适当地引用相关文献和资料,支撑自己的论述和结论,能够正确地参考和引用他人的研究成果,并注明来源。

6. 模型评价

指导初中生撰写该部分内容时不局限于模型优缺点评估,可以考虑以下几个方面。① 探索模型在不同情景下的变化是重要的一环。例如,可以考虑在不同的环境条件下,模型的预测结果是否稳健以及模型对参数变化的敏感性如何。这样的分析有助于确定模型的适用范围和局限性。② 假设条件的变化:通过改变论文一开始所做的假设条件,可以观察到模型的变化及其对结果的影响。指出这些变化对模型的优缺点、敏感性以及应用的影响,有助于深入理解模型的可靠性和实用性。③ 拓展思路和比较分析:除了考虑实际情况下的变化,还可以拓展思路,比较不同建模方法引起的结果差异。通过这种方式,可以进一步探讨不同建模方法的优劣以及它们在特定情境下的适用性。④ 模型的优缺点评估:对模型的优缺点进行全面评估,包括模型的精确度、稳定性和适用性等方面。指出模型的局限性和改进空间,有助于完善模型并提高其实用性。

7. 模型应用

该环节是对所建立模型的应用情况进行总结和展望的部分。

指导初中生撰写该部分内容时可以考虑以下几个方面。① 应用总结:首先对所建立的数学模型进行应用总结,回顾模型在解决实际问题中的应用情况。具体包括模型在实际场景中的使用情况、解决问题的效果以及对相关领域的贡献等方面的总结。② 结合实际情况:展望内容应该结合实际情况,考虑到当前问题的现实背景和未来发展趋势。展望的内容应该具有针对性和实践性,能够为相关领域的实际应用和决策提供参考。③ 展望未来:展望未来是模型应用及展望环节的重要内容,需要对模型应用的未来发展方向和可能的改进方向进行展望。这包括对模型在不同领域和场景中的应用前景进行探讨,提出模型改进的建议和方向。④ 科学性和可靠性:在展望未来时,要求内容具有科学性和可靠性,避免空泛的臆测和主观猜测。展望应该基于对当前问题和领域的深入了解和分析,提出具有合理性和可行性的建议和展望。⑤ 创新性和前瞻性:展望内容应具有一定的创新性和前瞻性,能够提出新颖的观点和见解,引领未来研究方向的发展。展望内容不应局限于当前问题,而应着眼于未来发展趋势和新的挑战。

以上要求有助于确保模型应用及展望环节的内容全面、科学、可靠,为相关领域的进一步研究与应用提供有效的指导和参考。

(五) 参考文献

参考文献在论文写作中具有重要的作用,它们不仅可以支撑论据和证据,展示研究背景和文献综述的来源,引出研究问题和意义,提供研究方法和技术支持,还可以促进学术交流和合作。因此,在论文写作过程中,正确、恰当地引用参考文献,遵循学术诚信和规范。

指导初中生撰写该部分内容时可以考虑以下几个方面。① 准确性和可靠性:引用的文献应准确无误,并具有可靠的来源。确保所引用的文献内容真实可信,能够为论文提供充分的支持和证据。② 多样性和权威性:引用的文献应具有多样性和权威性,涵盖相关领域的不同方面和不同观点。选择权威性较高的期刊、书籍、学术报告等作为参考文献,确保引用内容具有学术价值。③ 时效性和更新性:参考文献应具有一定的时效性和更新性,反映当前研究领域的最新进展和研究成果。优先选择近年来发表的文献,以确保引用内容的新颖性和前沿性。④ 全面性和合理性:参考文献应具有全面性和合理性,覆盖相关领域的主要观点和研究成果。确保所引用的文献涵盖了论文研究范围内的主要内容,能够全面反映当前研究领域的发展状况。⑤ 规范性和统一性:引用文献的格式和风格应符合相应的学术规范和要求。根据论文所采用的引用格式(如 APA、MLA、Chicago 等),对参考文献进行统一的格式和风格设置,确保引用内容的规范性和统一性。⑥ 审慎性和谨慎性:引用文献时应审慎选择,避免盲目引用和随意引用。确保所引用的文献与论文主题和内容相关,能够为论文提供实质性的支持和论证。⑦ 诚信性和原创性:引用文献时应遵守学术诚信原则,注明引用来源,确保引用内容的原创性和归属性。避免抄袭他人作品,确保所引用的文献符合学术道德和规范。

(六) 附录

附录中可收录:计算程序、框图、各种求解演算过程、计算中间结果、各类图形和表格。

指导初中生撰写该部分内容时可以考虑以下几个方面。① 附录中的内容应该与论文主体相关,并且有助于读者更好地理解论文内容。不相关或无关紧要的内容不应出现在附录中。② 附录中的信息应该完整、清晰、准确,确保读者能够准确理解其中的内容。数据、图表、代码等信息应该详尽而完整地呈现,以满足读者的需求。③ 附录的排版格式应与正文一致,包括字体、字号、行距等方面的设置。表格、图表、代码等内容应按照规范的格式进行排版,清晰易读。④ 如果附录中包含多个部分,应给每个部分进行编号,并在正文中引用相应的附录内容。编号可以采用字母或数字形式,如附录 A、B、C,或附录 1、2、3 等。⑤ 每个附录部分应有清晰的标题,并在需要时附上必要的注释和解释,以帮助读者理解附录内容。⑥ 如果附录中包含一些特殊符号或缩写,应在附录开头给出解释,以确保读者能够理解其中含义。⑦ 在撰写附录时,要进行审校和校对工作,确保内容的准确性和完整性,避免出现错误和遗漏。

三、论文撰写注意事项

(一) 论文序号等级规范

论文可分为科技类论文和人文类论文。

科技类文稿的层级一律用阿拉伯数字连续编号,不同层次的数字之间加下圆点相隔(即圆点加在数字的右下角),最后数字后面不加标点,如"1""1.1""1.1.1"……数学建模论文归属在科技类论文中,通常使用多级标题来组织文章的结构。

人文类文稿论文层级一般沿用公文的层次序号,即第一层用"一、",第二层用"(一)",第三层用"1.",第四层用"(1)"。不过,现在有些刊物的人文类文稿也采用科技类文稿的层次序号,亦即两种体例的层次序号均可使用。

上述两类论文文稿如果第三层级下需要分点叙述时,均可用"(1)"这种层次序号,更小的层次则用"①"这种层次序号。序号应左顶格书写。有标题时,在序号后空一字距写标题,另起一行写具体内容;没有标题时,在序号后空一字距再写具体内容;层次标题力求简短,一般不要超过 15 个字,标题末不用标点符号。

(二) 论文图形要求

清晰度要求:图形应当清晰可辨,线条精细,文字清晰可读。图形应当具有足够的分辨率,以保证在打印或显示时不会出现模糊或失真的情况。

编号和标题要求:每个图形都应当有明确的编号和标题,便于读者查找和理解。编号一般采用阿拉伯数字进行标识,如"图 1""图 2"等,并按照出现顺序进行排序。图标题应放在图的下方。

图形内容要求:图形应当直观地展示数据或结果,图形的内容应当简洁明了,避免过于复杂或混乱。如果图形包含多个部分或子图,应当清晰标注,以便读者理解。

(三) 论文表格要求

清晰度:表格应当清晰可辨,线条精细,文字清晰可读。表格应当具有足够的分辨率,以保证在打印或显示时不会出现模糊或失真的情况。

编号和标题:每个表格应当有明确的编号和标题,便于读者查找和理解。编号一般采用阿拉伯数字进行标识,如"表 1""表 2"等,并按照出现顺序进行排序。特别注意:表标题应在表格的上方。

表头和行列标识:表格应当包含清晰的表头,标注表头内容和单位,以及列名和行名。表头和行列标识应当与表格内容相匹配,便于读者理解和使用。

(四) 公式要求

格式要求:公式应当按照数学规范的标准格式书写,如使用统一的数学符号、字体和字号,确保公式的一致性和统一性。

层次结构要求：公式应当按照逻辑层次进行书写，确保公式之间的关系清晰明了。在涉及多步推导或复杂表达式时，应当适当添加括号或分号，以凸显公式的结构和逻辑。

编号和引用要求：如果论文中包含多个公式，通常需要给每个公式进行编号，并在文中引用。公式的编号一般采用阿拉伯数字进行标识，如"(1)""(2)"等，并按照出现顺序进行排序。

对齐方式要求：公式中的符号和运算符应当对齐，以保证公式的美观和可读性。通常采用等号对齐或符号对齐的方式，避免出现错位或混乱的情况。

文字说明要求：公式一定要有解释，一般在式子的下面，主要说明所提到的变量的意义、式子的意义、理论基础或所包含的思想，以帮助读者理解公式的含义和推导过程。

单位和量纲要求：公式中涉及的单位和量纲应当清晰标注，以确保公式的物理意义和数学准确性。单位通常采用国际标准单位，如米、秒、千克等。

公式书写要求：可以使用 mathtype、wps 的公式编辑器，也可使用其他软件以确保公式的格式规范和美观。

第二节　初中生优秀数学建模论文案例

基于 TF - IWF 算法的网页标记问题研究[①]

（第三届上海地区数学建模联校活动　特等奖）

【摘要】

随着互联网的蓬勃发展，网页的数量急剧上升，一个清晰的标记（如网页公司名，以下简称"网页标记名"）有助于我们快速了解网页的归属。网页标

---

① 该篇小论文是上海市虹口实验学校的赵蕴宁、周均乐、盛鸣远三位同学的共同研究成果，已得到授权。

记名常包含在网页 HTML 文件中＜title＞等位置,可以通过爬取网页的 HTML 文件来获得这些内容,然后通过编程计算分析出我们所需要的网页标记名。

针对问题一,我们主要通过爬虫技术来解决。通过 Python 语言编写程序爬取网页 HTML 信息,主要使用的是 urllib 库和 re 库,成功爬取网页＜title＞,初步了解到可能的网页标记名。我们设计的程序除了无法突破那些有反爬虫系统的网站,其余均能很好地完成爬取任务并成功返回网页＜title＞内容。

我们发现有些情况下＜title＞里包含的词语较多,并不能迅速反映网页真正的网页标记名。而问题一的方法对一些＜title＞中仅包含网页标记名的网页有效,但对于＜title＞词语内容较多的网页,则需要进一步爬取＜meta name＞信息来帮助我们计算分析网页标记名。

针对问题二,我们在 Python 语言编写程序成功爬取网页的＜title＞及＜metaname＞内容基础上,使用 jieba 分词库拆分词语,而后基于 TF－IDF 模型进行核心关键词的计算分析,选出重要程度最高的关键词作为所要寻找的网页标记名。实验发现 TF－IDF 算法虽可以爬取并计算得到网页标记名,不过却常因为非网页标记名在各文本中出现的频率太高导致计算精度不高。采用 TF－IWF 算法则可以解决该问题。TF－IWF 算法模型用每个词的词频作为权重,有效地缓解了 TF－IDF 模型过分排斥文本导致高频词的不足,该算法更注重协调词频和逆文本频率的协调,改进后的 TF－IWF 模型很好地提升了准确度。

针对问题三,我们随机选取了 100 个网页进行测试,完全准确率达到 59％,基本准确率更是达到 92％,对于大部分网页的应用效果都很好。改进后的 TF－IWF 算法相比 TF－IDF,更加精确地表达了关键词在分析中的重要程度,准确度更高。该算法对于政府类网站效果最好,其次为综合型网站。而对于那些综合型网站的子类以及专业类网站的网页标记名的爬取计算则有一定的局限性。

通过研究发现：本文建立的 TF－IWF 算法模型具有简单、快速、准确度高的优点。输入网页地址后，很快地便可以利用程序爬取并计算出网页标记名。此模型可以很好地实现本文的网页标记名爬取及计算识别功能，还可以用于检索文档或聚类分析等，效果同样会比较显著。

【关键词】

网页标记；爬取；TF－IDF 算法；TF－IWF 算法

1. 问题的重述

1.1 问题背景分析

随着互联网的蓬勃发展，越来越多的网页出现在我们面前。如今，互联网上已有超过十亿个网页。如果能够快速有效地获得这些网页的核心信息（如网页标记名或功能等信息，以下简称"网页标记名"），网页标记名有助于我们快速地了解网页的归属。随着爬虫技术的发展，人们可以通过一些软件自动登录网页地址 URL。URL 就是网页的网址，再通过爬取的 HTML 文件来了解网页所对应的网页标记名是什么。所以如何爬取网页 HTML 文件、在 HTML 文件里选取什么部分，以及用什么方法来根据这些数据给网页找出网页标记名，就是我们需要解决的问题。

1.2 问题的提出

问题一：给定一个网页地址 URL，编写程序使其能够爬取这个网页的 HTML，返回网页的＜title＞，通过＜title＞的内容得到网页标记名的第一个版本。

问题二：由于一些情况下＜title＞中除了网页标记名还会包含不必要的信息，导致我们无法直接获得确切的网页标记名，问题一的方法具有局限性。所以我们需要优化程序，并爬取除＜title＞之外更多的信息，使爬取信息更广，结合这些信息进行分析计算，最后输出一个准确的网页标记名。

问题三：分析并列出上面算法的效果与不足，找到一个相对容易的网页子集来提升效果。

1.3 问题的分析

1.3.1 对问题一的分析

对于问题一，<title>里面一般都会含有网页标记名的信息，所以可以通过爬取网页 HTML 所包含的<title>信息来爬取可能的网页标记名，而网页的<title>内容获得可以借助一些计算机语言来编程爬取该 URL 对应的 HTML 文件，通过返回 HTML 文件的里面<head>里的<title>的内容，将<title>的提取出即可初步找出可能的网页标记名。

1.3.2 对问题二的分析

问题一中爬取网页的<title>内容虽然可以快速获得<title>的信息，从而初步了解到可能含有网页标记名的信息，但<title>里面包含的词语较多，<title>里可能不仅含有网页标记名，还有些其他的内容（如网站主要功能），很难一下子判断哪个词语是对应着网页标记名，快速从<title>里提取出网页标记名就比较困难，具有一些局限性。于是需要想办法分析 HTML 文件中<head>里面的其他内容，如<metaname>内容，通过这些内容并结合一些模型算法进一步分析计算，从而得到更准确的网页标记名。同时，也需要我们把问题一中的计算机程序升级到第二版，以帮助我们通过爬取网页相关内容及计算分析输出得到一个更准确的网页标记名。

1.3.3 对问题三的分析

问题二的解法肯定也有一定的适用范围和局限性。可以用第二版程序对各种网页进行实验，然后详细分析并列出这个的算法的效果与不足。分析这个方法对哪些网页效果较好，哪些网页效果较差。并且尝试通过爬取 HTML 中更多的信息内容，找到一个相对容易的网页子集来提升效果，以使得对网页标记名的爬取更准确。

2. 模型的假设

（1）假设每个网页都可以爬取，反爬虫的网站不在我们讨论范围内。

（2）假设每个网页 HTML 文件都包含一条<title>。

（3）假设每个网页的<title>信息中都包含网页标记名。

3. 符号说明与定义

表 6-2 符号说明与定义

符　号	定　　义
title	网页 HTML 中的＜title＞信息
metaname	网页 HTML 的＜metaname＞信息
N	＜metaname＞包含信息的条数
N	总词语数量
Xi	词语 i 出现的次数
M	所有词语出现次数之和
TF	词频
IDF	逆文本频率
TF－IDF	TF－IDF 值
A	句子的个数
bi	出现词语 i 的句子个数
IWF	改进版逆文本频率
TF－IWF	TF－IWF 值

4. 模型的建立与求解

4.1　问题一的求解

4.1.1　模型的构建

问题一求解的核心是要想办法爬取网页的＜title＞信息。爬虫技术可以很好地解决这一问题。网络爬虫是一种按照一定的规则,自动地爬取网页的程序或脚本的技术。爬虫原理是首先通过 HTTP 库向目标站点发起请求后,等待服务器响应,再爬取相应的页面内容,然后可以解析内容。解决问题一可以分为三步：① 向目标网站发出请求,返回网页的 HTML 文件;② 对网页或数据进行分析和过滤,本问题即是要过滤出 HTML 文件中的<title>中的内容;③ 返回爬取结果。

4.1.2 模型的求解

我们使用了 Python 进行编程,用 Python 中的 urllib 库来爬取网页,再用 re 库截取需要的<title>部分的内容。Python 3 软件编写的爬取网页及爬取<title>内容的代码如图所示(略)。

运行代码,输入一个 URL,就可以得到该网页的<title>。运行程序,输入百度百科的网址,输出<title>信息如下图(略)所示。

通过很多网页的测试,我们发现除了有反爬虫系统的网页,其他都可以准确地爬取<title>。

4.2 问题二的模型与求解

4.2.1 模型一的局限性

在问题一的程序中,直接采用了网页的<title>作为网页名,不过对于在<title>中包含着网页标记名以外的信息一些的网页,这并不是最好的网页标记名。

在 https://www.baidu.com 中,<title>为"百度一下,你就知道"。可是显而易见,我们利用问题一的程序爬取到"百度一下,你就知道"这个信息不是一个最好的网页标记名,"百度"应该是一个更好的网页标记名。也就是说,问题一的解决方法适用于那些<title>中只包含网页标记名的网站,如果<title>中除了网页标记名外还包括其他的词语信息的话则不能很好地得到网页标记名,所以问题二中我们需要尽量改善这种情况。

4.2.2 模型的构建

我们发现,网页 HTML 中除了<title>外,在<meta name>部分中也有一些关于网页的描述。于是问题二在问题一成功爬取网页<title>内容后,进一步爬取<metaname>内容,以使得获得的信息量更大,为最终得到目标关键词奠定基础。一个网页往往包含多条<metaname>内容,比如 metaname<keywords>、metaname<describtion>等多条信息,我们要做的就是从 N

条<metaname>信息结合<title>信息查找目标关键词,这属于一个多文档 (N+1)中查找关键词的问题,可以借助 TF‑IDF 算法模型来求解。

TF‑IDF 算法模型是一种用于信息检索与数据挖掘的常用加权技术,它是一种统计方法,用以评估一个词对于一个文件集或一个语料库中的其中一份文件的重要程度。字词的重要性随着它在文件中出现的次数成正比增加,但同时会随着它在语料库中出现的频率成反比下降。TF‑IDF 算法模型常被应用于搜索引擎,作为文件与用户查询之间相关程度的度量或评级。也可以用来在一堆文本集中寻找关键词,而本文就是要解决这种问题。所以 TF‑IDF 算法模型是解决本题的很好模型及方法[①]。

TF‑IDF 算法包括两部分,分别是 TF 和 IDF。其中,TF 是词频的意思,定义为:

$$TF = \frac{某个词的出现次数}{整个文档中所有的词出现的次数之和}。$$

TF 可以很好地反映出所有的 N+1 篇文档中高频词,TF 值越高,则说明这个词在整个文档中出现的频率越高。但是,一些没有实质意义的词,比如"的""是""和"这种词语更有可能在整个文档中大量出现,这些词显然对实际统计没什么用处,往往会使得我们关心的关键词反而不那么明显。可以用 IDF 来弥补这个缺陷。IDF 是"逆文本频率",定义是:

$$IDF = \lg \frac{总文档数目}{出现过某个词的文档数目 + 1}。$$

最终的 TF‑IDF 值就是将这两个值相乘。TF‑IDF 值既考虑了每个词的出现频率、又兼顾了对一些没有实质意义高频词的影响(类似于噪声影响),某个词的 TF‑IDF 值越大,则这个词越有可能是我们的目标关键词。因此,我们可以借助 TF‑IDF 算法模型帮助我们从这 N+1 个文档中找到目标关键词,也即网页标记名。

---

① 吴军.数学之美 第三版.[M].北京:人民邮电出版社,2020.

4.2.3 模型的求解

模型的求解分为几个部分：

（1）爬取网页的<title>和<metaname>内容

这些内容都在爬取网页的 HTML 文件的<head>里面，<head>不仅有一条<title>信息，N 条<meta name>信息，还有其他元素。我们较为关心的目前只有<title>和<metaname>这两部分，而我们的网页标记名也将从<meta name>中和<title>中的词语里面产生。

（2）对爬取的<title>和<meta name>信息进行处理及分拆

我们把<title>和<meta name>汇总在一起，则总句子数量 a＝N＋1 条句子，把 a 个句子拆成一个个词语，假设一共拆分成 n 个词语，这 n 个词语就是我们要分析的词语数量，我们所要寻找的网页标记名也将从这些词里面产生。

（3）计算每个关键词的 TF－IDF 值，寻找网页标记名

在我们的 TF－IDF 模型中，

$$TF = \frac{某个词的出现次数}{整个文档中所有的词出现的次数之和}。$$

那么词语 n 的 TF 值就是 $\frac{x_n}{M}$，x_n 是词语 n 在所有 a 个句子中总和中出现的次数，M 是所有句子中每个词语出现次数的总和。从公式看，如果一个词在句子中出现频率越高，那么 TF 值会比较大。IDF 值可以表达为：

$$IDF = \lg\frac{总文档数目}{出现过某个词的文档数目＋1} = \lg\frac{a}{bn＋1}。$$

其中 bn 表示包含词语 n 的句子的个数，a 表示总文件数，从公式看，如果一个词在很多句子中都出现了，那么 IDF 值会比较小。正如"模型的构建"中分析，我们可以借助 TF－IDF 算法模型帮助我们从这 N＋1 个文档中找到目标关键词，也即找到网页标记名。

4.2.4 模型的程序实现

利用 Python 编程实现，具体内容如下：

爬取网页的 title 和 meta name

爬取网页的软件代码如下所示(略)。

接下来分别爬取 title 和 meta name 的内容,下面以搜狗为例进行介绍。

title 的信息爬取

爬取 title 内容的软件代码如图(略)所示。

可以看到搜狗网页的 title 信息有一条,信息内容为"搜狗搜索引擎—上网从搜狗开始"。

爬取 meta name 内容的软件代码如图(略)所示。

可以看到搜狗网页的 meta name 信息有 2 条,信息内容包括 keywords 和 description 两条信息内容,也就是两个句子。

去掉字符及停用词,并利用 jieba 库进行分词

在成功爬取到 title 和 meta name 内容后,我们发现 title 和 meta name 都是由句子组成,于是我们先想办法把所有的句子拆分成一个个词语,句子拆分后形成一个个词语,仔细观察不难发现这些词里面包含了一些字符和不具备实际意义的词语,这些词显然不可能是网页标记名,所以我们要想办法把这些词去掉以便后续进行计算分析,具体处理情况如下。

(1) title 的处理

title 处理不是很复杂。先将 title 的句子利用 python 的 jieba 语句进行拆分,可以看到原来的信息内容"搜狗搜索引擎—上网从搜狗开始"拆成了"搜狗""搜索引擎"" ""—"" ""上网""从""搜狗""开始"一共 9 个词。虽然完成了分词,但我们看到这九个词里面包含了一个破折号和两个空格,需要想办法把这些符号和空格去掉,借助去除停用词功能可以实现这一目的,处理后的结果如图(略)所示。

(2) meta name 的处理

对获得的两条 meta name 信息也做同样的处理。软件代码如图(略)所示。

去除停用词的结果如图(略)所示。

最终分词的结果如图(略)所示。可以看到把两个句子拆分成几十个词语。

(3) 将 title 的分词结果与 meta name 的分词结果进行合并

通过以上的处理我们成功地将 title 一个句子拆成了 6 个词语,meta name 的两个句子拆成了 22 个词语和 29 个词语,为了加大样本量以使得对关键词的分析更准确,我们把这三个句子的所有词语合并在一个数组里面进行后续分析。

相关代码及结果如图(略)所示。

计算出这里每个词的 TF－IDF 值;接下来便是对每个词的 TF－IDF 值进行计算,计算代码如图(略)所示。

每个词的 TF－IDF 值计算结果如表 6－3 所示。

表 6－3 TF－IDF 值计算结果

词　汇	TF－IDF 值	词　汇	TF－IDF 值
网页	0.007 113 422 949 266 04	领先	0.007 113 422 949 266 04
视频	0.007 113 422 949 266 04	中文	0.007 113 422 949 266 04
图片	0.007 113 422 949 266 04	支持	0.007 113 422 949 266 04
音乐	0.007 113 422 949 266 04	公众	0.007 113 422 949 266 04
新闻	0.007 113 422 949 266 04	号	0.007 113 422 949 266 04
软件	0.007 113 422 949 266 04	文章	0.007 113 422 949 266 04
问答	0.007 113 422 949 266 04	通过	0.007 113 422 949 266 04
百科	0.007 113 422 949 266 04	独有	0.007 113 422 949 266 04
购物	0.007 113 422 949 266 04	SR	0.007 113 422 949 266 04
中国	0.007 113 422 949 266 04	技术	0.007 113 422 949 266 04
最	0.007 113 422 949 266 04	及	0.007 113 422 949 266 04

（续表）

词　汇	TF - IDF 值	词　汇	TF - IDF 值
人工智能	0.007 113 422 949 266 04	服务	0.007 113 422 949 266 04
算法	0.007 113 422 949 266 04	上网	0.007 113 422 949 266 04
为	0.007 113 422 949 266 04	从	0.007 113 422 949 266 04
您	0.007 113 422 949 266 04	开始	0.007 113 422 949 266 04
提供	0.007 113 422 949 266 04	搜狗	0.0
最快	0.007 113 422 949 266 04	搜索	0.0
最准	0.007 113 422 949 266 04	微信	0.0
最全	0.007 113 422 949 266 04	搜索引擎	0.0

以上所列数据里面，我们将它按照 TF - IDF 值由大到小排序，左边为词语，右边为该词语的 TF - IDF 值，值越高，说明这个词越有可能是我们要找的网页标记名。为了进一步缩小目标关键词范围，考虑到网页标记名一定包含在 title 里面，所以我们又将上述这些词和 title 里面的词进行了查找比对，将最终网页标记名锁定在 title 所含的六个词语中。

利用 title 里出现的词语查找上述词库选取最优的一到两个词语来作为网页标记名，结合 title 里面的词语查找关键词并排序的代码如图（略）所示。

但是结果并不令人满意，很明显本次爬取的目标结果应该是"搜狗"或者"搜狗引擎搜索"，但是最终输出结果却将"上网"排在了首位。这显然不是我们想要的最好结果。虽然我们在实际诸多网页的爬取及分析的测试中，大部分网页可以很好地实现网页标记名的准确计算分析，但总有些网页以网页标记名作为目标关键词排在后面，甚至 TF - IDF 值为负数，给结果带来不好的影响。上文所举的搜狗的例子就是，搜狗的 TF - IDF 值＝0。这需要我们进一步改进模型进行计算分析。

4.2.5 模型的改进

如上所说,有一些网页在基于 TF‐IDF 计算分析网页标记名时出现了问题,一些重要的词算出来的 TF‐IDF 值却是 0,仔细分析原因,主要原因如下。

IDF 值的计算方法非常依赖词语出现的频率,词语频率高的反而 IDF 值低,甚至有些关键词出现在所有的句子里面,导致 TF‐IDF 等于零或者小于零的情况。我们一方面希望目标关键词的词频要高,一方面又不能太高,会给目标关键词的选取带来很多麻烦。

由于一般网页的<metaname>数量比较少,数量越少就更容易引起上述问题。

如果这样的话,这就不能很好地利用 TF‐IDF 算法准确找到网页标记名了。所以接下来我们将 TF‐IDF 的算法进行优化改进。改进后的算法定义为 TF‐IWF 算法模型[①]。在这个算法中,保持 TF 不变,把 IDF 改成 IWF,IWF 是指文档所有词的词频之和除以该词的词频之和:

$$IWF = \lg \frac{所有词的词频之和}{该词的词频之和}。$$

这是一种使用加权的逆文本频率[②],如果要求每一个词的逆文本频率,其算法是将所有的词的词频总和除以这个词的词频再取对数,用这种方法可以将出现频率低的词的权重一起加高到词频高的词,增加了高频权重的同时又避免因在所有<metaname>句子里出现导致 IDF 太低的情况,两者的结合很好地解决了上述问题。

相应的 TF‐IWF 公式为:

$$TF \times IWF = \frac{n_i}{\sum_k n_k} \cdot \lg \frac{\sum_{i=1}^{m} nti}{nti}$$

① 杨林.基于文本的关键词提取方法研究与实现[D].马鞍山:安徽工业大学,2013.

② 蕾姆.TF‐IDF 存在的问题及其改进[EB/OL]. https://blog.csdn.net/qq_34333481/article/details/84256190,2018‐11‐19/2021‐05‐01.

图(略)为改进后 TF - IWF 的软件代码。

基于 TF - IWF 算法的结果可以看出"搜狗"排名最靠前,其次是"搜索引擎",所以我们认为"搜狗"是其网页标记名,计算正确。

这个结果完美地分析出了网页标记名"搜狗"。对其他网页利用改进模型进行测试,也几乎都能准确地计算出网页标记名。因此改进的模型对解决问题二有着很好的作用。

4.3 问题三的模型与求解

4.3.1 模型的测试

选取 100 个网页来测试模型和程序,这 100 个网页涵盖的领域较广,主要包括政府类网站、综合型网站、综合型网站的子类或专业类网站三大类,测试结果略,基于这三大类网站结果的统计分析如表 6 - 4 所示。

表 6 - 4 网页名分析结果

网站类型	爬取网页数	成功数	完全符合数	基本符合数	不符合数	反爬虫数	完全准确率	基本准确率
政府类	20	17	16	1	0	3	94%	100%
综合型网站	54	51	37	10	4	3	73%	92%
综合型网站子类或专业类网站	26	25	2	21	2	1	8%	92%
合　计	100	93	55	32	6	7	59%	94%

上述测试结果中,如果运行结果与实际网页标记名完全一致,把结果标记为"完全符合",如网页标记名为"雅思",运行结果也是"雅思",两者一致。如果运行结果与实际网页标记名不完全一致,但能够反映该网页的主要功能类别,则把结果标记为"基本符合",如网页标记名为"新浪财经",实际运行结果是"财经",两者虽不完全一致,但基本符合。如果运行结果与实际网页标记名很不一致,把结果标记为"不符合"。

通过结果分析可以看出,100 个网站的测试结果中,除去有 7 个具有反爬虫功能不在统计范围之内外,完全准确率达到 59%,基本准确率更是达到 94%,相比 TF-IDF 算法(完全准确率 23%,基本准确率 42%)对网页标记名的计算更为准确,可以很好地用于网页标记名的爬取及计算分析。

4.3.2 适用范围及局限性

结合表 6-3 分析结果可知,该模型爬取并计算网页标记名有一定的适用范围及局限性。对于那些网页标记名鲜明的网站,如政府类网站(如＊＊人民政府)效果最好,完全准确率几乎达到 100%,其次为综合型的网站(如一些新浪、雅虎这类门户型网站以及美团、盒马这类标志型网站),完全准确率为 73%,基本准确率为 92%。而对于那些综合型网站的子类(如新浪财经、百度地图等综合型网站的子类)以及专业类网站(如携程这类网站,其功能特征为"旅游",信息强于自身网页标记名"携程"),虽然基本准确率也可以达到 92%,但完全准确率只有 8%,并不能完全一致地爬取计算出网页标记名。

4.3.3 小结

结合模型的测试及分析,总结如下:

准确率很高。100 个网页中,除去 7 个有反爬虫的,结果完全准确的有 55 个,完全准确率达 59%,其余的 32 个虽然不能精准反映,但也很好地爬取了比较接近网页标记名的关键词,基本能够反映网页的特征,若把这部分也算入,则基本准确率达到 94%。

对于网页标记名在<title>和<metaname>里出现次数较多、包含的词语数量较多的一类网页效果很好;反之,网页标记名出现次数少、包含的词语数量较少的一类网页效果不怎么好,上述 6 个结果为"不符合"的网页基本都属于这种情况。

相比较传统的 TF-IDF 方法,TF-IWF 方法的准确率更高。上述网页利用 TF-IDF 算法进行计算分析,其完全准确率为 23%,基本准确率为 42%,明显 TF-IWF 算法的实施效果更好,对网页标记名的查找准确率更高。优势尤其体现在<meta name>数量非常少的网页或网页标记名在每条<meta name>里都出现的那类网页。

该模型爬取并计算网页标记名有一定的适用范围及局限性。为了让效果更好,还可以再增加爬取网页的一级标题(就是网页上最大的那行加粗字),也就是爬取 HTML 后,返回<body>中的<h1>和</h1>之间的那段内容,这样可以获得更多的词语信息,适当增加权重,必然会提升网页标记名识别准确率。

5. 敏感性分析

我们需要对 TF - IWF 的模型进行敏感性分析。

模型涉及两个变量,分别是网页标记名重复次数和其他词的个数,为了能做敏感性分析,先分别让两个量保持不变,微调另一个变量,画出折线图,看看会导致最终结果波动多少。

假设其他词语每个仅出现一次,计算结果如图 6 - 3、图 6 - 4 所示。

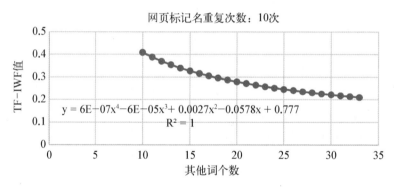

图 6 - 3　其他词的个数作为变量

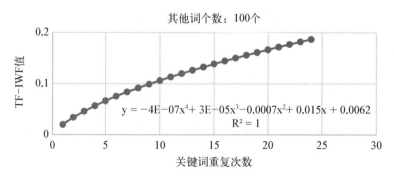

图 6 - 4　网页标记名重复次数作为变量

为了算出变化率,先把图像拟合成多次方程,再求导,如图 6-5、图 6-6 所示,计算出结果是:其他词的个数对 TF-IWF 值的影响在 17% 左右,关键词重复次数对 TF-IWF 值的影响在 1.4% 左右,其他词的个数对最终值的影响要大于关键词出现次数对最终值的影响,且在可能的范围内波动小,模型的实际应用效果好。也就是说,当参与分析的词语个数越多,最终利用 TF-IWF 分析计算的结果将会更准确,这就希望网页的<title>和<metaname>里面包含更多的词语。

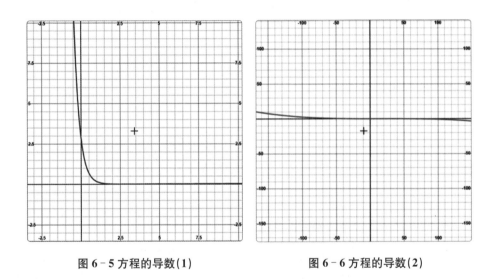

图 6-5 方程的导数(1)   图 6-6 方程的导数(2)

6. 模型的评价

6.1 模型的优势

建立的模型具有以下优势:

(1)简单快速。输入网页地址后,很快便可以利用程序爬取并计算分析到网页的网页标记名。

(2)准确度高。这种加权的 TF-IWF 算法相比较 TF-IDF 模型准确度更高,更大程度上降低了<metaname>中网页标记名在多条信息中出现导致关键词 TF-IDF 值特别小甚至为零的情况,更加精确地表达了网页标记名在分析中的重要程度,准确度比较高,尤其对于政府类网站及综合型网站。

6.2 模型的劣势

本模型的虽比传统 TF - IDF 有不少改进,但也存在一些劣势。

(1) 对于有反爬虫系统的网站无法爬取相关信息。

(2) 对于网页标记名未在＜title＞中出现的情况不适用。

(3) 对于综合型网站的子类或专业类网站完全准确率有待进一步提升。

(4) 本模型对参与分析计算的词语个数比较敏感,对网页标记名爬取及计算的准确率受网页的＜title＞和＜metaname＞所包含的词语数量影响,如果词语数较多的话,准确率较高,反之,词语数越少,准确率越低。所以在后续进一步优化改进模型时考虑引入更多的文本信息从而增加参与分析的词语数以提升准确性。

7. 模型的应用和改进

7.1 模型的应用

此模型可以很好地实现本文的网页标记名的爬取及计算识别的功能,同样还可以用于进行检索文档或聚类分析等,效果同样会比较显著。

7.2 模型的改进

后续可以从三个方面来考虑改进模型。

(1) 分析词性,把名词适当增加权重,因为网页标记名一般都是名词。

(2) 再增加爬取 HTML 后返回＜body＞中的＜h1＞和＜/h1＞之间的那段内容,适当增加网页标记名的权重,因为这里是一级标题,会进一步提升识别准确率。

(3) 进一步优化停用词,扩大停用词的内容,使得结果更加准确。

参考文献

[1] 吴军.数学之美(第三版).[M].北京:人民邮电出版社,2020.

[2] 杨林.基于文本的关键词提取方法研究与实现[D].马鞍山:安徽工业大学,2013.

[3] 蕾姆.TF - IDF 存在的问题及其改进[EB/OL].https://blog.csdn.net/qq_34333481/article/details/84256190,2018 - 11 - 19/2021 - 05 - 01.

第七章

教师能力提升与培养模式

第一节　问题提出

当前我国教师队伍建设仍存在显著的城乡及区域发展失衡问题,其专业化发展路径面临三重结构性矛盾:在制度层面表现为教师职前职后一体化培养机制的系统性不足;在实践层面反映为教师 TPACK 知识结构与新时代核心素养导向的教学需求存在适配落差;在学科发展层面,数学建模教育领域的师资培育问题尤为突出。第十四届国际数学教育大会(ICME‑14)的专题研究报告显示,建模教学实施过程中存在"三维困境"——教师教育课程中建模内容的结构性缺失、课堂教学实践中的经验主义倾向和能力测评体系的维度单一化。

随着核心素养导向的课程改革纵深推进,建模教学已成为我国基础教育课程体系的重要组成部分。《普通高中数学课程标准(2017 年版 2020 年修订)》首次将"数学建模"列为学科核心素养之一,并专设"数学建模活动"教学内容模块。《义务教育数学课程标准(2022 年版)》进一步构建学段衔接框架,在小学阶段培养"模型意识",初中阶段发展"模型观念",标志着建模教学实现基础教育全学段贯通。课程标准文本分析显示,初高中阶段各门学科核心素养体系中,建模能力培养呈现显著的学科渗透特征。例如,在初高中数学、物理、化学等学科核心素养中,"数学建模""模型建构""模型分析"等关键词频繁出现,凸显了其重要地位。然而,如何有效实施建模教学、提升学生建模素养,始终是困扰一线教师的教学难题。2018 年,《中共中央 国务院关于全面深化新时代教师队伍建设改革的意见》明确提出,教师专业发展需遵循"分类施策、精准培养"原则,重点破解区域、城乡、校际的结构性差异。基于教师专业发展的具身认知特征和实践共同体理论,本研究基于中学教师专业发展的具身性和实践性特征,以复杂性理论为视角,致力于构建具有普适性和统整性的建模能力培养模式,为提升中学教师建模教学能力提供理论指导和实践路径。

第二节　教师建模能力研究现状与特征

国际数学建模教学研究呈现出三大发展趋势:研究视角从共性探索走向民族建模,研究场域从高等教育延伸至基础教育,研究方法从描述研究走向干预研究。[①] 此背景下,教师建模能力培养已成为全球教育改革的重要议题。

从国际经验来看,各国已形成各具特色的培养路径。日本通过实施建模教师教育计划,构建了学科任务向建模任务转化的框架体系,并开发了系统的建模培训课程,提升教师建模能力。美国的阿尔瓦斯特(Alwast)与沃霍尔特(Vorholter)团队强调教师情境胜任力的培养,创新性地采用视频分析训练法提升教师的注意技能,从而发展其情境胜任力。德国学者费里(Ferri)与布卢姆(Blum)则提出了四维能力框架,包括理论知识(建模周期、目标、视角和任务类型)、任务技能(建模任务的解决、创建与分析)、教学能力(建模课程设计与实施)以及评价能力(学生建模过程诊断),为教师建模能力培养提供了

---

① 黄健,徐斌艳.国际视野下数学建模教与学研究的发展趋势——基于第 14 届国际数学教育大会的分析[J].数学教育学报,2023,32(1).

系统的理论指导。[①]

国内研究与实践同样取得显著进展。有学者认为,数学建模进入中学课程推动了教学方式的根本性变革,驱动教师数学建模能力提高。[②] 也有学者积极探讨从单一学科拓展至"数学建模＋跨学科"的融合探索,致力于构建面向未来的新型教学模式。在实践层面,逐渐形成"一线教师＋高校＋科研人员"三位一体的协同培养模式,通在教学、教研、科研耦合互促中建模能力得到提升。其中,上海顾泠沅教授领衔的青浦实验既是专业合作模式的典范,也是建模教学实践创新的重要探索。这些研究表明,教师建模认知与非认知因素、技能与能力的协同发展,是决定建模教学成效与学生建模能力培养的关键所在。

第三节　教师建模能力培养特征

建模教学是教师引导学生运用数学思维和语言,对客观事物的属性与内在特征进行系统性描述、演绎推理和分析求解的过程。在这一过程中,学生需要从复杂的现实关系中提炼内在规律,通过数学概括、抽象和运算等方法,构建能够刻画实际问题特征及其变化的数学结构表达式,最终形成反映各要素间数量关系和空间形式的科学模型,从而实现问题解决和建模能力的双重提升。

基于建模教学的本质特征,我们亟须回答两个核心问题:其一,如何有效实施学科建模教学? 其二,如何在教学实践中培养学生的建模能力? 这些问题的解决,归根结底取决于教师建模能力的培养水平。因此,有必要从学科

[①] FERRI R B, BLUM W. Mathematical modelling in teacher education-experiences from a modeling seminar [Z]. Proceedings of the Sixth Congress of the European Society for Research in Mathematical Education，2009：2046 - 2055.

[②] 兰小银,朱文芳.数学建模进入中学课程的意义与价值[J].数学教育学报,2023,32(3).

建模的结构特征、构成要素和内在规律出发,对教师建模能力的培养进行系统分析。

一、现象分析的复杂性

建模教学需引导学生运用数学思维解析社会现象,其复杂性源于现实问题向数学表征的转化,体现为三重认知跃迁。首先,在现象解构阶段,通过批判性思维辨识社会现象中的多源影响因素,建立影响因素集合。其次,在变量筛选阶段,运用数学抽象思维对影响因素进行系统性归类和主次关系的逻辑判别,形成可操作的变量关系框架。最后,在假设转化阶段,通过数学语言将核心变量转化为模型参数,在此过程中平衡现实情境的真实性与数学表达的严谨性。

以《生物》种群变化"实验室酵母菌增长问题研究"的模型假设为例,解说现象分析的复杂性。

1. 现象解构阶段

影响酵母菌增长的因素包括但不限于:温度、pH 值、氧气浓度、营养物质浓度、水分含量、光照条件、压力、气体交换、生理状态、细胞大小和形态、代谢途径和产物积累、环境中的其他微生物、细胞密度和群体效应、培养基成分的质量和纯度、基因工程操作、抑制剂的存在、搅拌速率、操作者技术水平、培养条件的持续时间、培养容器的选择、培养液的预处理、操作过程中的污染控制、培养液的补充和更新、采样方法和频率、操作间隔和频率、温度和湿度控制……

2. 变量素筛选阶段

由于酵母菌培养系统呈现多维度交互作用特征,其影响因素可基于经验认知与科学原理进行系统分类,实现变量结构化处理。将影响因素划分为生物学特性、培养环境与操作规范三个互斥维度建构分类框架;对三个维度进行权重层级排序,确定各维度重要性序列;将每类中的影响因素按照重要程度选取前两个核心影响因素进行关键因素遴选。结果如下:

影 响 类 别	核心影响因素
生物学特性	酵母菌繁殖的速率,细胞周期同步性
培养环境	温度,溶解氧浓度
操作规范	无菌操作合格率、采样时间间隔

3. 假设转化阶段

模型假设在科学研究中承担变量边界界定的核心功能,其作用体现为:① 区分可量化变量(如酵母菌种群增长率)与不可控变量(如操作者技术差异),确定研究范畴划界。② 确定主导系统行为的核心参数,如针对中学生建模实践的特殊性,实验设计聚焦生物学维度下的种群增长率参数,聚焦关键变量。③ 通过将培养环境、操作规范等潜在变量归为恒定条件,消除其他因素的干扰效应,进行次要因素简化。针对"实验室酵母菌增长问题"的现象分析:核心变量为酵母菌单位时间增长率,次要变量为温度、pH 值、营养浓度等,通过假设固定为理想值,操作规范标准。

因此其模型假设可考虑:

生物学特性:假设酵母菌在整个生长过程中,生长速率保持恒定,不受其他因素的影响,只考虑增长因素。

培养环境:假设培养环境中因素保持恒定,不发生变化;培养基中营养物质充足,不受限制,不影响酵母菌的生长。

操作规范:假设操作过程中保持规范,不发生错误或污染,对酵母菌的生长没有影响。

将上述模型假设进一步简化为:

假设 1　初始模型中酵母菌的增长率恒定(为常数)。

假设 2　酵母菌在生长过程中没有受到外界环境的限制。

假设 3　培养条件在整个生长过程中保持恒定。

假设 4　操作过程规范。

通过系统性解构复杂现象,可建立三级处理机制:① 变量层级化,建立主次影响因子序列;② 系统降维,通过关键变量提取将多维系统转化为低维可解空间;③ 确立建模基线,构建最小完备变量集作为基础模型参数体系。该过程本质上是将现实复杂性向数学可解性转化的认知跃迁,既保证初始模型的建构可行性,又通过参数层级结构保留后续优化迭代的拓展维度。

二、研究方法的复杂性

模型构建过程要求教师具备复合型研究方法素养,需整合运用多元方法论体系。具体体现在以下四个维度。① 分类讨论与归纳总结的整合应用。基于复杂现实问题的抽象化建模路径,通过现象解构与特征聚类实现系统性归因分析,建立问题域与解空间的映射关系。② 推理演绎与逻辑判断的协同机制。基于对现实问题的系统解析,教师需运用逻辑推理与演绎分析相结合的方法论框架,通过数学建模语言实现问题要素的量化表征,进而构建具有预测功能的理论范式。③ 跨学科研究的整合性范式。建模过程需建立多学科知识图谱的耦合机制,在系统论指导下实现不同学科理论范式的协同应用,形成兼具整体解释力与多元适应性的分析架构。④ 混合研究方法的动态平衡。基于自然情境的实证研究要求教师采用三角互证法,对多源异构数据资料实施量化统计与质性阐释的交互验证,构建具有解释效度的理论模型,并通过数据可视化技术实现模糊变量的可操作化转换。

以"上海一日游计划制定"为例。该项目研究的核心问题是:在有限的时间、预算和体力条件下,如何科学选择景点并规划路线,满足不同游客的个性化需求。项目解决需考虑如何将旅游计划制定转化为建模问题。一日游涉及多个因素,如时间安排、景点选择、交通路线、预算控制、游客偏好等,需要将这些因素抽象成模型,而后解决问题。

维度一:分类讨论与归纳总结的复杂性。项目研究需要将游客的不同需求进行分类,比如年龄、兴趣、体力状况等,然后归纳出不同类别的游客的偏好和限制条件。在项目实施过程中,我们可以考虑多层级分类体系构建,如初中可设计问卷收集游客信息(年龄、兴趣、预算),手工统计后制作分类条形图;高中可延伸为通过卡方检验验证"年龄与景点类型偏好是否显著相关",通过折线图呈现"景点热度随时间变化"规律等。我们还可以考虑动态归纳挑战,如考虑从携程抓取 100 条景点评论,提取高频词生成词云图(如"排队时间长"出现 58 次);但会发现由于人流拥挤,东方明珠塔评分高但差评率也高。在这个过程中复杂性不仅体现在数据维度冲突即同时处理数值型数据(评分)与文本型数据(评论)的冲突,也还体现在分类标准动态调整,当新增"亲子游客"类别时,需重新计算所有交叉分类结果。

维度二:推理演绎与逻辑判断的复杂性。初中生可以选择用表格整理景点信息(距离、门票、建议时长),再对比步行路线与公交路线的总耗时,比如用"距离=速度×时间"来计算路线时间,或者用线性方程表示预算限制,用试错法或枚举法找最优解。高中生可延伸为建立线性规划模型,用树状图穷举所有可能的景点组合或引入帕累托最优概念,绘制"费用—时间—景点数"三维散点图寻找最优解集。复杂性体现为变量的交互影响,如调整一个景点选择可能引发连锁反应,逻辑悖论处理如当"最短路线"与"最佳体验"冲突时,需设计优先级决策规则。

维度三:跨学科整合的复杂性。跨学科整合的复杂性体现在多学科知识体系的交织应用与矛盾协调中。该案例要求学生将地理、数学、体育、信息技术等学科的核心概念与方法有机融合,形成统一的建模框架,这一过程面临以下四重挑战:

● 知识体系的异构性。不同学科的基础理论与工具存在本质差异,需通过"知识翻译"实现兼容。体育中的能量代谢公式[如步行消耗热量=体重(kg)×距离(km)×1.036]需与数学的时间变量结合,建立体力消耗函数,这一转换过程要求学生理解各学科参数的物理意义,如将"1 万步≈7 公里"的经验公式拆解为"步幅×步数=距离"的数学模型。

● 工具方法的协同障碍。不同学科的工具操作逻辑存在冲突,需设计衔接机制,如地理测绘工具(如纸质地图标记)与数学建模工具如(GeoGebra 坐标系)的协同,现实道路的弯曲走向与数学直线模型的差异需通过"折线修正系数"调整,信息技术工具(Excel 规划求解)与数学建模的衔接。

● 数据标准的统一难题。跨学科数据存在量纲、精度、类型的差异,需建立标准化规则。如单位系统整合、将质性描述(如"景点文化价值高")量化为可计算的指的数据类型转换。

● 学科逻辑的冲突协调。不同学科的最优解标准可能相互矛盾,需建立动态平衡机制。如地理最优路径(最短距离)与行为经济学偏好(多打卡景点)的冲突;数学精确性与现实模糊性的调和,如理论模型中假设"步行速度恒定 5 km/h",但实际需引入波动区间(4—6 km/h),并通过蒙特卡洛模拟评估影响。

在研究过程中存在的复杂性表现有以下几种:需同步调用多学科知识(如同时应用勾股定理与能量公式),易出现"知识割裂"现象;各学科数据误差(如地图测量误差±2%、体力计算误差±10%)在整合后可能放大至 15%以上;方案迭代成本增加,却调整某一学科参数(如增加景点数量)可能引发其他学科模型重构(需重新计算体力消耗与时间分配)。这一过程涉及 4 门学科、6 种工具方法、3 次单位转换,充分体现跨学科整合的多层复杂性。研究者不仅需掌握各学科基础方法,更要理解知识间的耦合机制,这正是研究方法复杂性的核心体现。

维度四:量化与质性分析结合的复杂性。量化方面包括交通时间的数据、门票价格、游客流量统计等,质性方面可能包括游客的评论、偏好调查、文化体验的重要性等。研究者需要通过问卷调查收集相关数据,再将这些质性数据转化为量化的评分应用用于模型。这时候可能需要使用层次分析法(AHP)来给不同因素赋权,或者使用混合研究方法,同时进行定量和定性分析。将主观偏好(质性)转化为评分数据(量化)是研究方法复杂性的体现。在这个过程中复杂性还体现在:如何从海量信息中筛选关键参数,进行数据取舍、误差控制等。

该案例通过四个维度的交织作用,完整呈现研究方法的复杂性:① 多维分类的复杂性,引发数据爆炸即"n 个游客属性—2^n 种组合可能";② 逻辑嵌套的复杂性,导致模型层级递增即"存在基础规则—多目标优化—动态调整";③ 学科壁垒的复杂性,如将"体力值"转化为数学模型参数要求知识翻译能力;④ 混合验证的复杂性,如用表情符号量化情感这类非标数据需要方法创新能力。该案例通过系统性组合产生远超单一知识点的认知负荷,这正是研究方法复杂性的本质体现——简单元素的有机组合将催生高阶复杂性。

三、结果阐释的复杂性

在问题研究的过程中,模型求解结果并不等同于问题解决,需通过严谨的验证流程确认其有效性。此时对所求的解进行阐释和论证是一个复杂过程。研究者需运用技术手段进行验证与分析,将分析结果与实际情况进行对比验证,判断其契合度。如果与实际情况较为吻合,则说明所建立的模型实用性较好,较为符合实际;反之则实用程度差,不符合实际。若存在显著偏差,则需回溯模型假设的合理性,按影响因素权重逐级修正关键参数,重复建模过程,优化模型结构,最终获得符合现实规律的有效模型。

以"传染病传播预测"为例。在传染病预测建模过程中,从 SIR 模型到 SIRS、SEIR、SEIRS 等模型的演变历程,是研究者通过不断修正模型结构以逼近现实规律的探索过程。这一过程不仅反映了模型结果阐释中多重不确定性的交织作用,更揭示了传染病动力学的复杂性本质。

SIR 模型(易感者—感染者—康复者)作为基础框架,以三个相互排斥的群体描述传播链条,其核心假设包含永久免疫性与无潜伏期传播。在麻疹等具有稳定免疫特征的疾病中,该模型曾展现较强的解释力。然而,当面对流感等免疫力随时间衰减的疾病时,模型预测出现系统性偏差:康复者重新变为易感者的现实机制被完全忽略。初始模型的理想化假设使得研究结果与现实吻合度较差。

这种偏差促使研究者引入 SIRS 模型,通过在康复者群体(R)中增加逆向流动至易感者(S)的通道,新增免疫力衰减率(ω)参数。此时,模型结果阐释开始面临新的挑战:ω的取值需结合血清学研究数据校准,而抗体持续时间受年龄、疫苗类型等多因素影响,单一参数的设定可能掩盖群体免疫力异质性,导致模型输出的康复者数量曲线与真实血清学调查出现相位偏移。而当研究转向埃博拉等存在显著潜伏期的疾病时,SIR/SIRS 模型的结构性缺陷暴露无遗。潜伏期个体虽无症状但具备传播能力的特点,使得感染者(I)群体的定义发生根本性裂变。SEIR 模型通过引入暴露者(E)群体,将潜伏期动力学纳入系统方程。

这一修正虽提升了模型对疫情暴发初期增速的解释力,却同步增加了结果验证的维度:潜伏期时长(σ)的设定需与病毒学研究的基因表达数据交叉验证,而无症状感染者的存在导致 E—I 的转化率产生观测偏差。此时,单纯依靠病例报告数据验证模型将产生误导,研究者必须结合密切接触者追踪数据与病毒载量检测曲线,才能准确评估潜伏期参数的合理性。在现实场景中,免疫力衰减与潜伏期传播往往同时存在,这催生了 SEIRS 模型的复合结构。该模型包含四个群体间的双向流动:S—E—I—R—S,形成动态循环系统。

此类模型的复杂性呈指数级增长,主要体现在三个方面。其一,参数间的耦合效应显著增强,如潜伏期(σ)与免疫力衰减率(ω)共同影响传播峰值的周期特性,单一参数的校正可能引发多重共线性问题。其二,群体流动的非线性特征凸显,康复者再感染过程导致传播阈值(R_0)的计算必须考虑既往感染史的空间分布。其三,数据验证需建立多源信息融合框架,例如将血清抗体阳性率数据与病毒基因测序的进化树模型结合,才能解构免疫力衰减与病毒变异对传播动力学的叠加影响。模型结构的每次优化扩展,本质上是对现实复杂性层级的递进式刻画,但也同步抬高了结果阐释的门槛。在 SIR 模型中,群体比例变化仅受感染率(β)与恢复率(γ)支配,决策者可通过调节防控力度直接干预 β 值。但在 SEIRS 模型中,潜伏期传播与免疫力衰减构成双重反馈回路,政策干预需同时考虑隔离措施对 E 群体转化速率的抑制效果以及疫

苗加强针接种对 ω 值的调节作用。这种多参数调控机制使得模型输出的政策模拟结果呈现多解性特征：相同的感染人数曲线可能对应多种参数组合，研究者必须通过反事实推演（如比较"封控＋自然免疫"与"疫苗覆盖＋有限隔离"的混合策略），结合实地防控效果回溯分析，才能确定主导因素。

从 SIR 到 SEIRS 的模型进化史表明，传染病模型的优化绝非简单的参数叠加，而是对系统动力学的持续解构与重构。其结果阐释的复杂性，导致每一次结构修正都带来新的验证难题。可以说传染病模型的迭代历程生动诠释了科学建模的本质：它并非对现实的机械复制，而是通过持续的结构批判与数据对话，在理想化假设与现实复杂性之间寻找动态平衡点。这种平衡的达成，既需要数理逻辑的严谨推演，更离不开对结果阐释中多层次不确定性的坦诚认知与系统管理。这种复杂性倒逼研究者发展出动态权重调整、不确定性量化、异构数据同化等系列技术，使模型逐渐从"确定性预测工具"蜕变为"不确定性管理系统"。

第四节　教师建模能力培养的趋向

复杂性理论已成为新时代教师建模能力培养的主要研究路径和理论诉求。正如莫兰所讲的"所有复杂性的东西不能用简单的概念或规律来概括"[①]，我们应加强对教师建模能力培养的整体分析，通过认知机制构建、教学方式嬗变、价值取向转向等，提升建模教师的综合素养。

一、认知机制构建

教师作为教学主体，其认知活动的内部结构、组成要素及阶段化特征与传统教学范式存在本质差异。传统学科教学聚焦学科知识体系与专业能力

① ［法］埃德加·莫兰.复杂性思想导论［M］.陈一壮，译.上海：华东师范大学出版社，2008.

建构,建模教学则需突破线性知识传授模式,凸显认知加工的内隐性特质,具体表现为:建模教学需整合心理认知要素——包括问题表征、策略选择与元认知调控等关键环节,形成从问题解析、假设生成到模型建构、求解验证的系统化认知序列。在此过程中,建模实践促进认知图式的迭代发展,而认知结构的完善程度又反作用于建模活动的实施效能,两者构成动态循环的共生关系。

基于此,教师需在建模教学实践中注重认知机制的构建:在达成共识基础上,关注内隐知识在问题处理中引发的认知偏差对影响因素识别、模型选择适用性判断、求解验证有效性评估等关键维度的影响。这些认知差异既源于知识表征的个体化特征,也受限于认知系统理性与工具理性的交互作用,最终驱动认知机制重构。该机制的本质在于建立认知要素间的非线性联结,通过持续的双向反馈实现建模能力与认知结构的协同发展。

二、教学方式嬗变

当前教师建模教学面临专业化程度不足、规范化教学范式缺失及方法论单一化等现实困境。我们亟须突破传统学科教学的线性思维定式,推动教学范式向学生中心迁移:从知识传递转向认知建构,从被动接受转向探究合作,从结果评价转向过程监控,重构师生主体间性关系,实现教学模式的系统性革新。

教学实施需遵循三级递进原则:宏观层面解构知识层级系统,中观层面聚焦单元教学效能,微观层面锚定思维发展轨迹。这要求教师超越经验主义教学传统,建立逻辑推理与实证分析相融合的动态生成机制,通过认知心理学理论的本土化重构提升教学设计的适切性。尽管课改推进催生了广泛的建模教学实践,但教学效能滞后仍折射出深层矛盾——亟须构建具有学科通约性的建模教学理论框架,形成可迁移的问题解决策略与方法论体系。

理论建构维度需深化复杂系统理论指导下的本土化研究,实践创新层面应整合多元分析方法：在保持认知负荷阈值的前提下，合理引入主成分分析、贝叶斯网络等智能计算工具[①]，强化数据驱动型教学能力。课程内容设计须响应数据科学范式转型，有机融合关联规则挖掘、神经网络等现代分析方法[②]，重点培育非线性交互效应下的建模思维。这种双向互构路径既需要理论层面的元认知框架突破，更依赖教学实践中的迭代验证机制，最终实现建模能力培养的生态化发展。

三、价值取向转向

价值取向的范式转换是建模教学发展的核心命题。建模教学作为复杂性思维的系统化实践载体，其内在机制体现为多层级系统的非线性交互作用，而非简单因果链式反应。在还原论主导的传统范式下，教学实践往往陷入要素解构的局限，导致对复杂现实问题的解释力弱化。埃德加·莫兰指出整体是多个部分有机的整合，这些部分之间相互作用或组织的方式连接。[③] 这要求数学建模教学突破线性思维的桎梏，建立整体论视角下的认知框架：通过动态关联分析揭示问题要素的网状结构，运用数学语言构建既表征系统特征又反映交互关系的多维度模型。

传统价值取向的线性思维与还原论路径已难以适配建模能力培养的时代诉求，亟须构建复杂性理论指导下的新型教学范式。这种范式转换的本质是实现三种融合：还原论与整体论的认知互补、线性思维与非线性思维的方法协同、工具理性与系统理性的价值整合。通过引入复杂性理论的涌现性原理，建模教学将重构为具有自组织特征的能力发展系统，使教师培养模式从静态知识传授转向动态认知生态的构建，最终形成适应复杂教育情境的建模教学新样态。

---

① 王凯,刘玉文.大数据的数据简化理论与方法研究综述[J].唐山师范学院学报,2017,39(5).
② Ridgway J. Implications of the Data Revolution for Statistics Education[J]. International Statistical Review，2016，84(3).
③ ［法］埃德加·莫兰.复杂性理论与教育问题[M].陈一壮,译.北京：北京大学出版社,2004.

第五节　构建教师建模能力培养的模式

组织的稳定性、结构的合理性、功能的适切性和操作的可行性是教师建模能力培养模式构建的必备元素。基于此,1979 年尤尔登(Yourdon)和康斯坦丁(Constantine)提出模块内聚性为模块内部元素彼此联系的松紧性。[①] 本研究立足建模能力生成机制的特殊性,从系统论视角构建逻辑性、过程性和功能性三类内聚性模块的三维模块体系。该体系通过强化模块间的动态耦合机制,突破传统培养模式的线性结构局限,为中学教师建模能力发展提供具有结构弹性的系统化解决方案。

一、构建逻辑性模块

在宏观层面,逻辑性模块构建体系基于现有教育行政部门、教研机构及高校学术平台进行系统整合,形成三级联动机制。在纵向架构上,构建"省级统筹—市级枢纽—县区落地"的三级培训网络:省级部门负责顶层设计与资源统筹,市级教育学院承担专业指导职能,县区进修学院落实具体培训实施,通过梯度式组织架构保障教师能力培养的制度化与可持续性。横向上建立区域协同机制,依托教学成果展示、跨区教研共同体、专家驻点指导等形式,实现优质教育资源流动共享,重点强化培训的实践转化效能。该体系通过明确的权责划分与协同机制,系统性地提供政策保障、专业引领和发展支持,构建教师专业成长的良性生态。

二、构建过程性模块

在中观层面,过程性模块聚焦横向协作网络构建,以同年级/学段教师为

---

① 高臣,谢长法.涌现生成理论视域下教育督导联合体的构建[J].上海教育科研,2016(9).

主体组建跨校协作单元。该模块以共性教学问题为驱动,依托单元整体教学设计框架,围绕建模教学三大核心效能(校本化实施效度、课程开发质量和学校实践转化率),形成"问题诊断—理论嵌入—课堂实践—动态评估"的闭环机制。其运行特征体现为:① 问题导向性,基于真实教学场景提炼理论支撑点,构建"实践—理论—实践"螺旋上升路径;② 过程还原性,通过学科知识创生情境重构,强化教学的过程性推理与探究设计;③ 素养渗透性,在问题解决链中系统培养建模应用意识,建立"知识习得—能力进阶—素养提升"的成长阶梯。模块运行可依托分层学习共同体架构。以上海市虹口区为例,我们形成了教师人才"五层级"的学习共同体,即"学科理事长—学科培训基地主持人—学科带头人—骨干教师—教学能手",将建模教师培养嵌入到五层级中,以"学科理事长"作为塔尖,"教学能手"作为塔基,"骨干教师""学科带头人"作为塔身,通过任务驱动型教研实现建模能力培养的常态化运作,切实提高建模教学的适切性和有效性。

三、构建功能性模块

从微观层面出发,功能性模块聚焦校际协作网络建设,构建拓扑式教师发展共同体。其核心特征体现为:① 网络动态性,形成办学特质相近学校的多节点互联结构,支持双向/多向资源通道自由切换,建立基于实际需求的动态资源调配机制;② 问题靶向性,围绕建模教学真实场景中的关键环节(课程实施、效能提升、课堂改进),构建"问题聚焦—路径优化—方案迭代"的精准协作机制;③ 技术支撑性,开发模块化建模工具包(包括变量关系矩阵、思维导图框架、问题拆解流程图),强化教学要素的系统整合能力。

功能性模块核心构成包括:① 教学重构能力,建立"信息提取—关系解析—模型建构"的思维操作链,培养教学要素重组能力;② 工具应用能力,运用结构化表征工具实现复杂问题的可视化处理,突破教学关键节点;③ 思维建模能力,基于数学能力层级理论构建"经验联结,逻辑推演,策略生成"的认知发展阶梯。克鲁捷茨基的研究认为,数学能力是结构复杂的心理构成物,它是包含着多种多样心理方面的、许多特性的独特的综合体,完整的心理品质,并且是在数学活动的过程中形成的。[①] 重点强化教学目标的转化实施能力,通过构建校际协同创新网络,形成建模能力发展的自组织生态系统。

第六节　小　　结

国际教育动态显示,PISA 2022 学科素养框架将建模能力置于核心地位,其模型结构由线性方阵升级为同心圆体系,凸显建模过程的动态循环特征。在国内基础教育领域,建模教学已全面渗透初高中课程体系,成为衡量学生核心素养的关键指标及教学改革重点领域。当前主要发展瓶颈有以下几点:① 专业化课程架构缺失,尚未建立与学科实际深度融合的建模课程内容体系;② 教学资源供给不足,适配中学教学场景的建模教材、典型案例库及实施指南尚未系统开发;③ 专业支撑薄弱,教师培养研究共同体的规模与专业化程度需持续强化。这三种结构性矛盾构成我国中小学数学建模教育深化发展的关键突破点。

---

① 方勤华.高中数学教师数学专业素养研究[D].兰州:西北师范大学,2009.

第八章

思 考 与 展 望

随着本书的逐渐深入，我们不仅深入了解了数学建模在初中阶段的意义与作用，也探讨了如何构建跨学科素养视域下的初中数学建模课程体系，并提供了具体的设计与实施方案。然而，探索之路远未结束，我们的目光将投向未来，为数学建模教育的进一步发展提出展望和建议。

一、现状评估与反思

首先，我们需要对当前数学建模教育的现状进行评估与反思。尽管数学建模在教育领域中的地位逐渐提升，但在实际教学中仍然存在一些挑战和问题，如教师专业素养不足、学生参与度不高、评价机制不完善等。因此，我们需要深入剖析这些问题的根源，寻找改进的路径和方法。

二、深化改革课程体系与教学模式

在未来的发展中，我们需要进一步深化改革初中数学建模课程体系和教学模式。首先，可以探索更加灵活多样的课程设计，充分考虑学生的个体差异和学科整合的需求，实现课程的个性化和差异化教学。其次，可以引入更多前沿的数学建模技术和工具，如人工智能、大数据分析等，拓宽学生的视野，提高他们的实践能力和创新意识。

三、建立完善的评价体系

在数学建模教育中,评价体系的建立至关重要。未来,我们需要进一步完善初中数学建模素养的评价体系,包括评价指标的确定、评价方法的选择、评价工具的设计等方面。通过建立科学、全面的评价体系,可以更好地反映学生在数学建模活动中的综合素养和创新能力,为他们的学习和成长提供有效的指导。

四、加强师资队伍建设

教师是数学建模教育的关键。因此,我们需要加强对数学建模教师的培训和支持,提升他们的教学水平和建模能力。可以通过举办专业培训、开展教学研讨等方式,为教师提供更多的学习机会和交流平台,激发他们的教学热情和创新精神。

五、探索国际合作与交流

我们还可以加强国际合作与交流,借鉴和吸收国外数学建模教育的先进经验和理念。可以通过举办国际学术会议、开展学术交流项目等方式,与国际知名学府和专家建立合作关系,共同推动数学建模教育的发展,为培养具有全球竞争力的优秀人才作出贡献。

后　记

　　在教育不断革新的浪潮中，探索如何培养学生的跨学科素养与创新能力，是数学教育领域的重要使命。数学建模作为联结数学理论与实际应用的关键纽带，在这一进程中扮演着不可或缺的角色。本书正是对这一重要领域深入研究与实践的经验总结，旨在为开展初中数学建模教育提供切实可行的参考与借鉴。

　　回顾本书的创作历程，充满了挑战与机遇。在研究过程中，笔者查阅了大量的国内外文献，深入分析数学建模在不同教育背景下的发展状况，力求把握其前沿动态与发展趋势；积极开展实践探索，深入课堂，凝练典型的教学案例和实践经验。这些努力都为本书的内容奠定了坚实的基础。

　　在撰写过程中，笔者始终以服务教育实践为出发点和落脚点，希望通过系统阐述数学建模的理论基础、课程体系构建、教学活动实施以及论文写作指导等方面的内容，为一线教师提供全面且实用的教学参考。书中的每一个章节、每一个案例，都凝聚着对数学教育的思考与期望，旨在帮助教师更好地理解和开展数学建模教学，引导学生在数学建模的过程中提升跨学科素养。

　　教育是不断发展和变化的领域，数学建模教学的探索永无止境。本书虽然对初中数学建模活动进行了较为全面的研究，但仍存在许多值得进一步深入探讨的问题。例如，如何在不同地区、不同学校的教育环境中更好地实施数学建模教学，如何根据学生的个体差异精准地进行教学指导，以及如何进一步创新教学方法和评价方式等。这些问题都需要在未来的教育实践中继续探索和研究。

在此，要衷心感谢所有为本书的创作提供支持和帮助的人。感谢那些在理论研究领域做出杰出贡献的学者们，他们的研究成果为本书提供了丰富的理论滋养。感谢参与实践探索的教师和学生们，他们的积极参与和宝贵经验是本书的重要素材来源。感谢出版社的编辑们，他们的专业和敬业精神使得本书能够以更好的面貌呈现给读者。

希望本书能够为初中数学教育工作者带来新的启发和思考，为推动我国初中数学建模教学的发展贡献一份力量。也期待广大教育同仁能够共同关注数学建模教育，积极开展实践与研究，让数学建模在初中数学教育中绽放更加绚烂的光彩，培养出更多具有创新思维和实践能力的优秀人才，为我国的基础教育事业发展添砖加瓦。

缪　琳

2025 年 3 月

图书在版编目（CIP）数据

数学的创新"模"力：跨学科素养视域下初中数学建模活动设计与实施 / 缪琳著. — 上海：上海教育出版社，2025.5. —（2024虹口海派教育名师/名家）.
ISBN 978-7-5720-3500-5

Ⅰ. G633.602
中国国家版本馆CIP数据核字第2025M15G66号

责任编辑　李　玮
装帧设计　观止堂_未　氓

2024虹口海派教育名师/名家

数学的创新"模"力：跨学科素养视域下初中数学建模活动设计与实施
缪　琳　著

出版发行　上海教育出版社有限公司
官　　网　www.seph.com.cn
地　　址　上海市闵行区号景路159弄C座
邮　　编　201101
印　　刷　启东市人民印刷有限公司
开　　本　700×1000　1/16　印张 16.25　插页 1
字　　数　211 千字
版　　次　2025年5月第1版
印　　次　2025年5月第1次印刷
书　　号　ISBN 978-7-5720-3500-5/G·3127
定　　价　69.00 元

如发现质量问题，读者可向本社调换　电话：021-64373213